Louis Antoine de Caracciolo

Reise der Vernunft durch Europa

Louis Antoine de Caracciolo

Reise der Vernunft durch Europa

ISBN/EAN: 9783743676695

Hergestellt in Europa, USA, Kanada, Australien, Japan

Cover: Foto ©Andreas Hilbeck / pixelio.de

Weitere Bücher finden Sie auf **www.hansebooks.com**

Reise

der

Vernunft

durch

Europa

von

dem Verfasser der anmuthigen
und moralischen Briefe.

Aus dem Französischen übersetzt.

Leipzig,
bey Johann Gottfried Müllern, 1772.

Vorrede.

Gegenwärtige Schrift ist zwar kein Werk der Kritik, aber doch ein Werk der Wahrheit. Die Bemerkungen, welche die Vernunft unter dem Namen Lucidor macht, würden unschmackhaft seyn, wenn sie nichts als Lobeserhebungen zum Gegenstande hätten. Man hat kein geographisches Buch, welches, wenn die Rede von verschiedenen Völkern ist, nicht sagen sollte, daß einige faul, andre rachgierig; diese flatterhaft, jene listig und verschlagen sind, weil man kein Volk findet, das nicht seine Fehler haben sollte. Die Wahrheit steht ins-

ge-

gemein zwischen dem Panegyricus und
der Satyre.

Die Einwohner eines Landes, insbe-
sondere die Einwohner kleiner Städte,
wünschten lieber, daß man von ihrem
Geburtsorte niemals spräche, als nur in
der Absicht, ihn zu rühmen; das ist die
Wirkung einer übelverstandenen Eigen-
liebe. Soll man denn aber die Lobeserhebungen hier und da in den Tag hinein verschwenden, um der Delikatesse des
Hochmuths oder des Vorurtheils zu scho-
nen? Die Sprache der Vernunft wird
allezeit die Sprache der Aufrichtigkeit
seyn.

Man hat sich in diesem Werke vorzüglich angelegen seyn lassen, die Sitten und Gebräuche verschiedener Länder,
so wie auch den Fortgang der Wissenschaften und Künste, kenntbar zu machen. Man liefert zwar keine weitläuftigen Abhandlungen darüber, sondern

dern man berührt die Sache nur kurz,
und giebt nur eine Skize davon. Die
Kürze ist von Verdienst, hauptsächlich in
einem superficiellen Jahrhundert, und
übrigens ist eine kurze Anmerkung, wenn
sie am rechten Orte und zu rechter Zeit
gemacht wird, oft so gut und so viel
werth, als eine weitläuftige Beschreibung.
Glücklich ist der Schriftsteller, der in
wenig Worten viel Sachen sagt.

Die meisten Bücher sind für die Leser unnütze; man hält sich an populaire
Meynungen, und hängt national Vorurtheilen an, anstatt daß man bloß auf
die Wahrheit sein Absehn richten sollte.
Fast immer ist das Vorurtheil der Richter, der ein Werk verwirft, oder billiget. **Habt kein Vaterland, kein
Jahrhundert,** sagte der Kanzler Baco
von Verulam, so werdet ihr über
das, was man von eurem Verstande, von euren Sitten und Ge-

)(3 wohn-

wohnheiten sagen wird, ein gesun=
des Urtheil fällen; aber man will
geschmeichelt seyn. Wenige Menschen
verstehen es, Weltbürger zu seyn, wenn
es darauf ankommt, wider sich selbst und
wider die Gebräuche ihres eigenen Lan=
des einen Ausspruch zu thun. Man un=
terschreibt das Urtheil gern, das man
über eine benachbarte Nation fället, aber
sein eigenes Portrait will man nicht ken=
nen. Das ist die Geschichte einer häßli=
chen Person, die den Maler, der sie ge=
malt hat, entweder der Unwissenheit oder
des Fehlers, nicht treulich kopirt zu ha=
ben, beschuldiget.

Verzeichniß
der Hauptstücke.

)(4   Haupt=

Innhalt.

Haupt-

Innhalt.

X 5　　　Haupt=

Innhalt.

Haupt-

Innhalt.

Haupt-

Innhalt.

Reise

Reiſe der Vernunft
durch Europa.

Erſtes Hauptſtück.

Mitten unter den Moden, die uns ty-
rannifiren, entſchloß ſich die Vernunft, uns zu beſuchen, und im
Frühjahre 1769 vollzog ſie auch
wirklich dieſen edelmüthigen Vorſatz.

„Laßt uns ſehen, ſprach ſie, ob die Einſichten,
„welche ich den Europdern, als denjenigen unter
„den Menſchen, welchen ich vorzüglich gewogen
„bin, zugetheilt habe, nicht verdunkelt ſind, und
„ob ſie meine Geſetze noch verehren.„ Sogleich
nahm ſie die Geſtalt und Geſichtsbildung eines
liebenswürdigen Weltweiſen an, ſo wie etwa Mi-

A   nerva

nerva in den Augen des Telemachs aussah, und
nahm ihren Weg gegen das Reich der Otto-
mannen.

Ihr Wagen war weder so schlecht, wie unsre
Miethkutschen, noch so schön, wie unsre Kabrio-
letten. Es war ein bequemer Wagen, an welchem man weder Vergoldungen noch Firnis erblickte. Ein einziger Bedienter, der nicht so wohl als
ein Sklave, sondern vielmehr als ein dürftiger
Freund angesehen wurde, machte ihre ganze Begleitung aus. Die Vernunft ist weder eitel noch
tyrannisch.

Die ersten Länder, welche Lucibor durchreisete,
(denn diesen Namen gab sich die Vernunft,) waren fürchterliche Wüsten. Er hatte Gelegenheit,
einen unbekannten Greis daselbst zu sehen, welchen
der Despotismus in Ketten gefangen hielt. Er
nannte sich Nabal, und war auf heimliche Ankla-
gen, deren Innhalt er selbst nicht wußte, verurtheilt worden, seit dreyßig Jahren von seiner Familie, oder vielmehr von der ganzen Welt entfernt
zu leben.

Unterdessen dünkte sich doch der Sultan der
einsichtsvolleste Fürst zu seyn; aber was hat man
für ein Mittel, aus dem Irrthume gerissen zu werden, wenn man nichts als listige und betrügerische
Hofleute zu Rathgebern hat, welche der Lügen Zutritt und Beyfall verschaffen, und die Wahrheit zurückstoßen? Die Unschuld hat nur eine Stimme,
die Ungerechtigkeit aber hat deren tausend!

Jeder-

Jedermann wurde bey dem Anblicke dieses ehrwürdigen Gefangenen gerührt. Außer einem Barte, der weißer als Elfenbein war, und ihm das Ansehen der Redlichkeit selbst gab, hob er seine Augen beständig gen Himmel empor, und beschwor ihn mit dem lebhaftesten Eifer, seinen Anklägern zu verzeihen. Alles gereicht zum Besten, sagte er, und die Vorsehung hat ihre Absichten, wenn sie mich in der Gefangenschaft behält. Ich hatte ein glänzendes Amt, welches mich hätte verblenden können, hier beschäfftige ich mich nur mit meiner Seele, welcher man keine Fesseln anlegen kann. Ich erhebe sie über den Körper, den ihr gefangen sehet, und lasse sie in Räumen umher wandern, welche tausendmal größer sind, als die Türkey.

Für eine erhabene Seele, sagte Lucidor, hat man weder Gefängniß noch Exilium, die Mauern stürzen bey dem Anblick eines Mannes ein, welcher die Erde als ein Atom ansiehet, und nur seiner Pflicht getreu ist. Nachdem er den tugendhaften Nabal verlassen hatte, dachte er länger als eine Stunde über die Vortheile der Weisheit nach, welche man in allen Himmelsgegenden antrifft.

„Das ist eine Gegend, sagte er bey sich, wo „es scheint, als ob man nichts als Unwissenheit „und Barbarey finden sollte, und ich treffe doch „da einen Weisen an, der würdig wäre, Könige zu „regieren. Ein schönes Beyspiel! Warum ist er „nicht jenen stolzen Enthusiasten bekannt, welche

„sich

„sich einbilden, es gäbe nur in ihrem Lande Ver-
„dienste!

Hierauf erblickte unser Philosoph Constanti-
nopel, aber das war ein Anblick, welcher, ob er
schon entzückend war, ihn doch nur an die Blut-
bäder und Schreckbilder erinnerte, die man in der
Geschichte lieset. Die Thaten des Constantins,
und die abwechselnden Schicksale des Muhameds,
waren der einzige Gesichtspunkt, welcher seine Aufmerksamkeit auf sich zog. Wenn man mit Nachdenken reiset, verknüpft man immer das Vergangene mit dem Gegenwärtigen.

Kaum war er in die Stadt eingetreten, so
bildete er sich nach den Sitten der Einwohner.
Man hörte ihn weder über ihre Gebräuche spotten,
noch sich über ihr gezwungnes Wesen beklagen.
Es war ihm genug, die Sklaverey der Nation und
die Unwissenheit, welche eine Folge von jener ist,
insgeheim zu beweinen, wobey er aber doch sah,
daß der gesunde natürliche Verstand der Türken
weniger verdunkelt ist, als bey denen, die mit Ausschweifung lesen. Man nimmt den Geist der ganzen Welt an, und verliert darüber seinen eigenen,
wenn man alles wissen will.

Die schreckliche Vorbereitung, mit welcher man
sich dem Sultan nähert, setzte ihn in Erstaunen.
Er sah nichts als eine Herabsetzung der Menschheit, sowohl in der Erniedrigung der Unterthanen,
als auch in dem Stolze des Monarchen. Das
sind

sind Statuen, sagte er bey sich selbst, und keine denkende Wesen.

Er wurde gewahr, daß die Frauenzimmer, welche so würdig sind, ihres Verstandes und ihrer Anmuth wegen geliebt zu werden, bey den Muselmännern nur in Rücksicht auf ihre Schönheit geachtet würden, und daß sie dieses schöne Geschlecht, anstatt es zu verehren, vielmehr dadurch beleidigten.

Dieses gab ihm eine Circaßierinn zu verstehen, welche man der Leidenschaft eines Baßa aufgeopfert hatte. Ich war, sagte dieses junge Mägbchen, eben so schön, als bescheiden; seit meinem eilften Jahre entführet, um hier das Spiel des Eigensinnes und der Wuth des sonderbarsten und grausamsten Menschen zu seyn: er erstickt mich mit seinen Liebkosungen, und überhäuft mich mit Schlägen.

Indem sie diese Worte sagte, raufte sie sich ihre Haare aus, welche die Grazien geflochten hatten. Hierauf fuhr sie fort, indem sie ihre purpurfarbnen Wangen mit einigen Thränen benetzte, welche aber minder Thränen als Thautropfen glichen, daß sie, wenn sie dieses Unglück nicht hätte, mit ihrer Hände Arbeit eine Mutter würde ernähret haben, welche sie mehr, als ihr Leben liebte, und daß sie eine Unschuld würde erhalten haben, welche, wie man ihr gesagt hätte, kostbarer wäre, als alle Schätze der Erden. Die Tugend trifft man in allen Ländern an!

A 3　　　　　　Lucidor,

Lucidor, der bey dieser Erzählung gerührt wurde, erhob seinen Muth, und versicherte ihr, daß alle Bemühungen der Menschen uns wider unsern Willen nicht strafbar machen könnten, und daß sie der Himmel, über kurz oder über lang, von ihrer Gefangenschaft befreyen würde.

Das Orakel bestätigte sich einige Tage darauf. Der Bassa wurde erdrosselt, weil er Ungerechtigkeiten ausgeübet hatte, und die unglückliche Circassierinn wurde in Freyheit gesetzt.

Ihre ersten Schritte leiteten sie zum Lucidor, welcher, weit entfernt ihre Reize und ihr Unglück zu misbrauchen, sie sogleich abreisen ließ, um wieder zu ihrer Mutter zu kommen, nachdem er ihr vorher einige Goldstücke und allerhand gute Rathschläge in Beziehung auf ihre Verfassung und Lage gegeben, und sie dem Capitain eines Schiffes empfohlen hatte, welches bereit war, unter Segel zu gehen.

Das Schiff war schon weit entfernt, als man über den Wellen Hände, weißer als ein Alabaster sah, die gen Himmel empor gehoben waren, und welche ihn anzuflehen schienen, seine Geschenke über einen so edelmüthigen Wohlthäter auszubreiten. Die Dankbarkeit ist mehr das Werk des Herzens, als das Werk der Erziehung.

Lucidor brachte den Tag damit zu, das Vergnügen zu schmecken, welches man genießet, wenn man Gutes thut, und den Tag darauf unterhielt er er sich mit dem Vezier über die Staatskunst und Sitten des Landes. Dieser Minister, ein einsichtsvoller Mann, gestund ihm, daß gewisse bey der Nation eingewurzelte Vorurtheile die Regierung verhinderten, der Pest und den Feuersbrünsten zuvorzukommen; daß die Weichlichkeit, welche ihre Truppen entkräftete, das Grab der Tapferkeit wäre; daß bey ihren Armeen ein Luxus herrschte, welcher sich mit den Märschen und Schlachten gar nicht vertrüge; und daß sie, um aus ihren Officieren gute Soldaten zu machen, preußische Anführer nöthig hätten, die sie bildeten, oder daß sie selbst zu Fremden gehen, und bey ihnen Unterricht nehmen müßten.

Man führt itzt nicht mehr so Krieg, sagte er, wie man ihn vor funfzig Jahren führte, und doch haben wir immer noch die alte Methode, ein sicheres Mittel, allemal geschlagen zu werden.

Lucidor, ganz entzückt über die Richtigkeit dieser Betrachtungen, fragte ihn, ob er nicht fände, daß der Despotismus die Seelen stumpf mache; aber sein natürlicher gesunder Verstand reichte nicht so weit. Er wäre beynahe gar böse geworden.

Die Menschen sollen immer irgendwo der Menschheit einen Tribut.

Zweytes Hauptſtück.

Er reiſet nach Rußland.

Petersburg ſchien in ſeinen Augen eine Stadt, nach dem Model von Wien und Paris angelegt zu ſeyn, ausgenommen, daß der meiſte Theil der Häuſer nicht ſo bequem war, als die unſrigen.

Man führte ihn zu den vornehmſten Herren. Es hält mit dem Zutritte bey ihnen nicht ſchwer. Er bemerkte, daß die Bequemlichkeiten des Lebens daſelbſt weit weniger bekannt waren, als die Pracht; daß man, ohne daſelbſt das Nothwendige zu haben, das Ueberflüßige hatte; mit einem Worte, daß die häuslichen Kleinigkeiten der äußerlichen Pracht nicht entſprachen. Die Menſchen beobachten ſelten ein richtiges Verhältniß in ihrem Aufwande.

Die Geſellſchaft der Ruſſen gefiel unſerm Philoſophen ungemein. Er fand in ihrem Umgange diejenige Richtigkeit und Scharfſichtigkeit, welche den Mann von Einſicht und großem Verſtande ausmachen, und er ſah wohl, daß, ob ſie ſchon nur erſt zu den Zeiten Peter des Großen gebildet worden waren, ſie dennoch ſchon mit den unterrichteſten und geſitteteſten Völkern im Gleichgewichte ſtünden.

Man war mit nichts als mit dem Kriege wider die Türken beſchäfftiget, aber er hätte gewünſcht, daß man ſich nur mit dem Frieden beſchäfftiget hätte. Er ſah voraus, daß dieſes auf
nichts

nichts als auf Niedermeßelungen und Schrecken
hinauslaufen, und daß jede Kriegführende Macht,
nach dem Schicksale fast aller Kriege, damit endigen würde, sich, von Kräften und Gelde ganz erschöpft, aus der Sache zu ziehen. Der Friede
würde dauerhaft seyn, wenn man sich, ehe man ihn
bricht, die Mühe nehmen wollte, einen Ueberschlag
zu machen.

Lucidor blieb nicht bey diesen Betrachtungen
stehen. Er wollte den wahren Bewegungsgrund,
welcher die Rußen so handeln machte, kennen lernen, und er glaubte zu entdecken, daß sie diesen
Krieg wirklich bloß beswegen angefangen hätten,
um sich in der Kunst zu üben, sich tapfer herum
zu schlagen, und gut zu manövriren: die Umstände aber führten sie weiter, als sie es nicht ver-
muthet hatten, und nun stritten sie nur der Ehre
wegen.

Die Kriegswissenschaft erfordert eine beständ-
dige Uebung. Die Menschen verrosten eben so
wie das Gewehr, wenn man sie nicht der Unthätigkeit entreißet. Die Türken werden insgemein nur
deswegen geschlagen, weil sie sich nur selten
schlagen.

Das neue Gesetzbuch, ein unsterbliches Werk
der regierenden Kaiserinn, erregte seine Aufmerksamkeit. Ueberall fand er in demselben Fußta-
pfen der Weisheit und des Genies. Glücklich ist
dieses Volk, rief er aus, wenn ihre Sitten ihren
Gesetzen gleich sind; aber er befürchtete, man

A 5 möchte

möchte die Liebe zum Aufwande zu weit treiben, und der Luxus möchte die Nation arm machen. Es ist ein großer Unterschied unter Befehlen und ihrer Ausübung.

Nachdem er Petersburg gesehen hatte, begab er sich nach Moskau, eine Stadt von großem Umfange, wo es aber nur an Policey und Einwohnern fehlt, wo man aber gelehrte Männer antrifft. Die Societäten der Gelehrten, welche man in Rußland errichtet hat, stunden in wohlverdientem Ansehen, und hatten einen guten Ruf. Er besuchte sie selbst, und konnte ihnen seinen Beyfall nicht versagen. Nichts ist besser, als wenn man die Sache selbst sieht.

Er hätte gewünscht, daß Peter der Große, als er dem Patriarchen von Moscau ein allzu unumschränktes Ansehen entzog, sich mit dem Unterrichte der Geistlichkeit beschäfftiget hätte. Wenn man einige griechische Bischöfe ausnimmt, welche als Mönche des Basilius noch einige Kenntniß und Wissenschaft haben, so sind übrigens die Priester des Landes, welche man insgemein Popen nennet, in die dicksten Finsternisse verhüllet. Sie setzen den heiligen Nicolaus fast über Gott, und behaupten als einen Glaubensartikel, daß die Bildhauerarbeit in den Kirchen eine offenbare Sünde wider das erste Gebot sey, weil in demselben befohlen wird, keine ausgehauenen Bilder zu machen, um sie anzubeten, daß aber im Gegentheil die

Male-

Malerey erlaubt sey. Die Unwissenheit ist immer die Mutter des Aberglaubens gewesen.

Siberien, dieses Land der Landesverweisung, wo so viele Unglückliche schmachten, konnte den Blicken des Lucidor nicht entwischen. Er begab sich eilfertig dahin: aber welcher Anblick! Man entdeckt in Siberien nichts als schreckliche Wüsten, wo man auf Befehl des Hofes Unglückliche gefangen hält, welche man hat strafen oder aufopfern wollen. Sie leben daselbst einer von dem andern entfernt, ohne alle Gemeinschaft.

Er besuchte beynah alle Verwiesenen, und auf dieser langen und beschwerlichen Reise sammelte er nichts als Klagen und Seufzen. Hier war ein Herr in einer Höhle vergraben, der keinen Gesellschafter, als nur die Verzweiflung hatte; dort war ein Hofmann, welcher in größtem Ansehen gestanden hatte, und das Schicksal seiner Gemahlinn und seiner Kinder nicht erfahren konnte.

Es scheint, sagten alle diese Elenden, als ob diese unglückliche Gegend nicht mit zu der Welt gehöre: wir haben eben so wenig Umgang mit den Lebendigen, als mit den Todten. Wir sehen nichts als Schnee und Fußstapfen der Thiere.

Was den Lucidor noch mehr rührte, war der Anblick eines jungen Officiers von sieben und zwanzig Jahren, und welcher, weil er mit einiger Unvorsichtigkeit von einem Minister gesprochen hatte, sich schon seit zwey und zwanzig Monaten hier befand. Seine edle und gefällige Miene versprach

eine

eine schöne Seele, seine mit Thränen benetzten Augen drückten seinen Kummer aus. Er hatte sich eine Art von Grotte gemacht, die er mit Todtenbildern ausgeschlagen hatte. Diese Bilder, welche aus Erde gemacht und von seinen eignen Händen gearbeitet waren, trösteten ihn durch den Anblick seines letzten Endes. Es bleibt mir nichts übrig, als diese Hoffnung, sagte er, und ich bestrebe mich, mein Glück dadurch zu machen.

„Unterdessen, fuhr er fort, wer du auch seyn magst, liebenswürdiger Reisender, der du hieher kommst, lebendig Begrabene zu besuchen, wenn du jemals wieder nach Petersburg kommen solltest, wende doch dein Ansehen oder deine Thränen an, der Kaiserinn unser Elend vorzustellen. Ganz gewiß verbirgt man ihr das Schreckliche dieses Landes, welches erträglich werden würde, wenn die Verbanneten sich wenigstens einander nähern, und ihre Noth und Elend in Gesellschaft tragen könnten: dies würde ein Vortheil für das Vaterland und für uns seyn. Wenn wir unsre Kräfte, unsre Einsichten, unsre Thätigkeit verewigten, würden wir diese Wüsten fruchtbar machen, und das Reich würde Vortheil daraus ziehen; aber dabey würde Menschlichkeit seyn, und man will doch barbarische Strafen haben, als ob es nicht genug wäre, uns von unserm Vermögen, von unsern Familien und Aemtern zu trennen.„

„Ach! fuhr er fort, ich bin noch weit unglücklicher, als andre, da ich fremde Länder durchgereiset,

set, und ein halbes Jahr in Paris gelebt habe, ein
bezaubernder Aufenthalt, dessen Andenken mein
Elend nur vergrößert. „

Zuletzt fragte er noch, ob es Montag oder
Dienstag wäre. Er hatte die Reihe der Tage verloren. Sein Abschied durchdrang unsern Lucidor.
Er begleitete ihn mit allem, was der Schmerz rüh-
rendes hat.

Unterdessen schien er sich doch zu trösten, als
unser Philosoph ihm sagte, daß das Leben nur ein
Augenblick sey, daß alles, in dem Augenblicke,
wenn es aufhört, gleich würde, daß nur der gute
Gebrauch des Elendes es erträglich mache, und
daß der Anblick des Himmels die beste Aussicht
sey, den Kummer zu stillen.

Als er sah, daß er ruhiger war, schlich er sich
fort, und nahm seinen Weg nach Tobolska, der
Hauptstadt von Sibirien, und langte wieder in Petersburg an. Man zeigte ihm auf seinem Wege
die Einsiedeley des berühmten Fürsten Menzikof,
welcher unter Peter dem Großen aus einem Paste-
tenbeckerjungen General der Armee geworden, und
bis zum Minister gestiegen, wegen des Misbrauchs
seines Ansehens aber nach Pakauska verwiesen
worden war. Er stieg ab, um diese merkwürdige
Einsiedeley zu besehen, und gieng mit einer von
Bewunderung und Schmerz vermischten Empfindung darinne herum, um so vielmehr, da Menzikof seinen Fehler durch Thränen wieder gut
                                    machte,

machte, und endlich noch der eifrigste Schüler der
Vernunft wurde.

In einiger Entfernung davon sah Lucidor den
Ort, wo der Graf Münich, während seines lang-
wierigen Exiliums, sich mit der Arbeit eines Land-
mannes und Gärtners beschäfftigte, und wo er das
Grabscheit und den Pflug verließ, um im Triumph
wieder nach Hofe zu kommen.

Kaum hatte unser Reisende Petersburg wieder erblickt, als er mit den Ministern eine geheime
Unterredung hatte. Er sagte ihnen frey heraus,
daß die Sklaverey in Rußland abgeschafft werden
müßte; daß dieses Land nur halb civilisirt seyn
würde, so lange als die Menschen nicht ihre Freyheit darinne genößen; daß die Strenge der Ver-
bannung, womit man die Verbrecher strafte, schlimmer als der Tod wäre; daß man arbeiten müsse,
auf immer zu verhüten daß ein so weitläuftiges
Reich künftig nicht ferner noch der Schauplatz der
Schrecken und der Empörungen sey; daß ihnen
endlich nicht unbekannt seyn könne, daß der Despotismus allezeit der Nachbar der Anarchie sey.
Sie räumten alles ein; aber niemand wollte es
wagen, die Schelle aus der Fabel der Katze anzu-
hängen. Man schmelzt nicht leicht die Verfassungen eines Staats um.

Er wunderte sich, daß man sich, nach so vielen
Veränderungen, und besonders, nachdem England
ein

ein Beyſpiel gegeben hat, noch an den alten Kalender hielt. Die alte Gewohnheit iſt doch faſt
bey allen Menſchen ein Geſetz.

Drittes Hauptſtück.

Er reiſet durch Liefland, und beſucht Pohlen.

Man hatte noch niemals einen ſo weiſen und
verſtändigen Reiſenden geſehen. Seine
Worte waren genau und richtig, ſeine Schritte ab-
gemeſſen; nichts entgieng ſeinen Blicken.

Er fand in Liefland einige vornehme Herren,
die zwar Kenntniſſe hatten, ſie leben aber ſo entfernt von einander, daß ſie ihre Betrachtungen einander nicht mittheilen können. Es iſt mit den
Wiſſenſchaften, wie mit dem Feuer; man muß ihnen Nahrung geben, ſonſt verlöſchen ſie.

Er gieng von ſeinem Wege ab, um Curland zu
ſehen, ohne jedoch einen andern Vortheil davon zu
haben, als von ohngefähr einige gelehrte Männer
daſelbſt anzutreffen. Das Land wird dort mehr
gebauet, als der Verſtand.

Bald darnach befand er ſich in Litthauen,
welches nichts merkwürdiges hat, als ſeine ungeheuren Wälder. Hier erblickte er mitten im tief-
ſten Schnee einen jungen Menſchen in ſeidenen
Strümpfen, welcher zu Fuße gieng, und eine Arie
trillerte. Er vermuthete ſogleich, daß es ein Fran-
zoſe wäre, und er irrte ſich nicht. Er machte ſich
das

das Vergnügen, ihn zu fragen, welcher Zufall ihn in ein so entferntes Land geführet hätte.

„Meine Geschichte ist ganz kurz und einfach, antwortete der artige Pilgrim. Ich war ein Peruquenmacherjunge, als ein moskowitischer Edelmann mich von Paris mit sich nach Moskau nahm, um mich zu seinem Kammerdiener zu machen. Kaum war ich da angelangt, so ward ich das größte Elend unter dem glänzendesten äußerlichen Scheine gewahr. Ich mußte mit Bedienten leben, welche weder Hemden, noch Strümpfe, noch Schuhe hatten, und sich nur von dem ernährten, was sie listig wegstehlen konnten. Die Erde diente ihnen statt des Bettes, und ihre ganze Ankleidung bestund darinne, daß sie sich mit den Fingern kämmten. Es giebt in den moskowitischen Häusern kleine Wirthschaftsumstände, welche den Franzosen unglaublich scheinen. „

„Dieses hat mich auf den Entschluß gebracht, wieder nach Paris zu gehen, wo ich lieber ein Hund in der Fleischergasse seyn, als einen Pallast in Moskau haben wollte. Ehe ich abreisete, gieng ich noch in eine Kirche, und ich gestehe Ihnen, daß ich wünschte, alle die Heiligen mit wegnehmen zu können, die ich in verschiednen Kapellen erblickte, so übel fand ich sie in einem so schmutzigen und lächerlichen Lande angebracht. „ Solche Ideen kann nur ein Franzose haben.

Diese kleine Begebenheit vergnügte Lucidor sehr. (Die Vernunft weis zu rechter Zeit zu lachen.)

chen.) Er bezahlte die Erzählung des Perucken-
machers mit baarem Gelde, es verlohnte sich schon
der Mühe, und setzte alsdenn seine Reise weiter
fort.

Die ersten Litthauer, die er sah, waren ihm
ein Beweis, daß die Regierungsverfassung des
Landes etwas fehlerhaftes hätte. Es waren höchst
Elende, welche Gespenstern ähnlicher sahen, als
Menschen, und wovon man die Ursache bloß ihrer
Leibeigenschaft zuschreiben mußte. Die Sklave-
rey ist der Vater der Dürftigkeit. Sie hebt die
Nacheiferung auf, und erstickt dadurch den Acker-
bau und den Handel.

Pohlen legt überall Beweise dieser traurigen
Wahrheit vor Augen: unser Philosoph fand da
ganze Schaaren von Juden, welche den ganzen
Handel trieben, und alle Geschäffte machten. Um
den Reisenden ein Nachtlager zu verschaffen, veränderten sie Ställe in Wirthshäuser wo man mit
den Thieren unter einander lag; dennoch aber ist
dies immer noch besser, als wenn man auf dem
Pferde schlafen müßte.

Nachdem er die Ukraine durchgereiset hatte,
welche er ein irrdisches Paradies nennt, das von
Herumschweifern bewohnt ward, kam er nach Leo-
poldsstadt, welches man eher für einen Haufen
Ruinen ansehen könnte. Hierbey wunderte er
sich, wie man einer Menge von Dörfern, welche
ganz im Kothe versunken sind, den Namen einer
Stadt geben könnte, und misbilligte die Fesseln

B   sehr,

sehr, welche man der Republik unter dem Vorwande der Freyheit anlegt, und die sie verhindern, zu
handeln und zu urtheilen, ich meyne das liberum
veto, wodurch der geringste Edelmann die Berath-
schlagungen des Senats hemmen kann.

Krakau schien ihm eine ansehnliche ernsthafte
Stadt zu seyn, wo man die Sitten der Deutschen
nachahmte, und Warschau, eine artige schöne Stadt;
wo man den Moden der Franzosen folgte. Er
besuchte die vornehmen Herren, und fand, daß sie
sehr gesprächig waren, und viele Kenntnisse hatten;
aber dies vermehrte nur seinen Schmerz und Mitleid wegen des Woywoden von Krakau, welchen
die Russen weggenommen hatten. Er war lebhaft gerührt, da er sah, daß Polen eines so tugendhaften und aufgeklärten Senators beraubt war.
Warum ist aber insgemein die Verfolgung die Belohnung der Verdienste?

Die Collegia zogen die ganze Aufmerksamkeit
des Lucidor auf sich, und sie verdienten es auch.
Man lehrte darinne die Weltweisheit des New-
tons, und verständige und geschickte Lehrer bemüh-
ten sich mit Eifer, ihre Zöglinge gut zu unter-
richten.

Einige Zeit wandte er an, die Jahrbücher des
Sobiesky durchzublättern, und oft rief er aus, o
welch ein großer König, hätte er nicht den Rathschlägen einer eigennützigen Königinn Gehör gegeben, welche die königliche Würde verächtlich
machte. Um ein Reich ins Unglück zu stürzen,

braucht's

brauchts nur einer listigen Frauensperson. Der
Souverain, welcher sich zu ihrem Sklaven macht,
wird insgemein ein Despote.

Er war sehr zufrieden über die öffentliche Bibliothek, welche der Stadt Warschau eine Zierde
giebt, aber zugleich auch betrübt, daß er den Bi-
bliothekarius nicht daselbst antraf, Staatsursa-
chen hielten ihn bey den Russen gefangen; ein
um so viel unangenehmerer Zufall, da Joseph Za-
luski, Bischof von Kiovien, ein Prälat ist, welcher
alle Bücher kennet, und dem Polen den Vertheil
zu danken hat, eine prächtige Sammlung derselben
zu haben.

Als man mit ihm von dem Kriege redete, welcher in allen Woywodschaften Conföderationen
hervorbrachte, wunderte er sich sehr, daß man mit
so schlechter Mannszucht und so wenig Artillerie
Truppen ins Feld stellte, und wider einen mächti-
gen Feind zu Felde zöge. Aber das sonderbarste
dabey war, daß die meisten Edelleute, welche Lärm
bließen und sich schlugen, selbst nicht wußten, was
sie eigentlich so erhitzte. Man schrie von allen Seiten, daß die Gesetze gebrochen wären, und sogleich
setzte sich ein jeder zu Pferde, und führte Krieg.

Folgendes sagte ein litthauischer Edelmann
zum Lucidor, welcher von seinem Eifer in den
Streit zu gehen mit ihm redete.

„Ich will mich lassen tödten, sagte er, ohne es
zu wissen, ob der Entschluß, welchen ich fasse, gut
oder böse ist. Die Menge reißt mich mit fort,

und

und der Himmel wird entscheiden, ob ich Recht
oder Unrecht habe.

Der vom Enthusiasmus erzeugte Muth ist
allezeit Verwegenheit. Unterdessen blieb unser
Philosoph immer unbekannt, und untersuchte die
Gewohnheiten und Sitten aufmerksam, und wenn
er sich hätte Gehör verschaffen können, würde er
bey den Vornehmen des Reichs weniger Pracht
und mehr Bequemlichkeit ausgebreitet haben; und
anstatt der Menge der Bedienten, welche sie in ihrem Lohne hatten, und die vor Hunger sturben,
würden sie nur ein Drittheil davon behalten haben, welche sie gut ernährt, und gut gekleidet hätten.
Er würde die langen und kostbaren Gastmahle unterdrückt haben, welche die Zeit und Gesundheit
verderben: er würde eine Justiz errichtet haben,
die fähig gewesen wäre, einem unglücklichen Gläubi-
ger geschwind zu seiner Bezahlung zu verhelfen, und
dem Könige würde er mehr Ansehen verschaft, aber
dennoch einen Senat an die Seite gesetzt haben,
um die Woywodschaften und Starosteyen zu besetzen, weil es unläugbar ist, daß man in allen zu
seinem Zweck gelangt, wenn man alle Aemter und
Würden der Republik in Händen hat und nach Gefallen vergeben kann.

Nachdem er die Stärke und die Gesetze von
Polen genau geprüft hatte, machte er endlich den
Schluß, daß es ein Land wäre, wo es viele Sou-
verains, aber kein Ansehen gäbe.

Viele

Viele Polen waren seiner Meynung, und vorzüglich die Woywodinn von • • •, eine eben so schöne als gelehrte Dame, welche mit unserm Philosophen eine lange Unterredung hielt. Sie erzählte ihm als eine rechtschaffne Patriotinn das Unglück und Elend des Landes sehr umständlich. „Es fehlt uns, sagte sie zu ihm, jene Einträchtigkeit, die allein fähig ist, Ordnung zu erhalten, und Gutes zu stiften. Ein jeder unter uns eignet sich das Recht zu entscheiden zu, und urtheilt nach seinem Eigensinne oder nach seinen Leidenschaften. Man bildete sich sonst ein, daß die Reisen die Gewohnheiten und Sitten umschmelzen würden, aber unsre natürlichen und eigenthümlichen verschwanden, um lächerlichen Platz zu machen. Indem man artiger und höflicher wurde, lernte man sich auch mehr verstellen. Um Moden zu kaufen, verkaufte man Tugenden, und die Edelmüthigkeit, welche ehedessen unser Erbtheil war, ist itzt von einem nichtswürdigen Luxus verschlungen. Itzt muß man Vergoldungen, Edelsteine und Schulden haben, um den Parisern ähnlicher zu seyn. Wir würden nicht mehr essen, wenn wir nicht französische Köche hätten.„

Es war ein alter nach Landesart gekleideter Pole daselbst zugegen, welcher seine Stimme erhob, und sagte: „Ich habe niemals weder Sammet noch Spitzen getragen, und niemals einen andern Putz gehabt, als meinen Säbel und Knebelbart, aber ich habe allemal Wort gehalten, und mich

alle-

allemal tapfer herumgeschlagen. Viele von unsern Senatoren, welche noch vest an unsern alten
Sitten halten, werden eben dieselbe Sprache gegen Sie führen. Sie werden Ihnen sagen, daß
ein Kopf, welcher sich nur durch gekräuselte Haare
kenntbar macht, insgemein ein leerer Kopf ist, daß
es mehr unempfindliche Herzen unter vergoldeten
Kleidern giebt, als unter Büffelhäuten, und daß
unser Unglück bloß daher entstehet, daß wir, durch
einen vermeyntlich schönen Geist verblendet, der
Vernunft nicht Gehör genug geben.,,

Bey diesem Worte lächelte Lucidor, und gab
gerne zu, daß die Menschen sich nur dann erst gut
vertrügen, wenn sie vernünftig wären, und daß es
eine vortreffliche Veränderung in der Welt seyn
würde, wenn der natürliche gesunde Verstand
Macht genug hätte, ein Reformator zu werden.

Unterdessen muß ich gestehen, sagte die Woywodinn, daß wir, ungeachtet unsers Elendes, noch
dasjenige Land besitzen, wo man getreue Ehemänner,
gehorsame Eheweiber und folgsame und gelehrige
Kinder findet, und daß viele Nationen, wenn sie
ihre Sitten mit den unsrigen vertauschten, nothwendig dabey gewinnen würden. ,,

Die Frauenzimmer in Polen, welche die Erziehung gesittet macht, sind die reizendsten von der
Welt.

Unser Philosoph machte sich fertig, abzureisen,
als man ihm die Nachricht brachte, daß sich das
Volk in der Nachbarschaft versammlete, um einen

Cadaver

Cadaver zu sehen, den man für einen Vampir
hielt. Er begab sich auch dahin, und ob er schon
nichts als einen wirklich todten Menschen, ohne
Bewegung und ohne Leben sah, der aber nur ein
erhitztes Gesichte hatte, so behaupteten die Ordens-
geistlichen doch, daß er sich bewegte, ja so gar, daß
er schrie. So sehr ist man mit Vorurtheilen eingenommen, wenn man sich von dem Aberglauben
beherrschen lässet. Sie sind allemal willkommen,
und machen den Leuten weiß, was sie wollen, denn
es ist keine polnische Familie, die nicht einen Mönch
zum Rathgeber hätte.

Lucidor mochte ihnen immerhin erklären, daß
die Röthe, welche sie so sehr in Erstaunen setzte,
keine andre Ursache hätte, als die Beschaffenheit
der Erde, wo man die Körper hinlegte und aufbewahrte. Weit entfernt, seiner Meynung beyzutre-
ten, behandelten sie ihn vielmehr als einen Gottlo-
sen, und hätten ihn beynah gesteiniget. So pflegt
die Schwärmerey zu antworten.

Er entwischte ganz klüglich und vorsichtig, und
auf seinem Wege sah er nichts als unermeßliche
Ebenen und Fichtenwälder, welche ihn in seiner
Meynnng noch mehr bestärkten, daß Polen, weit
entfernt, bevölkert zu seyn, aufs höchste nicht mehr
als fünf Millionen Einwohner hat. Ueberdies
läßt Polen den größten Theil seines Getreydes auf-
ser Landes fahren, um Waaren und Geld zu bekommen. Das ist sein Reichthum, wenn man
noch die Salzwerke zu Krakau, und die Asche von

H 4   gewis-

gewiſſen Hölzern dazu nimmt, welche man Pot-
aſche nennt, und zu verſchiedenen Färbereyen gebraucht wird.

Wenn Lucidor keine Räuber antraf, ſo rührt
es bloß daher, weil die Polen eben ſo ſchwer ein-
ſtimmig werden, Böſes, als Gutes zu thun.

Viertes Hauptſtück.
Er beſieht Schweden und Dännemark.

Ein günſtiger Wind und ein bequemes Schiff
brachten unſern beurtheilenden Reiſenden nach
Schweden über. Er erſchien daſelbſt mit einer
Beſcheidenheit, welche den Schweden ungemein
gefiel. Ohne einfältig zu ſeyn, liebten ſie doch die
Einfalt. Man hat allezeit unter ihnen die beſten
Soldaten gefunden. Seine erſten Blicke waren
auf den Senat gerichtet, welcher, ſo wie alle Ge-
richtshöfe in der Welt, ſeine Vortheile und ſeine
Unbequemlichkeiten hat; er geſtund aber, daß die
Stimme, welche man dem Bauernſtande verwilli-
get, ein Beweis von der Klugheit der Nation wäre.
Der gute natürliche Verſtand iſt allezeit ehrwür-
dig, er ſey übrigens gekleidet, wie er wolle.

Seiner Meynung nach, welche er aber nur mit
der größten Zurückhaltung ſagte, hätte man in dem
Senate weniger Streit haben, und gegen den König mehr Ehrerbietung und Nachgeben bezeigen
ſollen; aber die Freyheit hätte ihre Rechnung nicht
dabey gefunden, man weis, daß ihre Macht in der
Unab-

Unabhängigkeit besteht. Weder Christine noch
Karl der Zwölfte wurden vergessen; jene als Für-
stinn, welche den Norden aufgeklärt, dieser aber als
Prinz, der ihn in Brand gesteckt hatte.

Lucidor rufte viele Epochen ihrer Regierung
bey sich in Gedanken zurück, und beschuldigte sie,
daß sie zu unruhig gewesen wären. Die Einbildungskraft verträgt sich selten mit der Regierungs-
kunst. Es gehört vielmehr Phlegma, als Genie
dazu, Menschen zu regieren.

Cartesius, welcher in Schweden starb, war
bisweilen der Gegenstand der Gespräche. Unser
Reisender bemerkte, daß dieser Philosoph, welcher
das Leere (Vacuum) von der Welt ausschloß, oft
Spuren davon in seinen Schriften zurückgelassen,
und daß er uns, indem er uns mit der Geschichte
der Seele bereichert, einen Roman von der Natur
geliefert hat.

Eines Tages, als Lucidor um die Bergwerke
herum spazieren gieng, deren bloße Beschreibung
Schaudern verursacht, und deren Abgründe den
Verbrechern, welche man weislich lieber zur Arbeit,
als zum Tode bestimmt, zum Aufenthalte dienen,
begegnete er einem Bauer, welcher würdig ist, daß
man seiner gedenkt. Stolz auf das Glück, ein
Schwede zu seyn, würde er seinen Stand gegen die vortheilhaftesten Bedingungen nicht ver-
tauscht haben.

„Ueberall anderwärts, sagte er, würde man
mich als einen Gegenstand der Verachtung anse-

B 5 hen;

hen; hier aber hört man mich an, und ich mache
einen Theil des Senats aus. So lange als die
ökonomischen Societäten, fuhr er fort, sich es zur
Schande rechnen werden, Akerleute zu Mitgliedern aufzunehmen, so lange werden sie nichts als
Bücher schreiben, und die Felder werden dadurch
doch nicht besser bearbeitet werden; denn so wie
Sie mich hier sehen, mein Herr, sagte er zum Lucidor, ich habe auch ein bisgen gelesen und erfahren,
daß die ganz rohe und einfältige Vernunft der
Bauern immer eben so gut sey, als das gewürzte
Ragout eines schönen Geistes. „

Dieser ehrliche Landmann war das Oberhaupt
einer zahlreichen Familie, der er unaufhörlich wiederholte, daß der schönste Titel des Menschen derjenige ist, Mensch zu seyn, und daß die Ehre, eine
unsterbliche Seele zu haben, größer ist, als alle
Würden.

Man fragte ihn in seinem Dorfe, wie ein Orakel des Orts, um Rath, und seine Tugenden machten ihn noch ehrwürdiger, als sein natürlicher Verstand. Seine Frau bewirthete unsern Philosoph
mit einer bäurischen Mahlzeit. Er empfand mehr
Vergnügen dabey, als bey dem prächtigsten Gastmahle. Die Heiterkeit, welche bey den Gästen her-
vorschimmerte, hatte das goldne Alter zurückge-
bracht. Der Vater, die Mutter, die Kinder, genossen ein unveränderliches Glück: das war die
Brüderschaft der Glücklichen. Sie hatten ein
kleines Landgut, wo sie durch eine anhaltende Arbeit

keit die Erde zwangen, ihnen das Kostbarste, was sie hat, herauszugeben. Es ist kein Schatz mit der Mittelmäßigkeit zu vergleichen: sie läßt die Seele in einer Ruhe, welche sich besser empfinden, als beschreiben läßt.

Es kostete dem Lucidor mehr, diese guten Leute zu verlassen, als sich von den angesehensten Personen zu trennen. Sein Abschied, den er von ihnen nahm, drückte seine ganze Hochachtung, und seine ganze Betrübniß aus. Eine Familie von dieser Art ist zum wenigsten eben so gut, als eine Ackerbausocietät.

Die Schweden, welche sich durch ihre Liebenswürdigkeit den Namen der kleinen Franzosen erworben haben, fanden an dem liebenswürdigen Reisenden viel Geschmack. Viele von ihnen begleiteten ihn bis an die See; und da hielt er eben eine Lobrede auf die Königinn, als auf eine Prinzeßinn, welche durch ihr Genie wirklich verdiente, die Schwester des Königs von Preußen zu seyn, und welche das Glück hätte, eine Mutter der vollkommensten Prinzen zu seyn. Man nahm Abschied, man umarmte sich, und bald darauf befand sich Lucidor mitten in Koppenhagen.

Er freuete sich, daselbst einen jungen Monarchen zu finden, welcher die Reise eines Greises hatte, und dessen durch Reisen und Lecture gebildeter Verstand das Licht seiner Staaten werden würde. Er hatte viele geheime Unterredungen mit ihm, und das Resultat davon war, daß die Pracht aus

Dänne-

Dännemark, als aus einem Reiche, wo sie gefährlich wäre, verbannet werden müsse; daß die
Ausgaben eines Staats allezeit geringer seyn müßten, als seine Einkünfte, und daß er allemal noch
Summen in Vorrath haben müßte.

Die Minister schienen dem Lucidor ihrer Stellen würdig zu seyn; sie dienten dem Vaterlande
bloß der Ehre wegen, um ihm zu dienen: ein
Ruhm, der um so viel mehr Hochachtung einflös-
set, je weniger er gemein ist.

Unser Philosoph gieng vom Hofe in die Stadt:
das ist eben das rechte Mittel, die Sitten und den
Charakter einer Nation recht kennen zu lernen.
Die Kenntniß der Menschen erfordert, daß man
ins Kleine gehe. Wer nur Große gesehen hat,
hat oft nichts als Verstellung gesehen. Der
Geringere entschleyert sich leichter.

Die Dänen vergessen, nach dem Vorgeben des
Lucidor, was sie sind, um Deutsche zu scheinen.
Dies giebt ihnen eine gezwungene Miene, die um
so vielmehr am unrechten Orte angebracht ist, da
sie nicht anders als dabey gewinnen können, wenn
sie sich, wie sie von Natur sind, zeigen.

Man beschäfftiget sich unter ihnen mit dem
Ackerbau, und mit dem Handel, als mit zwey Ge-
genständen, welche man in vorigen Zeiten vernachläßiget hatte, und welche doch die Hauptstütze eines Staates sind; aber man beschäfftiget sich
werkthätig damit, nicht bloß so, daß man etwa
Kleine

kleine Schriften davon schreibt, die zu nichts als
zum Zeitvertreib müßiger Leute dienen.

Einige junge Leute, welche aus Paris zurück-
gekommen wären, bemüheten sich, die Nachäffung
der Petits Maitres empor und zu Ehren zu bringen, ihre Bemühungen waren aber vergebens.
Der Däne kommt wider seinen Willen auf seinen
ernsthaften Ton zurück, der gute natürliche Verstand verträgt sich nicht mit dem Leichtsinne.

Die Künste hatten Liebhaber, und die Regierung bemeisterte sich, sie zu vervielfältigen. Man
sah in den königlichen Häusern einige Meisterstücke
von den Händen der Dänen. Diese Häuser, ohne
prächtig zu seyn, bieten dem Auge viele Schönheiten dar; aber, wie einer von ihren Landsleuten
gar recht sagte, alle Reiche, aus welchen die römische Religion ausgeschlossen ist, sind insgemein,
weil sie mit Rom in keiner Verbindung stehen, von
guten Künstlern entblößt. Man muß einen Brief-
wechsel mit dieser Hauptstadt unterhalten, um sich
den Geschmack zu bilden. Rußland selbst fühlt,
ungeachtet seiner Akademien, diesen Mangel.

Die Schulen wurden zu Koppenhagen gut unterhalten, aber die Pedanterey gieng zu weit. Man
bringt es in den Wissenschaften nicht hoch, wenn
man sie nicht mit Munterkeit treibt.

So dachte unser Philosoph, der nun Dännemark verließ, nachdem er das physische und moralische davon genau und sorgfältig beobachtet, und
erklärt hatte, daß für das Land nichts wichtiger
wäre,

wäre, als sich mit Mächten zu verbinden, welche
sich durch ihre Stärke und Klugheit Furcht und
Ansehen erworben haben, immaßen ein flüchtig und
nur obenhin geschlossener Vertrag dem Lande das
größte Unglück zuziehen könnte.

Fünftes Hauptstück.
Er besieht Preußen und Sachsen.

Die Vernunft kennet den Werth der Zeit, und
läßt niemals eine Minute davon verloren
gehen. Lucidor gieng von Hamburg, (eine wichtige
Stadt) sehr eilfertig nach Berlin.

Der König war der erste, welcher den liebenswürdigen Reisenden gewahr wurde, und der mit
ihm redete. Das ist nichts außerordentliches. Das
war eine Wirkung der Sympathie.

Sie unterredeten sich beyde lange über die
beste Verwaltung eines Staats, und waren immer einerley Meynung. Es schien, als ob der
Monarch Lucidors Gedanken erriethe, denn er
hat das scharfsichtigste Auge. Man war einig,
daß man auf das Clima, auf die Gebräuche, auf
die Gesetze, auf die Umstände Acht haben müsse,
daß es aber auch praktische Regeln gäbe, welche
auf alle Länder und Zeiten paßten; zum Beyspiel
folgende, nicht allemal seine Absicht aufs Beste zu
richten, aus Furcht, zu viel Veränderungen zu machen; die Befehle einfach zu machen, anstatt sie zu
vervielfältigen; die Justiz in beständiger Thätig-

keit

keit zu erhalten; den Luxus eines Staats nach
deffen Umfange und Einkünften einzuschränken;
Den Werth des Brodtes sowohl als den Werth
des Geldes auf eine unwiederrufliche Art zu bestimmen, immaßen der Mensch nichts kostbarers hat,
als was seinen Unterhalt ausmacht, die Kriegsdi-
sciplin in ihrer völligen Kraft und Ausübung zu erhalten.   Die Liebe zur Ordnung macht das Glück
der Völker.

Der König zeigte in eigner hoher Person dem
Lucidor seine Bibliothek; sie war mit Anmerkungen des Monarchen bereichert.   Er hatte viele
wichtige Bücher, deren Werth er durch wichtige,
und aus dem Innersten des Genies ausgezeichnete
Anmerkungen erhöhet hatte.

Pernetti, ein Benedictiner von der Congregation des heiligen Maur., bekleidete das Amt eines
Bibliothekars; er war allen Fremden ein Beweis,
daß der König von Preußen wider niemand eingenommen ist, daß ihm wenig daran liegt, ob man
ein Mönch oder ein Laye sey, wenn man nur Verdienste hat; und daß nur kleine Geister einen
Menschen deswegen verachten können, weil er eine
Mönchskutte trägt.

Man gab Befehl, dem Lucidor alles zu zeigen,
was die Neugierde erwecken konnte.   Die Wissenschaften und die Gelehrten behaupteten einen vorzüglichen Rang.   Man verehrte sie als Schutz-
götter, deren Einfluß die Seele fruchtbar macht
und erhebt.   Die Manufacturen waren blühend,

ohne

ohne daß der Ackerbau dadurch litt; der Handel unterhielt einen glücklichen Umlauf, die Handwerksleute lebten bequem, und hatten ihr gutes Auskommen. Die Kunst zu regieren kann allerdings eine harmonische Wissenschaft genannt werden.

Berlin ist eine außerordentlich volkreiche Stadt. Die Abgaben machen daselbst niemand arm, und der Aufwand des Hofes macht keinen Hofmann reich. Die Mäßigkeit besteht durch Hülfe einer klugen Haushaltungskunst. Das Auge des Monarchen erklärt alle dem den Krieg, was Verschwendung heißt.

Da es aber doch unmöglich ist, daß nicht Fehler in einer Verwaltung des Staats seyn sollten, so beklagte sich ein Officier, welchen seine Tapferkeit angefeuert hatte, sich allen Gefahren der Schlachten auszusetzen, gegen unsern Reisenden; daß der Adel und das Volk nicht frey genug wären.

Ich diene meinem Fürsten, sagte er, mit dem größten Eifer und mit der lebhaftesten Treue: er kennt mich eben sowohl, wie alle seine Officiere, und er zweifelt nicht daran; aber ungeachtet dessen, daß ich seine Talente und seine Tapferkeit bewundre, muß ich doch gestehen, daß es harte für einen Bürger ist, sich in die Soldatenrolle eingeschrieben zu sehen, sobald er sich selbst kennen lernt. Eine Regierung muß mehr bürgerlich als kriegerisch seyn, der Hauptgegenstand der Menschen war

niemals

niemals, andre zu tödten, noch sich tödten zu lassen. Ich fürchte weder Feuer noch Schwerd.
Ich bin mit Narben bedeckt, und ich wollte den Augenblick mit Freuden in die Tranicheen gehen, wenn
mich meine Pflicht dahin rufte; sollte man denn
aber kein Mittel haben, ohne die Tapferkeit verlö-
schen zu lassen, sich weniger mit dem Kriege, und mit
alle demjenigen, was sich darauf bezieht, zu beschäfftigen? Man gewöhnt die Menschen unvermerkt, grausam zu werden, und es ist doch nichts
so schätzbar, als die Menschlichkeit!

Lucidor hörte gelassen zu. Die Vernunft ver-
dammt oder billiget nur mit Vorsicht und Behutsamkeit.

Er wohnte einer Revûe mit bey. Niemals
hatte er die Handgriffe mit so vieler Fertigkeit machen gesehen. Der König war die Seele dieser
glänzenden Uebungen, er war überall unter seinen
Soldaten, machte ihnen Erinnerungen, nannte sie
bey ihren Namen, feuerte sie durch sein Beyspiel
an, und wußte sie durch seine Standhaftigkeit in
Ordnung zu halten. Er ist ein billiger Fürst, der
aber von kleinen Verzeihungssünden nichts weis.

Viele vereinigte Regimenter schienen nur ein
einziger Mann zu seyn. Es war alles nur ein
Tempo, nur eine Bewegung; die Geschwindigkeit
der Evolutionen war schnell wie der Blitz.

Gesetzt auch, es wäre nicht möglich, dieses in
Schlachten auszuüben, so ist es doch wenigstens

C   schön

schön für das Auge, und gut, die Biegsamkeit und Behendigkeit des Körpers zu unterhalten.

In Berlin und in Potsdam waren keine Dichter und Physiker mehr, wie in vergangenen Zeiten, aber es war Friede.

Lucidor, nachdem er sich ein Tagebuch von allem, was er gesehen, gemacht hatte, reisete endlich ab: die Sache verlohnte sich schon der Mühe; und wenn er sich in keine Lobeserhebungen weder auf den Monarchen, noch auf die Regierungsform einließ, so geschah es darum, weil die Vernunft keine Komplimente liebt.

Er reisete durch Schlesien, dessen Felder und Manufacturen den Reichthum verkündigten; er fand in Breßlau, einer Stadt, welche in dem letztern Kriege mit so viel Geschwindigkeit und so oft eingenommen und wieder weggenommen worden ist, verständige und sehr reiche Kaufleute.

Sachsen wurde ein neuer Gesichtspunkt für unsern liebenswürdigen Philosophen. Das Land ist interessant, und ward gut regieret. Man hatte den jungen Fürsten mit solchen geschickten und tugendhaften Männern umgeben, die ihm nicht anders als gute Rathschläge geben konnten.

Der letztere Krieg, dessen traurige Spuren man noch an den Mauern und Gebäuden von Dresden siehet, veranlassete den Lucidor, zu urtheilen, daß die Residenzen der Regenten niemals befestiget seyn sollten. Es ist allemal weit besser, daß sich ein Fürst zurückziehe, wenn er nicht im

Stande

Stande ist, sich zu vertheidigen, als zu sehen, wie
seine eigene Stadt ein Raub der Flamme, und seine kostbarsten Sachen eine Beute des Feindes werden. Man empfindet oft in dieser Art einen Verlust, welchen man niemals wieder ersetzen kann.

Ein bischen weniger Stolz, so sind die Sachsen vollkommen. Der Elbstrom hat etwas ähnliches mit der Garonne.

Leipzig, wo die schönste Messe in ganz Europa
gehalten wird, hatte einige Gelehrte, und die Buchhändler daselbst, Leute, die sich auf ihren Handel
gut verstehen und Kenner sind, hatten sich mit sehr
vortrefflichen Büchern versorgt, deren Glanz aber
in Wahrheit durch alle die lächerlichen und elenden
Schriftgen verdunkelt wird, welche von der Frechheit
in Ansehen gebracht, und von dem Hunger gezeu-
get werden. Das heißt Gift austheilen, wenn
man schlechte Werke ins Publicum verbreitet.
Das Herz des Menschen ist an und vor sich schon
leider nur allzusehr verderbt, es ist wohl niemand
in der Welt, der nicht etwas davon aus Erfahrung
wissen sollte.

Sechstes Hauptstück.
Er begiebt sich nach Wien in Oesterreich.

Wien konnte kein gleichgültiger Gegenstand für
den Lucidor seyn. Außerdem, daß diese
Stadt der Schauplatz vieler Begebenheiten gewesen ist, so verdient auch die Regentinn schon allein
die größte Aufmerksamkeit.

Es

Es war so leicht, bey ihr zur Audienz gelaffen zu werden, daß es ihn befremdet haben würde, wenn er nicht gewußt hätte, daß Maria Therefia nicht minder gefällig in Unterredungen als wohlthätig ift. Jeden Tag macht fie Menfchen glücklich; und ift zufriedner und vergnügter, Freygebigkeiten ausgebreitet, als Siege eingeärndtet zu haben. Das ift eine zärtliche Mutter, welche in allen ihren Unterthanen nichts als Kinder erblickt.

Nach dem zu urtheilen, was fie mit unferm Philofophen geredet hatte, zog er fie der Königinn Elifabeth weit vor. Er freuete fich, da er erfuhr, daß fie gewöhnlichermaßen des Morgens um fünf Uhr aufftünde, und daß fie nicht eine Minute, auch nicht einmal in den längften Tagen verloren gehen ließe; daß fie auf die Geiftlichkeit, auf die Obrigkeiten, auf den Adel und auf alle Bürger, mit einem unermüdeten Eifer ein wachfames Auge hätte, und daß die Menge der kleinen Gefchäffte ihre großen Abfichten nicht im geringften fchwächte.

Keinem von den Unterthanen ward der Zutritt zu ihr verwehrt, keine Bittfchrift ward zurückgegeben. Diefe große Fürftinn, welche man König nennen kann, ift eben fo prächtig in den glänzenden Ceremonien, als einfach in ihren äußerlichen, und hat insgemein keine andre Begleitung als ihre Tugend. Die Monarchen können keine fchönere Leibwache haben; aber die Art und Weife, wie fie ihre erhabne Familie hatte erziehen laffen, fetzte ihre feltenen Eigenfchaften vollends in ihr völliges Licht.

Sie

Sie hatte selbst die Oberaufsicht bey dieser wichtigen Erziehung gehabt, und sie ist so glücklich darinne gewesen, daß ihre Großmuth auf alle ihre Kinder fortgepflanzet worden ist; sie werden sie auf den verschiedenen Thronen wieder aufleben lassen, auf welche der Himmel sie gesetzet hat, und welch Glück, welche Vortheile für Europa!

Lucidor, als er diese Wunder sah, that keinen Schritt, ohne einen Bleystift in der Hand zu haben. Beständig schrieb er, und in seiner Schreibtafel las man eben folgendes: „Daß die Kaiserinn Königinn von Ungarn weder der Schmeicheley noch den Vorurtheilen Gehör giebt, daß ihre Gottesfurcht männlich ist, wie ihr Muth, und daß ihre Regierung so wunderbar ist, daß die Fabel nichts wird dazu setzen können.

Welche Beruhigung für die Vernunft, ihre Einsichten so gut genutzt, ihre Rathschläge so gut in Ausübung gebracht zu sehen!

Man argwohnte zu Wien im geringsten nicht, daß der Unbekannte, welcher weiter nichts, als ein Fremder zu seyn schien, so großen Einfluß in die Kunst zu regieren hätte.

Unterdessen nahm ihn doch der österreichische Adel, ob er schon sonst ziemlich stolz ist, sehr gnädig auf. Man lud ihn zu prächtigen Gastmahlen ein. Man tractiret zu Wien prächtig. Es herrscht daselbst eine Verschwendung der besten Weine, ohne den Tockayer Wein davon auszunehmen. Die Damen geben sich das größte Ansehen, reden Fran-

zösisch,

zöfisch, wie in Paris, und kleiden sich mit viel Geschmack.

Lucidor wünschte, daß man nicht drey Klassen
des Adels unterschieden, daß man die Etiquetten
unterdrückt, und endlich weniger Hochmuth und
mehr Redlichkeit gehabt hätte. Wo der Stolz
herrscht, darf man keine Redlichkeit suchen.

Die Finanzen wurden sehr weise verwaltet,
und die Glücksgüter derjenigen, welche die Verwaltung derselben hatten, verleiteten die Nation
nicht zum Murren. Die Regierung wußte sie
schon zu taxiren. Alles ist an seinem rechten Orte, wenn ein Regent zu regieren weis.

Der Reichshofrath verdiente wegen seiner
Weisheit und Unveränderlichkeit die Bewunderung
unsers Reisenden. Er fand da nicht die seltsamen
und wunderlichen Veränderungen, die Abwechselungen von schlecht und gut, von schlimm und besser, welche einen Staat so beweglich machen, wie
Quecksilber. Ein jeder Minister ist verbunden,
sich nach weisen Regeln zu richten, welche eben so
wenig Veränderung leiden, als der Lauf der
Sonne.

Es schickt sich nichts so gut dazu, einen Staat
zu regieren, als das Phlegma der Oesterreicher.

Der Kaiser hatte öftere Unterredungen mit Lucidor. Er entdeckte sich da als ein Fürst, welcher mit der Zeit große Sachen ausführen, aber
niemals die Tapferkeit von der Menschlichkeit trennen würde.

Die

Die Ermunterungen, welche man durch Hülfe
der Belohnungen und der Lobeserhebungen, in den
Kriegsschulen sowohl, als in den andern Collegiis,
gleichsam verschwendete, thaten eine bewunderns-
würdige Wirkung. Die Nacheiferung setzte alle
Gemüther in Bewegung, und man sah das Licht
hervorbrechen. Das Collegium Theresianum ist
das beste Muster für alle Schulen in der Welt.
Alles dieses ließ unsern Reisenden vermuthen, daß
man endlich die Nothwendigkeit einsehen würde,
den Befehlshabern der Armeen zu erlauben,
Schlachten zu liefern, wenn sich die Gelegenheit
dazu anböte, ohne pünktliche Befehle zu erwarten;
daß man die Seidenmanufacturen dauerhafter und
blühender machen, die Zölle verringern, und das
Thorgeld abschaffen würde, welches man bezahlen
muß, so oft man nach Sonnen Untergange in die
Stadt geht; daß man die öffentlichen Plätze und
Häuser verschönern würde, deren Anblick gothisch
und traurig ist; daß man endlich Sorge tragen
würde, reinliche und bequeme Wirthshäuser anzulegen. Fast in ganz Deutschland liegt man in Fe-
derbetten, man hat keine Vorhänge, und trifft eine
abscheuliche Küche an. Das ist die Gewohnheit
der Gastwirthe, und sie wird auch wohl noch lange
so bleiben. Der berühmte van Swieten, ein Zög-
ling und Commentator des unsterblichen Boerhaa-
ve, konnte, ungeachtet er äußerlich eben kein sonderliches Ansehen hat, der Bewunderung des Lucidor doch nicht entgehen. Er war die Seele der

E 4   Schulen

Schulen und aller Operationen, welche sich auf
die Wissenschaften und Künste beziehen. Man
braucht nur einen großen Mann zu haben, um
Licht in allen Köpfen anzuzünden.

Ein Galatag setzte unsern Philosophen in den
Stand, alle Großen des Landes auf einmal beysammen zu sehen. Sie würden liebenswürdig seyn,
wenn sie weniger feyerlich wären. Der Hof erschien damals in seinem völligen Glanze, und Lucidor urtheilte, daß die Galatäge, die man in Frankreich für sklavische Etiquetten ansieht, sehr weislich
ausgesonnen wären, um bey den Fürsten Zutritt zu
erlangen, und ihnen die Adelichen und Officiers
kenntbar zu machen.

Lucidor ließ sich auf keinem Kaffeehause sehen.
Auf Kaffeehäuser zu gehen, ist in Wien eine Art von
Unanständigkeit.

Das Heiligthum, welches die Wissenschaften
in dieser Stadt haben, wurde von unserm ehrwürdigen Reisenden oft besucht. Das ist eine der schönsten Bibliotheken von der Welt, sowohl was die
Bücher, als auch was das Gebäude betrifft. Er
fand da einige kostbare Handschriften, woraus er
sich Auszüge machte. Die Vernunft macht sich
alles zu Nutze.

Aus Oesterreich gieng er nach Ungarn, wo er
mehr Tapferkeit als Verstand antraf, obschon jedermann bis auf den Stallknecht herunter lateinisch
redet. Man bat ihn oft, von dem vortrefflichen
Weine zu trinken, der fast eine Gottheit dieses Lan-

des

des ist, aber seine Mäßigkeit erlaubte ihm nur ein
wenig davon zu kosten. „Hier, sagte ein alter Officier, indem er ihm seine Weinberge zeigte, hier
stärken wir unsern Muth, hier wird unser Herz
warm, hier ist die Quelle, aus welcher die tapfern
Polen jährlich schöpfen, was sie bey der Liebe zur
Freymüthigkeit und Freyheit erhält. Sie machen
aus Paradeplätzen Keller, in die sie unsre Weine legen, und sie haben oft Vorräthe davon über hundert Jahre lang aufbehalten, und ihrer Nachkommenschaft eine so süße und schmackhafte Erbschaft
hinterlassen.

Aus Ungarn gieng Lucidor nach Siebenbür-
gen, wo er gute Soldaten sah. Croatien aber
hatte eben weiter keine Vorzüge und Vortheile, als
wohlfeile Lebensmittel. Die Sitten sind da nicht
markigt.

Siebendes Hauptstück.

Er durchreiset Bayern und einige andre Churfür-stenthümer.

Nachdem er Mähren gesehen hatte, ein Land,
das sich durch seine Fruchtbarkeit und durch
schöne Wege auszeichnet und merkwürdig macht,
nachdem er Böhmen durchwandert hatte, das durch
seine Kriege und Hauptstadt berühmt ist, wo man
einen nicht minder gesellschaftlichen als sich vorzüglich auszeichnenden Adel antrifft, begab er sich
nach München, einer Stadt, zu deren Erbauung

Mönche

Mönche den Grund gelegt haben, und die aus diesem Grunde im Italiänischen Monaco heißt. Der
Hof des Churfürsten, welcher daselbst residirt, setzte
ihn durch seine Pracht in Erstaunen. Seine Palläste sind mit den schönsten Malereyen und mit den
kostbarsten Meublen ausgeschmückt. Man siehet
da Meisterstücke, welche den Neid der größten Könige hätten erwecken können.

Die Damen beeiferten sich sehr, den Unbekannten gut aufzunehmen. Sie lieben die Fremden,
und ihre Gesellschaft und Umgang ist interessant.
Die Erziehung der Deutschen verdient bemerkt zu
werden. Man lehrt die jungen Leute alles, was
sie wissen müssen.

Man ließ unserm Philosophen zu Ehren eine
Komödie spielen, die nach den Sitten des Landes
eingerichtet war. Das war ein Gewebe von Pos-
sen, womit die Franzosen sich nicht belustiget und
die Zeit vertrieben haben würden. Die deutschen
Komödien haben kein andres Verdienst, als elende
Kurzweile. Je ernsthafter eine Nation ist, je mehr
liebt sie die Farcen. Man will seinen Charakter
ablegen, wenn man ins Schauspiel geht.

Er las die neuesten Landesverordnungen, und
fand sie sehr weise. Sie betrafen die Geistlichen
und Mönche. Man muß ihnen Ehrerbietung
erzeigen, sagte der Kardinal Ximenes, und der
mußte sie doch wohl kennen, aber man muß sie immer in der Mittelmäßigkeit und Abhängigkeit erhalten, daß sie nicht übermüthig werden.

Die

Die Einwohner in der Stadt und auf dem Lande waren mit ihrem Schicksale zufrieden; aus Furcht, sich zu verschlimmern, befanden sie sich wohl. Das Glück auf Erden besteht nur in der Einbildung.

Augspurg, ein verdrüßlicher Ort, so wie alle Hanseestädte, hatte ungeachtet der Schönheit seiner Gebäude und der Breite seiner Gassen in den Augen des Lucidor ein düstres und trauriges Ansehen. Er ward aber durch den natürlichen guten Verstand der Einwohner davor schadloß gehalten. In den Vergnügungen sowohl als in den Geschäfften behalten die Deutschen immer eine kluge Ernsthaftigkeit. Daher muß man auch von ihnen weder den Scherz, noch die Munterkeit verlangen, welche unter den Franzosen so gemein ist. Was in Pariß für einen witzigen Zug gehalten wird, scheint ihnen eine Thorheit. So sind die Menschen beschaffen. Hundert Meilen mehr oder weniger, machen in ihrer Art zu sehen und zu denken einen großen Unterschied.

Er traf einige Gelehrte an, welche Freunde der Antipathie waren, die sich aber unter Folianten vergruben. Sie brachten ihre Tage und Nächte mit Stehlen zu, und schrieben eben so weitläuftige als ekelhafte Bücher. Es giebt wenig Schriftsteller, welche die Kunst Bücher zu schreiben verstehen. Einige bringen nur Schwerfälligkeit hinein, andre nichts als flatterhaften Witz. Ein

jeder

jeder schreibt nach seinem Temperamente und Lei-
benschaften.

Manheim erkannte die Verdienste unsers Philosophen gar bald, denn man ist da aufgeklärt. Zu
Maynz, Cölln und Trier bat man ihn öfters zu Gaste, aber das war es nicht, was er suchte. Es war
ihm lieber, wenn er sich auf allen Seiten ausbrei-
ten kounte, um Physiker, Rechtsgelehrte, Politi-
ker, Redner und Poeten zu sehen, welche in gros-
sem Rufe standen und berühmt waren, und er fand
deren einige.

Nachdem er sie gehört hatte, machte er den
Schluß, daß die Deutschen von 1769 nicht so beschaffen wären, wie die von 1700, daß ihr guter
Geschmack ihren Einsichten entspräche, und daß sie,
ungeachtet der Rauhigkeit ihrer Sprache, das Geheimniß gefunden hätten, markigtere und schönere
Verse zu machen. Wer hat besser in dieser Art
geschrieben, als der Verfasser des Gedichts Abel!

Man zeigte ihm neuere Produkte, woraus sich
alle Akademien in der Welt eine Ehre machen würden, aber freylich in geringer Anzahl. Alle Nationen haben nicht das Talent, Bücher zu tausenden
zu schreiben.

Das schlimmste ist, daß man auf den meisten
Universitäten die Wissenschaften so schwerfällig
treibt. Man versteht die Kunst noch nicht, sie von
dem gelehrten Mischmasche und von allen den
Schulfragen zu befreyen und herauszuwickeln,

welche

welche die Einbildungskraft ersticken, und den Witz gänzlich unterdrücken.

Die Nahrungsmittel waren noch ein andres Hinderniß des Genies. Sich mit nichts als mit Hülsenfrüchten und allzu nahrhaften Fleische sättigen, und nichts als Bier trinken, ist das sicherste Mittel, ein dickes Blut zu haben, und nicht anders als schwerfällig zu denken. Das Physische hat einen erstaunenden Einfluß auf das Moralische. Dies waren die Anmerkungen eines deutschen Mönchs, der eine lange Unterredung mit dem Eucidor hatte, und der ihm gestund, daß es unter seinen Mitbrüdern eben darum, weil sie den Magen zu sehr mit allzu substantieller Nahrung beläftigten, eine große Anzahl gäbe, welche nichts thäten als ohne Verstand in den Tag hineinleben.

Er erzählte ihm bey dieser Gelegenheit eine lustige Geschichte. Er sagte ihm nämlich, daß der Superior in einem Kloster seines Ordens, da er nicht wußte, wie er das geräucherte Fleisch vor der Raubbegierde seiner Mönche verwahren sollte, welche sich mit nichts als mit essen beschäfftigten, und deswegen alle Winkel durchsuchten, endlich auf den Einfall gerathen wäre, die Schinken in die Bibliothek zu legen, und daß von diesem Augenblicke an der Vorrath in Sicherheit gewesen wäre.

Unser Philosoph unterließ nicht, überall in Deutschland einen Blick auf die Felder, und auf diejenigen, die sie bauen, zu werfen. Die Bauern kannten den Mangel und die Dürftigkeit nicht,

man

man behandelt sie wie Aerme des Staats, die man
nicht überladen muß.

Was die Handelsleute betrifft, wurden sie mit
Recht beschützt, ungeachtet dieser Beschützung aber
ehrte man sie doch nicht genug. Der deutsche
Adel ist allemal gegen die Kaufleute zu stolz gewesen, so gar, wenn er bey ihnen um Credit gebeten hat.

Das Churfürstenthum Hannover und alle
Landgraffschaften gaben unserm Reisenden viele
Betrachtungen an die Hand. Hier sah er ein,
daß die Regenten von Deutschland eben so gesprächig und freundlich gegen Geringere, als die gros-
sen Herren stolz sind, und daß die Achtung und
Ehre, die sie den Uniformen beylegen, indem sie
die Officiers anhalten, sie zu allen Zeiten, ja so
gar an Galatagen zu tragen, dem Soldatenstan-
de nicht anders als höchst nützlich seyn kann.

Wenn er nicht von allem, was er in den verschiedenen Kreisen bemerkte, Meldung gethan hat,
so rührt es daher, weil sie sich alle, bis auf einige
Kleinigkeiten ausgenommen, ähnlich sind; einerley natürlichen Verstand, einerley Aufrichtigkeit.

Man verschaffte ihm öfters Gelegenheit, die
angenehmsten Concerte zu hören. Die Deutschen
haben Ohren, die recht für die Musik gemacht sind.
Die Fürsten lassen Sänger aus Italien kommen,
und die Edelleute haben unter ihren Bedienten
Flöten- und Violinenspieler, die fähig sind, sie zu
ergötzen. Man hat es da vorzüglich in der Kunst,

das

das Waldhorn zu blasen, sehr weit gebracht, und dieses Vergnügen macht man sich während der Tafel, welches um so viel angenehmer klingt, da der Schall der Hörner äußerst gedämpft ist.

Alles was eine Beziehung auf die Harmonie hat, ist einer nachdenkenden Seele würdig.

Achtes Hauptstück.

Von Flandern.

Nachdem er durch Spa gereiset war, wo sich damals allerhand Leute aufhielten, welche die Brunnenkur gebrauchten, oder die wenigstens so thaten, als ob sie sie gebrauchten, begab er sich nach Aachen. Man spielte da Spiele, die um so viel gefährlicher waren, da die Industrie das Glück oder Unglück des Spiels bestimmte.

Lüttich schien unserm Philosophen eine Stadt zu seyn, welche die wachsamste Polizey nöthig hätte. Die Leute sind hier gesprächig und freundlich. In Ansehung der Anzahl der Mönche und Klöster ist es ein zweytes Rom, und die Lage ist der von Lyon sehr ähnlich.

Brüssel zog einige Tage lang die Aufmerksamkeit unsers Lucibors ganz auf sich, da es ein Ort ist, welcher wegen des Hofs des Prinz Karls von Lothringen (der allgemein geliebt wird,) wegen der Schönheit der Gebäude, wegen der Anzahl der Einwohner, wegen eines sich sehr auszeichnenden Adels, und endlich wegen der bezaubernden Spazier-

Spaziergänge, sehr merkwürdig ist; er bemerkte
aber, daß diese Stadt das Unangenehme der Gränz-
städte hat. Es ist hier eine beständige Ebbe und
Fluth von Fremden, welche oft sehr rechtschaffne
Leute sind, gegen welche man aber fast allezeit ein
Mistrauen heget, wofern sie nicht mit Empfeh-
lungsschreiben versehen sind.

Die vornehmen Personen besuchen die Spaziergänge nie anders als in Wagen, nach der Mode der Spanier und Italiäner. Sie glaubten ihrer Hoheit zu nahe zu treten, wenn sie zu Fuße gehen sollten. Es ist doch in der That keine grausa-
mere Sklaverey, als die Sklaverey der Etiquette.

Man lieset zu Brüssel entweder allzu schlechte
Bücher, oder mit Gelehrsamkeit zu sehr überladene
Werke. Das ist ein nicht gemeines Verdienst,
eine rechte Mittelstraße zu halten zu wissen.

Die Schulen zu Löwen strotzten zu sehr von
spitzfündigen Streitfragen, als daß die Einbildungskraft einen freyen Lauf hätte haben können;
sie verlor hier ihre ganze Stärke. Welcher Verlust, wenn das Genie dadurch erstickt wird, wodurch es erweckt und aufgemuntert werden sollte!

Der Reichthum schien auf den Feldern her-
vorzukeimen, und auf den Wegen herum zu wan-
deln. Die letztern werden eben so gut unterhalten, als die Felder gebauet werden. Lucidor ließ
sich über diesen Punkt in die kleinsten Umstände ein,
und freuete sich, zu hören, daß man, um ein Land
fruchtbar zu machen, nichts weiter als Dünger

und

und Aerme nöthig hätte. Es giebt alte Gebräuche und Gewohnheiten, die weit besser sind, als die Neuerungen.

Das Land ist mit Landleuten bevölkert, deren Stärke und Munterkeit ihrer Gestalt entspricht. Man reißt sie nicht vom Pfluge weg, um Bediente daraus zu machen. Der Krieg, der insgemein die Länder verwüstet, bereichert dieses Land. Dies war die Anmerkung unsers Reisenden.

Er besah viele Klöster. Flandern ist ganz damit angefüllt. Mehr Liebe für die Wissenschaften würde die Mönche interessanter machen.

Gent schien ihm ein verwirrter Haufen von Feldern und Häusern zu seyn, und Antwerpen eine schöne Wüste. Diese letzte Stadt, die reich an den schönsten Malereyen ist, welche aus der niederländischen Schule gekommen sind, ist ein ergötzender Aufenthalt für die Liebhaber. Man trifft da Meisterstücke an, ob sie schon denen aus Italien nicht gleich kommen.

Er besuchte auch die Nonnenklöster, wo junge Frauenzimmer, ohne irgend eine Gelübde zu thun, unter einerley Regel leben, und aus dem Bürgerstande genommen werden, so wie die Canonißinnen aus dem Adel gewählt werden. Er wunderte sich, daß diese so weisen und so nützlichen Anstalten nicht in allen katholischen Ländern vermehrt würden. Es würden dem Ehrgeize wenigere Opfer aufgeopfert werden.

D   Mecheln

Mecheln war für unsern Reisenden weit weniger wegen seiner mit gutem Grunde und Recht berühmten Spitzen wichtig, als vielmehr wegen einer schönen Bibliothek, welche durch die Sorgfalt des Cardinals von Elsaß angelegt, und durch seine Freygebigkeit allen seinen Nachfolgern, den Erzbischöfen, geschenkt worden war. Das ist ein Schatz für ein Land, wenn er ihn zu nutzen weis; aber das Volk in Flandern arbeitet nicht gerne mit dem Verstande, man sollte fast glauben, es fürchte sich, seine Seele abzunutzen, wenn es sich die Mühe geben sollte, zu denken. Lucidor gab dem Volke darüber Verweise, welche gut aufgenommen wurden. Der Hauptzug in dem Charakter der Flandrer ist Güte, und das ist in den Augen eines Philosophen, der Redlichkeit liebt, keine kleine Tugend.

Unterdessen hat Flandern doch einen Ueberfluß an Buchhandlungen, wo man auch gute Bücher findet, das ist aber ein Handlungszweig in einem Lande, wo beständig Fremde durchgehen.

Der flandrische Adel gab dem liebenswürdigen Fremden Kennzeichen eines Vorzugs. Der Adel daselbst ist rechtschaffen, edelmüthig, und ganz für die Gesellschaft gemacht. Die Damen haben ein gewisses Betragen, welches eine vortreffliche Erziehung verräth, und unser Philosoph machte sich ein Vergnügen daraus, öfters mit ihnen umzugehen.

Ostende schien ihm der bequemste Ort zu seyn, das Meer zu sehen, übrigens aber fand er keine Gesell-

Gesellschaft da, die ihn länger hier zu bleiben hätte bewegen können.

Er wollte auch die Festungen des Landes sehen, um jedem Reisenden die Lehre zu geben, daß man keinen Artikel des Unterrichts, keinen Gegenstand der Neugierde vernachläßigen müsse, wenn man von einem Orte zum andern reiset. Er ließ sich alles erklären, ob er schon alles selbst wußte; denn er fand ein sonderbares Vergnügen daran, recht geschickte Officierer von ihrer Profeßion reden zu hören.

Er konnte Flandern nicht verlassen, ohne über so viele unnütze Kriege zu seufzen, die es zum Grabe einer unzählbaren Menge Teutscher, Spanier, Franzosen und Engländer gemacht haben. Es schien ihm, als ob er alle die Kriegshelden sähe, welche der Wuth des Ehrgeizes aufgeopfert worden waren, und als ob sie uns ihren tragischen Tod ins Gedächtniß zurückrufen wollten, um uns zu bewegen, den Frieden aufrichtig zu lieben.

Neuntes Hauptstück.
Von Holland.

Die Ankunft des Lucidor zu Rotterdam war für die Holländer eine Epoche. Ob sie schon sonst in Ansehung der Fremden sehr gleichgültig sind, so erwiesen sie diesem doch vorzügliche Ehre. Sie bemerkten in seiner Miene, in seinem Betragen, in seiner Sprache, einen vernünftigen Ton,

wovon

wovon ſie lebhaft eingenommen waren. Sie geſtunden ihm auch ohne viele Mühe, daß er ſehr geſund dächte, als er ihnen ſagte, daß die Leichtſin-
nigkeit anfienge, ſich ihrer jungen Leute zu bemäch-
tigen, daß ſie den Schriftſtellern zu viel Freyheit
ließen, daß ihre Regierungsform ſich unvermerkt
durch die Verfügungen und Anordnungen, die ſie
getroffen hätten, ändern würde, daß man den Truppen unter ihnen nicht Achtung genug bezeigte,
und daß die Bauern zu wohlhabend wären. Ein
allzu reicher Bauer iſt faſt allezeit grob und un-
verſchämt.

Er konnte ſich gar nicht ſatt an den Dämmen
ſehen, welche das Waſſer eingeſchloſſen halten, und
die Sicherheit des Landes ausmachen. Die Induſtrie in dieſer Art brachte Wunder hervor.

Er ſah ein, daß die außerordentliche Reinigkeit, über welche man ziemlich allgemein ſpottet,
und die darinne beſteht, daß man täglich die Trep-
pen und Fußböden wäſcht, ſchlechterdings nöthig
wäre, um dadurch zu verhindern, daß das Holz-
werk nicht beſchlage und verderbe; er hätte aber
gewünſcht, daß dieſe Reinigkeit ſich auch bis auf
die Perſonen erſtreckt hätte.

Bald darauf war Haag, Leyden, Harlem, Am-
ſterdam und Utrecht der Schauplatz ſeiner Beobachtungen. Als ein geſchickter Nachforſcher, dem
nichts entwiſcht, entdeckte er, daß der Handel daſelbſt mit einem allzu ſchmutzigen und zu leiden-
ſchaftlichen Eigennutze getrieben, und das Geld
beynahe

beynahe angebetet würde, und daß die Holländer
ihren Charakter gänzlich ablegten, wenn sie zu Ueberfluß gelangten.

Wir sind nicht dazu gemacht, sprach ein ehrli-
cher Greis zu ihm, der seine Pfeife Taback mit
vieler Ueberlegung rauchte, alle diese Lusthäuser,
die Sie hier sehen, zu bewohnen. Man hat dem
Luxus und der Mode etwas widmen wollen, aber
unser Element ist unsre Schreibstube. Anderwärts befinden wir uns überall in einem wider-
natürlichen Zustande.

Lucidor suchte überall Gelehrte, aber ihre Anzahl war so klein, wie die Zahl der Auserwählten.
Man lebte auf Kosten des Rufs der großen Männer, welche Holland berühmt gemacht hatten, und
man begnügte sich damit, sie anzuführen.

Unterdessen hatten die öffentlichen Schulen
doch erleuchtete Professoren. Die Universität
Leyden ist jederzeit sehr berühmt gewesen, und es
sind allezeit vortreffliche Männer von daher gekommen.

In dieser Stadt hatte unser Reisende eine Unterredung mit zwey Quäckern, aber an statt etwas
Kluges zu hören, woraus man Vortheil hätte ziehen können, fand er nichts bey ihnen als sonderbares Wesen. Die Vernunft hintergeht man
nicht. Man nehme einmal die unhöflichen Manieren und die grobe Sprache fast aller Quäcker
weg, so wird man nichts als von ihren Gebräuchen fanatisch eingenommene Menschen, und sehr

D 3

Ange:

eingeschränkte Köpfe an ihnen gewahr werden.
Die Redlichkeit und Offenherzigkeit, die man so
sehr als eine Zierde an ihnen lobt, besteht oft nur
im Tone. Wenn man ungestüm ist, wird man
ziemlich allgemein für offenherzig gehalten.

Lucidor war mit einem Rosenkreuzer weit zufriedner mit dem Schüler einer Secte, welche fast
in letzten Zügen liegt. Er hatte viele Kenntnisse,
und viele Geheimnisse.

Er sagte, daß ein Holländer mit einem Franzosen zusammengeschmolzen einen vollkommenen
Mann ausmachen würde; daß die Juden als Wu-
cherer und Hehler der Spitzbübereyen dem Handel
des Landes nothwendig schädlich seyn müßten; daß
die Generalstaaten für die Bedürfnisse der Reisenden nicht genug gesorgt hätten, indem man sie
geldhungrigten Leuten auf gut Glück überlassen
hätte: daß die Magistratspersonen ihr Amt zu oft
veränderten, als daß sie Zeit haben könnten, recht
und richtig zu urtheilen.

Er hatte in Ansehung der Folgen des Todes
ein ganz besondres System. Er behauptete, daß
wir von einem Planeten zum andern giengen, und
immer subtilere Körper annähmen, bis wir zum
Throne des Ewigen gelangt wären, und daß das
Leben des Menschen verdoppelt würde, nach dem
Maaße, je nachdem er in den himmlischen Sphä-
ren fortrückte, so daß er, wenn er in die erhabenste
gelangt wäre, ohngefähr zweytausend Jahre leben
müßte. Er unterstützte dieses mit allem, was ihm

eine

eine starke Einbildungskraft an die Hand geben
konnte, und sagte es mit einem so entscheidenden
Tone, und mit einer so zuversichtlichen Miene, daß
er in einem andern Jahrhunderte gewiß eine Secte
gestiftet haben würde. Aber die Zeit der Sectirer
und der Reformatoren ist vorbey.

Nach diesen allen rühmte er sein Geheimniß,
mit einem gewissen Schmelzpulver Gold machen zu
können, und dann verließ ihn Lucidor. Die Vernunft verlangt, daß man wenigstens was Wahr-
scheinliches sagt.

Die Einförmigkeit von Holland würde den
Anblick unsers Reisenden ermüdet haben, wenn er
veränderlich gewesen wäre. Es giebt da nichts
als Wiesen, Bäume, Canäle, ohne Hügel, ohne
Weingebürge, ohne Baumgärten, ohne Wälder, und
dieses Land, das die vier Elemente wider sich hat,
kann unmöglich anders als höchst ungesund seyn.

Die Gebäude, ausgenommen einige Häuser,
dergleichen das Rathhaus zu Amsterdam ist, verrathen weder Geschmack noch Dauerhaftigkeit;
man sollte sie fast für Barken halten, die in der
Eil mitten auf dem Wasser gebauet wären, da sie
aber durch gepflanzte Bäume, welche die Gassen
einfassen, ein muntres Ansehen bekommen, so findet man sie angenehm.

Der Hafen von Amsterdam ist das schönste
Stück von der Welt. Die Menge der Schiffe,
womit er angefüllt ist, giebt ihm das Ansehen eines
mitten im Meer schwimmenden Waldes. Nichts

ist

ist angenehmer als Perspective welche die Illusion befördern.

Er wünschte, daß die Holländerinnen, die von Natur munter und lustig sind, mehr Anmuth in den Geist ihrer Männer verbreitet hätten, und daß ein so sonderbarer Contrast die Reisenden nicht mehr befremdet hätte. Die Tabackspfeife im Munde macht die ganze Ergötzlichkeit der Kaufleute aus. Wenn sie aus der Stadt aufs Land gehen, so geschieht es, um da Taback zu rauchen; (das seltsame und sonderbare im Geschmacke würde eine ziemlich starke Geschichte machen) überdies haben sie auch weiter keine Gespräche, als eine Unterredung, die bloß aus einsylbigten Wörtern besteht, es müßte sie denn eine wichtige Neuigkeit ein bischen beredter machen, denn sie pflegen gern zu politisiren.

Sie rechnen insgemein aus, was ihnen ein Besuch einbringen muß, und wenn sie merken, daß man ihnen nur Complimente zu machen hat, so geben sie es zu verstehen, daß man sie in Verlegenheit setzt. Man richtet sich nach ihrer Offenherzigkeit, wenn man sie kennt, man muß aber daran gewohnt seyn. Ihre Geschicklichkeit, die Kriege von sich zu entfernen, und ihren Handel blühend zu machen, ist ein Beweis, daß ihr natürlich guter Verstand weit besser ist, als erkünstelter Witz.

Sie baten den Lucidor öfters zu Gaste, als einen seltenen Mann, den sie ergründen und ausstudieren wollten; er ließ auch Einsichten blicken, die

sich

sich auf ihren Handel bezogen, mit denen sie sehr zufrieden waren.

Die Ausschweifung, mit welcher sie den Thee tranken, ohne daß es ihnen beschwerlich fällt, brachte unsern Philosophen auf die Gedanken, daß Herr Tissot böse müsse gewesen seyn, als er so sehr auf dieses Getränke gescholten hat. Die Chineser bedienen sich dessen beständig, und sie kennen weder den Blasenstein, noch das Podagra. Die Wahrheit ist fast allezeit von Systemen entfernt.

Zehntes Hauptstück.

Er langt in London an.

England war nach der Gewohnheit des Landes in einer großen Gährung. Es betraf einige Sachen, die sich auf den Herrn Wilkes bezogen, welche in einem andern Reiche nicht die geringste Bewegung würden gemacht haben, die aber in diesem Lande alle Gemüther erhitzten. Es giebt gewisse Länder, so wie gewisse Gegenden des Himmels, wo aus der kleinsten Wolke ein Donnerwetter entsteht.

Es ist kein Mensch in London, der, wenn er schreyet, daß die Gesetze gebrochen sind, daß man sich ihrer annehmen müsse, nicht zum Zweck kommen sollte, eine Parthey anzuzetteln, und einen Aufruhr zu erregen.

Dies nennen die Engländer Freyheit, dem Lucibor aber schien es unbändige Frechheit und Muth-

D 5   wille

wille zu seyn. Er konnte nicht begreifen, daß die
unglückselige Macht', Empörungen anzuspinnen,
als ein Vortheil angesehen werden könnte, und daß
die viehische Wuth eines frechen Pöbels nöthig
wäre, die Freyheiten einer Nation zu behaupten.
Die politischen Stände haben, so wie die Natur,
ihre Phönomena.

Er unterhielt sich hierüber mit vielen Lords und
Mylords, die über diesen Punkt sehr vernünftig mit
ihm sprachen, welche aber der Strom der allgemeinen
Meynung eben so wie die andern mit fortriß. Kein
Baum schlägt so tiefe Wurzeln, als das Vorurtheil.

Nachdem er viele Tage zugebracht hatte, die
Verfassungen des Reichs zu untersuchen, so bemerkte er, daß der König in gewissen Umständen zu
viel, und hingegen in andern nicht genug Ansehen
hätte; daß das Laster die Quelle fast aller Streitigkeiten wäre, daß das Volk die Zügellosigkeit
mit der Freyheit verwechselte, und über einen so
wesentlichen Punkt nicht hinlänglich unterrichtet
wäre; daß die Großen dasjenige oft für Patriotismus ansähen, was doch nur die Frucht der Ca-
bale und die Liebe eines persönlichen Interesse
wäre. Er war aber sehr vergnügt, da er sah,
daß man bloß nach dem Verhältnisse seines Ver-
mögens Abgaben bezahlte, und daß jeder Bürger
geehrt wurde.

Er speisete öfters mit den Engländern; sie
essen und trinken gern; und während den Mahlzeiten, welche wenigstens drey Stunden lang dau-

ren,

ren, und sehr elend sind, weil die Seele nicht ein
Wort redet, lenkte er sein Gespräch auf die Sitten
und Gewohnheiten des Landes. Ein geschickter
Mann weis alle Umstände zu nutzen.

Ungeachtet der hochtrabenden Lobeserhebungen, welche die Einwohner von London machen,
schien es unserm Philosophen doch nicht würdig zu
seyn, mit Paris in Vergleichung gesetzt zu werden.
Er sah da nichts als Häuser, die äußerlich kein
Ansehen haben, und fand nichts als ländliche Spaziergänge, ohne den geringsten Schmuck.

Es sey nun, daß er durch seine eben so sanfte
als majestätische Physionomie Ehrfurcht einflöß-
te, oder weil er ganz schlecht und ohne Pracht gekleidet war, kurz, man begegnete ihm nicht grob oder
schimpflich; das Volk verehrte ihn. Bisweilen hat
es doch einen ziemlich richtigen Gesichtspunkt.

Man führte ihn in die St. Paulskirche, die
man nur aus Begeisterung oder aus Unwissenheit
mit der Peterskirche zu Rom vergleichen kann, die
aber dennoch mit Recht für eines der schönsten Gebäude in Europa gehalten wird.

England war nicht mehr so reich an Gelehrten, wie ehedessen, man mußte sie suchen: dies betrübte den Lucidor. Er wollte die Ursache davon
wissen, und glaubte sie in dem weichlichen und sinn-
lichen Leben zu finden, welches heut zu Tage fast
alle Menschen aufreibt, und ihr Wesen schimpflich
erniedriget. Die Unmäßigkeit ist der größte Feind
der Wissenschaften und des Genies. Wenn man
sich

sich vom frühen Morgen an zu Tische setzt, so hat die Seele den ganzen Tag Fasttag.

Man glaubte unserm Philosophen eine Gefälligkeit zu erweisen, wenn man ihm die Bekanntschaft einer Person verschaffte, welche, wie man sagte, sehr stark dächte. Er suchte ihn zu ergründen, und nachdem er, so zu reden, tief nachgegraben hatte, fand er nichts als eine große Leere. Der menschliche Verstand hat Gränzen, die er nicht überschreiten kann, die Ungläubigen aber bilden sich ein, daß man allemal sehr gut denkt, wenn man frey denkt.

Die Akademien, Universitäten und Bibliotheken scheinen recht in ihrem Mittelpunkte zu seyn, da sie ihren Plaß in dem Schooße von England hatten. Sie erneuerten das Andenken so vieler großen Männer, welche dieses Königreich berühmt gemacht haben, und deren Name so lange, als die Wissenschaften selbst, leben wird. -

Man nöthigte den Lucidor, den Schauspielen mit beyzuwohnen; er hatte aber nicht das Herz, ein ganzes Stück bis zu Ende abzuwarten. Das Tragische hatte etwas zu sehr empörendes. Man habe auch noch so wenig feines Gefühl, als man wolle, so sieht man doch die Leidenschaften nicht gern im Negligee.

Die Frauenzimmer sind in England weit besser unterrichtet, als irgend anderwärts, sie zogen des Lucidors Aufmerksamkeit oft auf sich. Sie scheinen gar nicht für den Spleen gemacht zu seyn,

so munter und lebhaft sind sie, und so viel reden
sie. Die Erziehung, welche die Mütter den Töchtern geben, trägt vieles dazu bey. Sie erziehen
sie sehr frey, jedoch hat die Klugheit keinen Nachtheil davon.

Er erkannte sich in den Empfindungen der
Ehre und Redlichkeit, welche den Charakter der
Engländer ausmachen, und wodurch sie Sklaven
ihrer Worte werden, er wünschte aber, daß dieses
mit der gefälligen Anmuth begleitet wäre, ohne
welche die ehrwürdigsten Tugenden einen Theil
ihres Glanzes verlieren.

Da sie die Offenherzigkeit ganz besonders lieben, so konnte er es wohl wagen, ihnen zu sagen,
daß es ihm schiene, als ob es zu klein für eine Nation wäre, die von Natur so viel Größe und so
viel Erhabnes hat, fast alle andre Völker zu verachten; bisweilen mehr aus Haß als aus Nothwendigkeit Krieg führen zu wollen; und einer
Menge Schriften freyen Lauf zu lassen, die doch
mit anzüglichen und beleidigenden Reden wider
die Minister und andre Privatpersonen angefüllt wären.

Er setzte noch hinzu, daß sie zu sehr von dem
Volke abhiengen, um frey zu seyn, und daß dieses
ihnen beweisen könnte, daß keine Regierung in der
Welt ohne eine oder der andern Unbequemlichkeit
sey; aber systematische Leute ergeben sich auch der
Evidenz nicht so leicht.

Man

Man zeigte ihm in der That ungemein
schöne Landhäuser, wo man, um die Ruinen der
alten Städte Griechenlandes und Italiens zu er-
neuern, Gebäude aufgeführt hatte, die man durch
eine Mine gesprengt hatte. Unser Reisender besuchte den berühmten Pitt, (den itzigen Graf von
Chatham) als einen alten Freund, und sie unterhielten sich lange von dem gegenwärtigen Zustande von Europa. Das Gespräch mußte sehr wichtig seyn, denn die Vernunft unterredete sich mit
einem ihrer eifrigsten Schüler.

Es war ein sehr erfahrner und sehr liebenswürdiger Mylord zugegen, der sich über sein eignes
Vaterland ziemlich lustig machte. „Wir sind so unbeständig, sagte er, wie das Element, das uns um-
giebt; wir haben nichts beständiges, als eine gewisse
Verschwiegenheit, die man uns schwerlich wird rau-
ben können. Wir kommen in eine Stadt, um ein
halbes Jahr da zu wohnen, und den Tag darauf
reisen wir schon wieder weg. Das kommt von einer natürlichen Unruhe her, die uns quält, und worüber wir, ungeachtet unsers Fanatismus für die
Freyheit, nicht Herr sind. Man liebte uns sonst
wegen unsers Geldes, aber man hat uns so oft betrogen, daß wir itzt eben so ökonomisch als mis-
trauisch geworden sind.

Wir möchten gern beständig reisen, und insgemein sehen wir auf unsern Reisen nichts als Engländer. Ein lächerlicher Gebrauch, der von einem allzu großen Vorurtheile, und weil wir für uns selbst

zu

zu sehr eingenommen sind, und von der Furcht, uns
mit andern zu sehr einzulassen und vertraulich zu
werden, herrühret. Wir lieben Frankreich, und
hassen doch die Franzosen; wir geben uns alle
Mühe, ihre Sprache zu lernen, um sie nicht zu
reden. Wir schätzen nichts hoch als unser Land,
und können doch nicht da wohnen; die Frauenzimmer selbst laufen und suchen andre Gegenden,
als ihr Vaterland. Wir sind gegen jedermann
höflich, aber wir sind allezeit auf unsrer Hut, aus
Furcht, man möchte gegen uns nicht höflich seyn.
Man findet niemals hinter uns her Schulden und
Klagen, aber es grämt sich auch niemand über unsre Abreise. Unser Abschied ist eben so trocken, als
unsre Ankunft; wir überlassen die Sorge, zärtlich
zu seyn, dem andern Geschlechte.

Wenn wir wenig reden, so rührt es daher, weil
man uns beständig vorsagt, daß das Weib geschaffen ist zu plaudern, und der Mann zu denken. Wir
lesen gern, aber wir ziehen in unsern Lektüren, so
wie in unsern Manieren, immer das Sonderbare vor.

Wir sind nur aus Geschmack für das Helden-
mäßige menschlich, und wir lieben das Vergnügen,
ohne die Wollust zu kennen. Es ist etwas seltenes, wenn wir dasjenige mit unserm Beyfalle be-
ehren, was unsern Gesetzen und Sitten nicht ähnlich ist; es kostet uns aber nicht viel Mühe, uns
nach den Gebräuchen verschiedner Länder zu richten, dem ungeachtet aber wollen wir doch immer,

daß

daß man uns für Engländer halte, es sey nun an
dem Schnitte unsrer Kleider, oder an der Art uns
zu zeigen.

Man schmeichelt uns selten, wenn man uns
lobt. Die Lobeserhebungen haben in unsern Augen etwas kriechendes.

Der Patriotismus ist unsre Leidenschaft, die
Freyheit unser Element, und wenn man uns als
Enthusiasten in diesen beyden Punkten behandelt,
so kommt es bloß daher, daß wir die Kunst zu überreden nicht verstehen. Es ist allemal bey uns etwas hartes und rauhes, das den Werth und das
Verdienst unsrer Empfindungen und unsers Geschmacks verringert.

Wir sind hoher und großer Wissenschaften fähig, ob wir schon zu sehr Sklaven unsrer Schriftsteller sind.

Wir treiben die Freundschaft bis auf den
höchsten Grad, aber erst dann, wenn wir uns
eines Freundes durch eine lange Reihe von Jahren
versichert haben; auf diese Weise stirbt man oft,
ehe man unser Zutrauen erworben hat.„

Lucidor erkannte an vielen Zügen die Wahrheit des Gemäldes, und verließ London nicht eher,
als bis er den Eigenschaften der Einwohner Gerechtigkeit hatte wiederfahren lassen, welche in der
Tugend so wie im Laster allzeit ausschweifend sind.

Der Anblick von Schottland und Irrland war
ein neuer Gesichtspunkt, der für unsern Reisenden
nicht weniger wichtig war. Er sah mit Vergnügen,

gen, daß der natürliche gesunde Verstand daselbst geehrt wurde, und daß man da Männer antraf, deren Seele, zu welcher sich kein Unglück und Elend nahen kann, keinen andern Schmerz kennet, als den, seine Pflicht nicht gethan zu haben. Er konnte nicht begreifen, daß die Engländer, die den Catholiken die Intoleranz so sehr vorwerfen, so eifrig waren, die Irländer in denjenigen Puncten zu beunruhigen, welche die Religion betrafen. Man findet selten Menschen, die sich in allen Stücken gleich sind.

In den Gebirgen von Schottland wohnten viele ehrwürdige Greiße, die in den Schlachten grau geworden waren, deren Gedächtniß ein sehr weitläuftiges und merkwürdiges Buch war. Er that verschiedene Fragen an sie, und sie gaben ihm treulich Nachricht von einigen Kriegen, in welchen sie gedient und mit gefochten hatten, die wir aber in der Geschichte ganz anders beschrieben lesen. Fast alle Erzählungen sind Erzählungen der Geschichtschreiber, und nicht der Begebenheiten.

Eilftes Hauptstück.
Er geht nach Portugal.

Das den Wünschen unsers Philosophen günstige Meer brachte ihn in sehr kurzer Zeit nach Lissabon. Der Anblick dieser Stadt, die ganz die Lage eines Amphitheaters hat, hat etwas verführerisches; das innere aber entspricht dem

E　　　　　äußer-

äußerlichen gar nicht, und hauptsächlich, seit dem
das merkwürdige Erdbeben so große Verwüstung
angerichtet hat.

Die Portugiesen forschten den Lucidor unaufhörlich aus. Sie sind fein. Daher sagte er auch
zu ihnen, daß, wenn sie sich auf Wissenschaften
legen wollten, sie es sehr weit bringen würden;
aber sie verstehen nichts als schulastische Theologie. Die Gewohnheit legt dem Verstande fast
allzeit Fesseln an.

Man führte ihn zu den Vornehmsten des Reichs,
wo er einen Ueberfluß gewahr wurde, den man
nicht recht zu gebrauchen wußte. Man war zufrieden, reich zu seyn, und mit dem zu prahlen,
was blenden kann, ohne sich die Bequemlichkeiten
des Lebens dadurch zu verschaffen. Es ist eine
Kunst, sein Geld auf eine gute Art zu verthun.

Wenn man die Ernsthaftigkeit der Einwohner siehet, so sollte man glauben, sie verachteten
alle Ergötzlichkeiten; aber Lucidor, der von keiner
Sache bloß nach ihrer Oberfläche urtheilte, entdeckte, daß ihre Liebe zur Wollust ein unter der
Asche verborgenes Feuer wäre, und daß es sich
mit Heftigkeit entzündete, wenn es nicht mehr helle
und keine Zeugen dabey wären. Die Menschen
haben verschiedene Arten sich zu verstellen. Die
Faulheit war Schuld an dem Unglücke des Landes;
es arbeitete niemand, als die Kaufleute.

Unser Reisende beredete das Ministerium, die Leute vermittelst der Belohnungen zur Arbeit aufzumuntern.

tern. Man macht aus den Menschen was man
will, so bald man sie bey dem Interesse angreift.

Man that ihm den Vorschlag, einem Stiergefechte und einem Auto Da Fe beyzuwohnen, er
gab aber zur Antwort, daß ihm diese beyden Schauspiele verhaßt wären; daß er weder grausam wäre, um Vergnügen an dem erstern zu finden,
noch fanatisch, um das andre vertragen zu
können.

Unterdessen mußte er doch gestehen, daß das Licht
sich ungemein zu Lissabon ausbreitete, und daß
die Portugiesen anfiengen, sich über viele wesentliche Artikel aufzuklären. Die Bibliotheken, welche zeithero aus lauter lächerlichen Legenden und
elenden Scharteken bestanden hatten, wurden mit
solchen Vorräthen angefüllt, daß die Vernunft zufrieden damit war. Die Wissenschaft ist ein Planet, dessen Einfluß man nicht überall auf gleiche
Weise empfindet. Für gewisse Länder ist er mehr
schief, für andre mehr senkrecht; aber über kurz
oder lang haben die verschiednen Himmelsgegenden alle an seiner Wohlthätigkeit Antheil.

Zwölftes Hauptstück.
Er fället sein Urtheil von Spanien und von den Spaniern.

Es war Mittag, als er in dieses Königreich
kam, und die meisten Einwohner hatten noch
nichts gemacht. Die Faulheit mit der Hitze des

Lan-

Landes vereiniget, hält ihre Seele gefeſſelt, und
ihr Verſtand, der zu großen Dingen geſchaffen iſt,
ſättiget ſich blos mit der Ehre zu epiſtiren.

Daher kommt es, daß der Ackerbau in Spanien ſo ſehr vernachläßiget wird, und daß man,
an ſtatt ſein Vertrauen auf den Fleiß und auf die
Arbeit zu ſetzen, nur auf die Ankunft der Galio-
nen rechnet.

Ungeachtet dieſer dicken Wolke, welche die Spanier verfinſtert, entdeckt man doch unter ihnen ſeltene und ſo gar erhabene Männer.

Das ſchlimmſte iſt, daß die Wiſſenſchaften, die
man in dieſem Lande treibt, den Verſtand einſchrän-
ken, ſtatt daß ſie ihn erweitern ſollten. Lucidor
beklagte ſich gegen einige Lehrer der Univerſität zu
Salamanca darüber, und ſie gaben ihm Recht.
Man iſt den Kenntniſſen des Jahrhunderts ein
gleiches Geſtändniß ſchuldig. Vor achtzig Jahren hätte man es nicht gewagt zu thun.

Er beſah alle Bücher, welche von Spaniern
verfertiget waren, und wenn man eine Menge
buntſchäckiger Predigten, und andächtiger Romane
ausnimmt, ſo fand er, daß ihre Anzahl ſehr geringe war, und ſeufzte darüber. Die Spanier
ſind auch durch nichts als durch ihre Kriege bekannt. Die Gleichgültigkeit, die ſie gegen die
Muſen bezeigten, machte, daß ſie lange unbekannt blieben.

Er glaubte zu bemerken, daß das, was man
ihnen von Seiten des Hochmuths vorwirft, vielmehr

mehr edler Stolz als Eitelkeit wäre, und daß
dieses eben die Nation ganz besonders edelmüthig
machte.   Uebrigens, wenn man das Gute nicht
aus gereinigten Bewegungsgründen der Religion
thut, so liegt wenig daran, ob man es aus Prah-
lerey oder aus Großmuth thue.

Der Aufwand in Madrit bestund in einer Menge von Bedienten und Mauleseln.   Man liebt hier
ein großes Gefolge und den Pomp, außerdem aber
ehrt man die Mäßigkeit sehr.

Der Monarch, welcher in der Wahl seiner Minister allezeit eine richtige Beurtheilung zeigte, indem er sich eben so kluge als einsichtsvolle Männer
wählte, die Bürde der königl. Hoheit mit ihnen zu
theilen, hatte seiner Hauptstadt eine neue Existenz,
und den Einwohnern eine neue Gestalt gegeben.
Man sah nicht mehr die Unreinigkeiten, welche
ehedessen die Residenz des Monarchen verunehr-
ten, noch die ungeheuern Hüte, welche die Gesichter umschatteten, und sehr oft Schandthaten ver-
bargen.   Man ist Schöpfer, wenn man zu regieren weis.

Es mangelte dem Ruhme des Königes nichts
mehr, als die unfruchtbaren und schmachtenden
Felder durch eine Bearbeitung zu beleben, die dem
Boden und dem Klima gemäß ist, und für die Bedürfnisse der Reisenden zu sorgen, wenn er Wege
bahnen und Wirthshäuser für sie anlegen ließe.
Man würde keine Schlösser mehr in Spanien an-

E 3   legen,

legen, wenn man reinliche und bequeme Gasthöfe
da anträfe.

Lucidor hörte mit Vergnügen die größten Lobeserhebungen an, die man dem Grafen von Aren-
da, als dem einsichtsvollsten, dem billigsten und
uneigennützigsten Minister machte. Die Spanier
haben einen Keim von Größe und Hoheit, der sich
nur zu entwickeln sucht, wie es bey vielen Magna-
ten scheint, deren Edelmüthigkeit keine Gränzen
hat.

Es ist ärgerlich, daß der Schmuck des angenehmen äußerlichen nicht damit verbunden ist,
welches den gemeinsten Sachen einen Werth giebt.
Man hat alle Mühe von der Welt, sich zu überreden, daß Menschen, deren Außenseite zu sehr vernachläßiget ist, eine wohl ausgeschmückte Seele
haben könnten.

Die Unreinigkeit der Bürger, sagte ein Grand
von Spanien zum Lucidor, macht, daß wir wenig Apologisten haben. Ein Jahrhundert, in
welchem man sich auf Delicatesse und Verfeinerung legt, dient zu nichts als uns nur noch außerordentlicher zu machen; aber ein stolzes Volk richtet sich nicht nach fremden Moden, es will ganz
Ich, und weiter nichts, als dies seyn, so daß, wenn
man einem Spanier seinen Mantel nehmen wollte,
es eben so viel wäre, als wenn man ihm die
Seele entrisse.

· Der Umgang mit den Damen vergnügte unsern
Reisenden mehr, als man sich einbilden kann.
Sie

Sie haben einen schimmernden Witz, aber nicht
auf Kosten der Vernunft. Sie fiengen selbst an,
über die Liebeshändel, die man von ihnen erzählt,
über die Liebesbriefgen, die sie, wie man sagt, schreiben, und über die Seufzer zu spaßen, die sie aus-
stoßen sollen. Sie fragten unsern Philosophen,
ob er ein Franzose wäre, (er sahe aber doch nicht
so aus) damit sie wissen möchten, ob er sich rühmen würde, ihre Gunstbezeugungen genossen und
sie ihnen geraubet zu haben; denn wir wissen, sagten sie, daß man sich in Paris auf solche Weise
auf unsre Kosten lustig macht. Wenn die Rede
von Spanierinnen ist, so ist allemal ein Geschicht-
gen von dieser Art mit auf dem Tapete.

Lucidor durchreisete die vornehmsten Städte des
Reichs, ohne etwas wichtiges darinne anzutreffen,
ausgenommen die Häfen des Meeres, wo der Zusammenfluß der Waaren und Fremden Ueberfluß
und Munterkeit verbreitet. Der Umlauf der Geld-
sorten macht den Umlauf des Lebens aus. Der
Spanier von Barcellona oder von Cadix ist ganz
verschieden von dem Spanier von Grenada oder
Cordova.

In den Klöstern waren Männer von Genie,
die der größten Sachen fähig waren, wenn glückliche Umstände sie aus der Dunkelheit gerissen hätten. Es ist mit dem Verstande wie mit dem Pulver, iemehr man es zusammenpreßt, ie stärker ist
der Knall.

Drey-

Dreyzehntes Hauptstück.

Er reiset nach Italien, und hält sich zu Genua auf.

Die Republik Genua, ob sie schon aus verständigen Senatoren besteht, schien doch in den
Augen unsers Unbekannten nicht genug für das
Beste der Bürger gesorgt zu haben: daher urtheilte
er, daß das Land nicht reich wäre. Und in der
That, wenn man einige Adeliche und Kaufleute ausnimmt, welche Reichthum und Ueberfluß blicken
lassen, so lebt der übrige Theil unglücklich.

Der Reisende, der nur einen flüchtigen Blick auf
die Sache wirft, wird durch die prächtigen Palläste
geblendet, mit welchen Genua prahlt; aber ein
Philosoph, der tiefer nachdenkt, sieht, ungeachtet
dieses äußerlichen Schimmers, das Elend. Die
Einwohner von Sarzana, von Lerici, und von
den umherliegenden Dörfern, sehen Gespenstern
ähnlich.

Lucidor konnte nicht anders, als die Höflichkeit der Genueser loben; er bemerkte, daß ihre
Ernsthaftigkeit, die man insgemein für Hochmuth
hält, nur eine bloße Ceremonielgewohnheit wäre;
sie hatten viel Annehmlichkeit. Eine schöne Lection für diejenigen, die nur nach der Oberfläche von
den Leuten urtheilen.

Was das Volk betrifft, so muß man ihm nicht
zu sehr trauen; denn es ist immer für das schlech-
teste von ganz Italien gehalten worden.

Die

Die Wissenschaften waren zu Genua weder lebendig noch todt. Man ehrte sie, aber man machte nicht den Gegenstand seines Fleißes daraus. Die italiänische Sprache ist da ziemlich verwirrt und ungewiß, man redete sie mit viel Zwange.

Lucidor mißbilligte alle diejenigen, die ehedessen Cavaliere zur Bedienung gewesen waren, die aber die Damen unaufhörlich begleiten, und die Ehemänner unvermerkt entfernen. Es ist nicht genug für eine verheyrathete Person, klug zu seyn, sie muß auch nicht einmal den geringsten Verdacht geben. Wenigstens denkt die Vernunft so, und das würde kein geringes Unternehmen seyn, wenn man beweisen wollte, daß sie unrecht hätte.

Uebrigens giebt es Sitten zu Genua, so wie in allen Ländern. Ein wenig gut und ein wenig böse, nach dem italiänischen Sprüchworte: un poco di bene, un poco di male. Diese Vermischung ist unter Menschen, welche Leidenschaften haben, unvermeidlich.

Er wollte untersuchen, ob das Beywort, prächtig, das man Genua beylegt, von der Pracht ihrer Palläste, oder von dem Stolze der Einwohner, herrühre; aber nach einer genauen Untersuchung enthielt er sich, zu urtheilen. Die Klugheit ist niemals von der Vernunft getrennt.

Ehe er die Genueser verließ, sagte er zu ihnen, daß ihre Republik eine kleine Tyranney ausübte, indem sie die Gastwirthe zwänge, ihr schlechtes Oel und ihren schlechten Wein zu kaufen, um es den

Rei-

Reisenden zu verkaufen. Das ist eine schlechte
Politik, die Fremden so schlecht aufzunehmen, und
zu bewirthen. Der Zusammenfluß der Fremden
macht oft den Reichthum eines Landes aus.

Vierzehntes Hauptstück.

Von Corsica.

Lucidor fand, daß sich Corsica in den Händen der Franzosen sehr wohl befände, und
daß diese Anordnung die Genueser einer großen
Bürde entledigte: denn um den stolzen Königstitel
zu behaupten, erschöpften sie alle ihre Kräfte, und
am Ende waren sie doch nichts als ein Monarch in partibus.

Als unser Philosoph die Gebirge und die Ströme sah, über welche die französische Tapferkeit
triumphirt hatte, sah er die Einnahme von Corsica als einen Gordischen Knoten an, den man
hätte zerhauen müssen. Seine ersten Fragen hatten den obersten Befehlshaber Paoli zum Gegenstande; er kannte ihn schon seit langer Zeit, als einen Mann, dem er Einsichten in die Wissenschaften und Politik mitgetheilt hatte, er wußte aber
nicht, was man in seinem eigenen Lande von ihm
dächte.

Man sagte ihm, daß dieser General die Sache
weit besser hätte endigen können; daß eine Capitu-
lation ihm weit mehr Ehre würde gemacht haben,
als eine übereilte Flucht; daß dieses daher rührte,

weil

weil er nicht wäre unterstützt worden, und weil er
vielleicht die Kriegskunst weniger verstund und
kannte, als die Vortheile und das Interesse der
verschiedenen Mächte.

Lucidor bemerkte, daß Corsica eine große
Mäßigkeit nöthig hätte, um den Insulanern zu
Hülfe zu kommen; daß dem Lande so wohl als dem
Verstande eine gewisse Bearbeitung mangelte; daß
die Einwohner, ungeachtet der großen Namen, die
einige wie Taufnamen annahmen, etwas rohes an
sich hätten, das sie nur mit vieler Mühe und Noth
ablegten; und daß der Umgang der Franzosen,
der von dem Genuesischen sehr unterschieden ist,
endlich seinen Zweck erreichen würde, sie gesittet
zu machen.

Er glaubte in dem Humeur der Corsen die Nebel, und das unbeständige und ungleiche gewahr zu
werden, das die Luft des Landes verändert; gab
aber doch zu, daß der leztere Krieg sie einigermaßen wegen des Vorwurfes rechtfertigte, den
man ihnen macht, als ob sie erschröcklich grausam
wären. Es geht mit Nationen wie mit Privatpersonen, wenn sie alt werden, bessern sie sich.

Funfzehntes Hauptstück.
Seine Anmerkungen über Venedig.

Das ist die merkwürdigste und bewundernswürdigste Stadt von der Welt, sagte Lucidor,
als er da anlangte. Man kann sich keine richtige
Idee

Idee eher von ihr machen, als bis man sie sieht. In der That, da sie mitten im Wasser erbauet ist, welches ihre Queergassen und Hauptstraßen macht, so sieht sie aus, wie ein Sammelplaß von Schiffen, welche auf einem stillen Meere ausruhen.

Er untersuchte die Regierungsform des Landes mit aller derjenigen Behutsamkeit, die man da verlangt, und bemerkte, daß man das Volk, um dessen Aufmerksamkeit von den Operationen des Senats abzulenken, mit Vergnügungen ermüdete. Man hatte fast das ganze Jahr nichts als Schauspiele und Mascaraden. Die Sitten litten dabey viel, da unterdessen die politischen Gesetze dabey gewonnen.

Man belustiget uns, es ist wahr, sagten einige Gondolirer, aber das geschieht nicht, um uns zu drücken. Die Abgaben sind gemäßiget, und ziehen niemals die Dürftigkeit und Armuth nach sich; so daß man, wenn man die Sorge untersucht, welche unsre Oberherren tragen, und das Glück, das wir genießen, uns als ein freyes Volk beschreiben kann, welches von Sklaven regiert wird.

Diese Art sich auszudrücken, verräth ein eben so spirituelles als beredtes Volk. Es hat einen richtigen Gesichtspunkt, und giebt die glücklichsten Antworten. Man läßt ihm daher auch die Ehre, daß es in den Schauspielen die Wiederholung der Stellen verlangen kann, die ihm wichtig zu seyn scheinen.

Der

Der venetianische Senat scheint den römischen
Rath vorzustellen: es ist eben dieselbe Genauigkeit, eben dieselbe Würde. Der Doge hat vor
andern Rathsherren nichts voraus, als größere
Ehrenbezeugungen und weitläuftigere Titel. Den
Gesetzen eben so wohl als der geringste Unterthan
unterworfen, muß er der Republik bey Lebens-
strafe von seiner Aufführung und Verwaltung des
Staats Rechenschaft ablegen.

Seine Vermählung mit dem Meere scheint etwas seltsames zu seyn; aber das Volk hat gewisse Ceremonien nöthig, die ihm ein Blendwerk
vormachen, und das Geld in Umlauf bringen.
Die Einbildung ist die Königinn der Welt.

Es verhält sich aber nicht so mit den Spielen,
welche höchstschädlich sind, und welche die Republik sehr zur Unzeit im Schwange gehen läßt. Sie
ziehen den Ruin der Familien nach sich, sie
unterhalten den Müßiggang, schläfern die Seele
ein, und machen, daß die Wissenschaften vernachläßiget werden. Es würde weit mehr gelehrte
Venetianer geben, wenn sie weniger zum Vergnügen geneigt wären. Die Sinne können nie gewinnen, ohne daß der Verstand dabey verlieret.

Die Freyheit des Landes, die darinne besteht,
daß man ohne Zwang geht, sich ohne viele Umstände kleidet, und im Vorbeygehen auf der Gasse
Obst kaufen und essen kann, wurde sehr vom Lucidor gebilliget. Er fand, daß die Mannspersonen
ohne

ohne Degen, die Damen ohne Bedienten und die Rathsherren ohne Begleitung und Gefolge ausgiengen, und sich also über diese Sklaverey hinaussetzten, und daß nichts dem goldnen Weltalter so ähnlich wäre, als diese glückliche Einfalt.

Aber das Bewundernswürdigste ist, daß die Republik den Luxus sehr weise aus ihren Staaten entfernt hat. Das schwarze Kleid macht ihren ganzen Putz aus, und die Moden von Paris intereßiren die Venetianer nicht mehr, und nicht weniger, als die Gebräuche von Pekin. Sie sind zufrieden, wenn sie einige Proben davon bey den Fremden sehen, von welchen sie besucht werden.

Lucidor suchte vergebens jemanden, mit dem er umgehen könnte. Sechs Theater, die alle Abende offen sind, waren der Ruin der Gesellschaften. Die Venetianer begeben sich ins Schauspiel, welches von sechs Uhr an bis um eilfe dauret, um sich in ihren Logen blos von Sonaten und Arietten zu unterhalten. Unterdessen lassen die Damen ihren Witz sehen. Sie haben artige und sinnreiche Einfälle, welche, verbunden mit der Anmuth ihrer Sprache, sehr angenehm sind.

Er verwunderte sich sehr, da er Mitglieder des Raths sah, welche, mit dem Patente in der Hand, die Fremden besuchten, und stolz bey ihnen um ein Almosen bettelten. Es däucht mir doch, daß eine so berühmte Republik wenigstens so viel ersparen und Mittel erfinden sollte, daß man so angesehene Mitglieder des Staats versorgen oder ihnen

nen beystehen könnte. Der Stolz paßt gar nicht
zu einer solchen Erniedrigung.

Man wollte den Philosophen gern in Liebeshändel verwickeln. Es giebt überall dienstfertige Leute,
und vorzüglich in Italien; aber die Vernunft, ob
sie schon eine Freundinn des schönen Geschlechts
ist, läßt sich nicht in Avantüren ein.

Die Buchhändler hatten Läden, woraus man
schließen konnte, daß die Venetianer, ungeachtet ihrer Geschäffte und Ergötzlichkeiten, dennoch
bisweilen lesen. Die Kaffeehäuser sind ihr ge-
wöhnlicher Sammelplatz. Hier unterhält man
sich von Neuigkeiten, und redet von allem, ausgenommen von der Regierungsverfassung. Die
Stadt ist voller Spione, die wie Argus, tausend-
äugig sind.

Lucidor wollte auch die Mönche besuchen. Man
nahm damals gleich eine Veränderung mit ihnen
vor. Er fand, daß sie viel Verstand hatten, aber
sie schienen ihm sehr verschmitzt, und folglich ge-
gefährlich zu seyn. Wenn man seinen Stand
verläßt, verfällt man allezeit in Ausschweifungen;
ist es nicht von Seiten des Herzens, so ist es doch
von Seiten des Verstandes.

Nachdem er vierzehn Tage in Venedig zugebracht hatte, und das ist für einen Mann immer
genug, der weder das schöne Geschlecht, noch das
Spiel liebt, reisete er ab, Ragusa zu besehen, eine
kleine Republik, wo man Genie antrifft, und von
da kehrte er wieder um, und begab sich nach Neapel.

Sech-

Sechzehntes Hauptſtück.

Er reiſet durch Bologna und Livorno.

Ferrara, eine Stadt, wo es mehr Häuſer als
Menſchen giebt, und wo man ſich insgemein
nur aufhält, um einen Blick auf einige Kirchen und
Palläſte zu thun, ſchien ihm eine ſchöne Einöde zu
ſeyn. Nachdem er das Grabmaal des Arioſts geſehen hatte, eines eben ſo berühmten Dichters als
Dante, begab er ſich nach Bologna.

Dieſer von Gelehrten und Wiſſenſchaften lie-
benden Männern bevölkerte Ort, hat alles, was
den Geiſt vergnügen und befriedigen kann. Unſer Reiſende brachte einige Tage bey ihnen zu, die
ihm nur eine Minute lang ſchienen. Einige entwickelten ihm die verborgenſten Geheimniſſe der
natürlichen Geſchichte, andre zeigten ihm alle Reichthümer der Beredſamkeit und der Dichtkunſt; und
ſo gar die Frauenzimmer beſchäfftigten ihn, als
Mitglieder der Akademien, auf die intereſſanteſte
und angenehmſte Art.

Er wünſchte ſich Glück, da er ſah, daß man
ſeine Kenntniſſe ſo gut genützt und angewendet
hatte; aber er ſprach wenig, aus Furcht, ſein Geheimniß zu verrathen. Perſonen, die mit ſeinem
Unterrichte ſo bekannt waren, konnten es leicht errathen.

Die Akademie der Wiſſenſchaften, ein kurzer
Innbegriff alles deſſen, was die Natur merkwürdiges in ſich ſchließt, wurde für unſern Lucidor ein

Gegen-

Gegenstand der Bewunderung und der Loberhe-
bungen. Alle vier Theile der Welt hatten zu diesem köstbaren Depot etwas beygetragen. Hier
bekommt man Licht über alle Erscheinungen der
Welt, und hier lernt man jene höchste Weisheit erkennen, welche so viele Wunder schuf, unsre Erkenntlichkeit und unsern Verstand zu üben.

Franciscus Zanotti, der Fontenelle von Italien,
wollte den Lucidor nicht mehr verlassen. Er begleitete ihn bey allen seinen Besuchen, und überall
wußte er, ihm angenehm die Zeit zu vertreiben.
Ein angenehmer Geist hat das Verdienst der At-
traction.

Die Bologneser sind eben so sehr für die
Schauspiele eingenommen, wie alle Italiäner.
Das Theater ist ihr Element. Der Pöbel selbst
glaubt diesen Zeitvertreib nöthig zu haben, und
der Müßiggang findet seine Rechnung dabey. Unser Philosoph besuchte sie etlichemal, als ein
Mann, der die Sachen ohne Leidenschaft ansieht.
Er bewunderte vorzüglich den Saal, dessen Archi-
tectur und Verhältnisse eine entzückende Perspective machten.

Mitten in Bologna war ein Haus, welches
der Adel gemiethet, und wo er sich versammelt hatte,
um da zu spielen und sich zu unterreden Lucidor ließ
sich auch hinführen, und in einer Zeit von ein paar
Stunden kannte er die ganze Stadt: dies schien
ihm sehr bequem und nachahmungswürdig.

F   Er

Er mochte immerhin die Aufführung der Ehemänner mit kritischen Augen untersuchen. Weit entfernt, sie eifersüchtig zu finden, sah er vielmehr ohne viele Mühe, daß sie nur allzusehr die Bequemlichkeit liebten. Aber die Eifersucht der Italiäner hat so tiefe Wurzel geschlagen, daß, man sage auch was man wolle, um diese Meynung auszurotten, man allemal die Antwort erhalten wird, daß die Weiber in Italien an ihren Ehemännern Splone haben. Der Italiäner ist nur gegen seine Maitresse eifersüchtig.

Wenige Personen sehen die prächtigen Malereyen, wovon Bologna strotzet, mit den Augen der Wahrheit an; sie machten, daß Lucidor sich länger verweilte, als er geglaubt hatte. Das Schöne hat die größte Gewalt über eine nachdenkende Seele.

Livorno, wohin sich unser Reisender sehr eilfertig begab, eröffnete ihm eine andre Scene. Man kennet da keine andre Wissenschaft als den Handel, und das ist die italiänische Stadt, die am wenigsten Italiänisch zu seyn scheint. Die Fremden, welche von allen Orten und Enden her in Menge da sind, haben, was die Sitten und die Sprache anlangt, einen babylonischen Thurm daraus gemacht.

Wenn Sie diesen Hafen sehen, sagte ein Schiffscapitain zum Lucidor, so entdecken Sie das Bergwerk, aus welchem die Medicäer, die Großherzoge von Toscana, ihre Schätze gezogen haben.

Dadurch

Dadurch legten sie den ersten Grund 'zu ihrer nach-
maligen Größe, und hier fanden sie die Mittel,
Künstler zu bilden, die Künste wieder aufzuleben,
und ihre Länder mit den kostbarsten Meisterstücken
zu bereichern. Er redete noch, als man schon die
Anker lichtete, und bald darauf sah man sich 'auf
dem hohen Meere.

Siebzehntes Hauptstück.

Er langt zu Maltha an, und geht nach Sicilien.

Die Schiffahrt war höchst gefährlich, obschon
die Ueberfahrt nicht lang war. Die dickste
Finsterniß machte aus dem hellen Mittage die
fürchterlichste Nacht. Die Winde entfesselten sich
und wütheten, die Wellen thürmten sich auf, und
das Schiff, das bald erhabner als ein Berg, bald
tiefer als ein Abgrund herabgestürzt war, drohete
der ganzen Ladung einen nahen Untergang. Einige
verfluchten das Meer, andre flehten den Himmel
an; und mitten unter dieser schrecklichen Verwir-
rung faßte Lucibor, statt zu murren, Geduld, und
legte Hand ans Werk. Klagen heilen das Uebel
nicht, und die Furcht vermehrt es nur.

Maltha, diese berühmte Insel, die bestimmt ist,
den Feinden des christlichen Namens Gesetze vorzuschreiben, oder wenigstens ihre Anfälle abzuhal-
ten, intereßirte unsern Reisenden ungemein,
theils seiner Regierungsverfassung, theils seiner
Lage wegen. Hier sah er die Blüthe des Adels unter der Regierung eines Großmeisters aufblühen,

dessen

deſſen Souverainetät ſich nur durch Gnade und
Höflichkeit kenntbar macht. Er giebt dem ehrwür-
digſten Theile von Europa Beſchle, ohne den Schein
zu haben, zu befehlen, denn er weis, daß die Liebe
zur Pflicht die edelgebornen Seelen leitet, und
nicht die Furcht vor der Strafe.

Lucidor wurde ſehr gnädig daſelbſt aufgenommen. Damals war Emanuel Pinto Großmeiſter,
der keinen andern Fehler hatte, als ein ſehr hohes
Alter, und der allezeit der Dollmetſcher der Vernunft
war. Sie unterredeten ſich beyde recht freund-
ſchaftlich über den Boden des Landes, der ziemlich
undankbar iſt, über den Charakter der Maltheſer,
deren afrikaniſche Sitten Ausſchweifung, lüderliches Leben und Wildheit verrathen, da ſie nicht
nach der Beſchaffenheit des Clima civiliſirt ſind,
welches doch ſo heiß iſt, daß die Luft in den Som-
mertagen brennbar wird.

Man führte ihn in die S. Pauls Grotte, wo
man eine Art von Stein findet, der wie eine Pflanze
wächſt, und immer wieder aufs neue hervortreibt.
Die Phänomena der Natur entgehen den Blicken
der Vernunft nicht.

Er gieng in verſchiedne Häuſer, wo die Ritter
ſich verſammlen, und ihr Umgang war ihm ein Beweis, daß ſie ihren Beruf ernſtlich treiben, und daß
ihnen die Lectüre zur Ergötzung dient.

Dies können ſie um ſo viel eher in einem Lande
thun, wo man unglücklicher Weiſe das Hülfsmittel
nicht hat, ſeine Zuflucht zu den vornehmen Dämen

zu

zu nehmen, welche die gute Gesellschaft ausmachen. Einige Baronessen ausgenommen, giebt es in der Stadt Maltha nichts als Personen von gemeinem Stande. Die Mannspersonen haben gar bald unter einander lange Weile, wenn das schöne Geschlecht nicht mit bey der Gesellschaft ist; die Liebenswürdigkeit, die man an ihnen bewundert, verbunden mit der Sittsamkeit und dem Wohlstande, den dieses Geschlecht einflößet, macht das Angenehme der Gesellschaften.

Der Pabst hält zu Maltha einen Nuncius, Lucidor sah ihn auch. Man gewinnt fast allemal, wenn man mit dem Italiäner umgeht. Es giebt deren wenige, vorzüglich in den vornehmsten Plätzen, die nicht Kenntnisse und Verstand hätten.

Die Ritter, ganz eingenommen von den Verdiensten und dem liebreichen Betragen des liebenswürdigen Unbekannten, der sie besuchte, führten ihn überall hin, und zeigten ihm Ordens-Galeeren; als sie aber suchten, ihn auszuforschen, wußte er, ohne zu lügen, die Unterredung sehr geschickt auf etwas anders zu lenken. Man ist nicht verbunden, jede Wahrheit zu sagen. Die Verschwiegenheit ist keine Verstellung.

Nachdem er die Bestungswerke besehen hatte, die man unter die Zahl der merkwürdigsten Denkmäler setzen kann, reisete er ab, und begab sich nach Sicilien, wo man ihn erwartete.

Palermo, eine sehr schöne, sehr volkreiche Stadt, wo sich ein ansehnlicher Adel aufhält, ist mit allem

F 3   Rechte

Rechte die Hauptstadt des Landes. Man trifft da mehr Witz, als Gelehrsamkeit an. Die Lebhaftigkeit scheint der herrschende Charakter zu seyn. Es ist natürlich, daß die Sicilianer fühlen, daß sie den Berg Aetna um sich haben.

Die Pracht besteht, wie in Italien, nur in dem äußerlichen. Die Palläste sind prächtig, und die Tafeln außerordentlich mäßig. Man lebt hier von Chocolade und Erfrischungen.

Lucidor fand ein Vergnügen daran, ganze Reihen von Kutschen längst der Gasse hin zu sehen; Pferde und Wagen sind in Sicilien und Italien fast eben so nothwendig wie ein Haus. Es ist unter Personen vom Stande unanständig, zu Fuße zu gehen, oder wenn sie ja zu Fuße gehen, so geschieht es doch nicht anders, als daß der Wagen, das Zeichen ihrer Eitelkeit hinterherfährt.

Syracus, die Wiege und zugleich das Grab des berühmten Archimedes, erinnerte ihn an das traurige Schicksal dieses großen Weltweisen. Er hielt sich bloß da auf, um dessen Andenken durch seine Betrübniß zu verehren. Er hätte es durch Libationen thun können. Der Wein wächst da recht häufig und verschwenderisch, und ist ganz vortrefflich.

Unser Reisender beschäfftigte sich sehr mit der Fruchtbarkeit des Landes, welches durch den Ueberfluß seiner Seide und seines Getraides mit ganz Europa in Verbindung steht; und nachdem er Meßina gesehen hatte, einen Hafen, wo der Handel

bel nothwendig ist, die Unempfindlichkeit und Langeweile zu verjagen, reisete er nach Calabrien.

Da sah er nichts als Insekten und Räuber, wenn man einige kleine Städte ausnimmt, die von ehrlichen und rechtschaffenen Leuten bewohnt wurden.

Dieses Land ist mit Mönchen und Bischöfen bevölkert. Sie unterhielten ihn von den Sitten des Landes, die noch nicht allzusehr verfeinert sind, und die vermuthlich noch viele Jahrhunderte werden warten müssen, ehe diese Veränderung vor sich gehen wird. Die Gegenden, welche an der Gränze liegen, und die weiter hinaus nichts als wilde Länder zu Nachbarn haben, werden nur sehr langsam civilisirt, Rußland ist ein Beweis davon. Es sind unzählige Generationen und Revolutionen ohne Beyspiel nöthig gewesen, ehe es so geworden ist, wie es itzt ist.

Lucidor wäre beynah von den Algierern weggekapert worden, wenn ihn nicht die Malthefer-Ritter gerettet hätten. Die Vernunft wäre in Algier sehr an unrechten Ort gekommen. Calabrien diente ihm zum Vorsaale, zu den Neapolitanern zu gehen. Sie haben sehr schöne und angenehme Aussichten.

Neapel, eine auf Feuerspeyenden Bergen gelegene Stadt, scheint ein Ameisenhaufen zu seyn, so volkreich ist sie. Auf allen Seiten sieht man Menschen, die sich drängen, die sich stoßen, und wovon wenigstens ein Drittel nichts als Lumpen statt der

F 4   Kleider

Kleider trägt. Es ist betrübt, daß ein so angenehmer Ort durch einen solchen Anblick verunstaltet wird.

Lucidor zog daraus den Schluß, daß die Faulheit dieses außerordentliche Elend verursachte. Eine
Sache, über die man sich um so vielmehr verwun-
dern muß, da es in einem Hafen tausend Mittel
giebt, sein Brod zu verdienen; und da die Minister, die gegenwärtig die Verwaltung des Staats
auf sich haben, viel Eifer und Klugheit besitzen;
man wird aber einwenden, daß es überall Misbräuche giebt, und daß dieser die Erbsünde des
Landes sey.

Die Erziehung des Adels schien in den Augen
unsers Reisenden nicht minder auffallend zu seyn.
Die jungen Leute, an statt sich zu bemühen, ihren
Verstand und ihr Herz zu bilden, verderben nur
allzu oft ihre ersten Jahre damit, daß sie sich mit
Pferden beschäfftigen, und sich mit den Bedienten
gemein machen, wodurch sie sich in ihren Sitten
und Reden Grobheiten angewöhnen.

Die Nachbarschaft des Berges Vesuvius hat
einen Einfluß auf die Menschen. Die Einbildungskraft der Neapolitaner entzündet sich wie
ein Vulcan. Man bemerkt in ihren Schriften
das Feuer des Genies, und ihre Reden gleichen
dem Blitze. Daher sagte Lucidor, daß sie geschickter wären, Dichter und Redner zu bilden, als Geschichtschreiber und Rechtsgelehrte.

Unter-

Unterdessen hat man wohl kein Land, wo man mehr Advokaten anträfe. Ein jedes Haus hat seinen eignen, dem es jährlich etwas gewisses bezahlt; das rührt aber mehr von einem für die Chicane entschiedenem Geschmacke her, als von einer Verfassung, die fähig wäre, Rechtsverständige Männer zu bilden.

Unser Philosoph konnte das Geräusch und Murmeln in dem Gerichtshofe nicht ohne Aergerniß anhören. Das war ein wahres Bild der Hölle, so sehr griffen diejenigen, welche ihre Sache vor Gericht vertheidigten, ihre Geberden und Stimme an.

Aber in welche Verwunderung gerieth er, als er ganze Schaaren von Mönchen in allen Gassen sah. Die Dominicaner haben bis auf achtzehn Ordenshäuser in den Ringmauern der Stadt, und man rechnet bis auf dreyhundert Franciscaner in einem einzigen Kloster, welche alle Privatpersonen vermittelst eines Gott bezahle es, plündern, und welche alle gern die Vernunft als eine Ketzerinn angeklagt hätten, wenn sie sich nur im geringsten gewagt hätte, zu sagen, daß ihre Anzahl zu groß wäre.

Der Enthusiasmus hört nur sich an, und alles, was er mißbilliget, scheint ihm des Anathems würdig zu seyn.

Er wollte gern die Prediger hören. Die Sache verlohnte sich schon der Mühe. Declamateurs und Pantomimen auf einmal erwecken La-

F 5   chen

chen und Weinen. Das Genie schimmert aber
doch durch das Burleske der Ausdrücke und Gedanken durch. Es ist ein Ungewitter, das mit
Finsterniß und Blitz vermischt ist.

Die mit Verzierungen zu sehr überladene Archi-
tectur hatte nicht jene edle Einfalt, welche die
guten Werke charakterisirt. Dafür beschäfftigte man
sich hingegen außer der Maaße mit dem, was
die Alten gethan hatten, und grub bis in den Mittelpunkt der Erde, und suchte Denkmäler ihrer Gelehrsamkeit. Das Nachgraben im Herkulanum
war ein Beweis davon. Man zog täglich Ruinen
dieser Stadt hervor, die ehedessen durch einen Aus-
bruch des Berges Vesuvius versunken war, und
unzählige Seltenheiten, deren Sammlung man in
den Sälen des Schlosses zu Portici, die zu diesem
Gebrauch bestimmt waren, aufbewahrte.

Lucidor untersuchte sie mit der strengsten Aufmerksamkeit. Dies war ein würdiger Anblick für
ihn; er gerieth aber in eine angenehme Verwunderung, als er eben dieselben Malerey - und Bild-
hauerstücke in vielen Büchern Stück für Stück in
Kupfer gestochen sah. Ein unsterbliches Werk,
das dem Könige von Spanien Carl dem Dritten
Ehre macht, auf dessen Befehl man es unternahm
und anfieng, als er noch König von Neapel war,
und welches sein würdiger Sohn und Nachfolger
zum großen Vergnügen der Liebhaber fortsetzen
läßt.

Eini-

Einige berühmte Schriftsteller schrieben über verschiedene Materien, aber ihre Werke schmeckten nach dem Lande, welches ihnen in den Augen lebhafter Leute einen großen Werth gab, da hingegen die phlegmatischen wenig daraus machten. Die Menschen werden in ihren Urtheilen so wie in ihrem Geschmacke oft von ihrem Temperamente betrogen.

Lucibor billigte den Fanatismus der Neapolitaner für die Schauspiele nicht. Die Vernunft verlangt Mäßigung in ihren Vergnügungen. Er fand aber, daß die Theater ungemein schön waren. Es ist Schade, daß die Stücke, die man spielt, ausgenommen die Stücke des Metastasio, die man bisweilen aufführt, der Schönheit des Theaters nicht entsprechen. Es war nichts als eine Menge unschmackhafter Episoden, oder ein Gewebe von schlechten lustigen Einfällen. Man applaudirte aus Gewohnheit, und lachte, weil man nichts anders zu thun hatte.

Er besuchte viele Assembleen, sie sind majestätisch. Er hörte da mit Vergnügen eine Improvisanta, das heißt, ein junges Frauenzimmer, welche zu gleicher Zeit sang, und Gesänge componirte, wozu man ihr den Innhalt gab. Man trifft dergleichen oft in Italien an, welche diese erstaunende Leichtigkeit und Geschwindigkeit des Genies haben, und welche vermöge ihrer Fertigkeit, Impromptiis zu machen, oft sehr witzige und angenehme Sachen sagen. Dieses treiben sie als ein

Hand-

Handwerk, wofern ihre Jugend oder ihre Schönheit sie nicht verführt, ein andres zu treiben.

Man bat unsern Philosophen etlichemal zu
Gaste, er sah aber bald, daß die Neapolitaner kein
Talent haben, zu tractiren. Es war da weder die
Ordnung noch der gute Geschmack anzutreffen,
der bey den Franzosen herrscht.

Auf die Vorstellungen, die er den Ministern
machte, das Bettelwesen zu untersagen, den La-
quayen und vorzüglich den Hofbedienten zu befehlen, daß sie nicht mehr in die Häuser herumgehen
und die Fremden unter Contribution setzen sollten,
war man im Begriff, es ins Werk zu stellen; allein
die Sache ist doch nicht vollzogen worden. Kaum
ist man dem Könige von Neapel vorgestellt worden, so wird man von den Leuten seines Hauses
angefallen, die sich den Willkommen bezahlen lassen. Der König weis nichts davon, es wäre aber
sehr gut, wenn er es wüßte. Was für Veränderungen würde man in allen Ständen sehen, wenn
die Regenten von allem unterrichtet wären.

Es war billig, daß Lucidor die Gegenden um
Neapel sah. Sie intereßiren ihrer Lage, und der
schönen Sachen wegen, die Virgil davon gesagt
hat. Zuerst besuchte er das Grab dieses unsterblichen Dichters, auf welchem recht schicklich von
ohngefähr ein Lorbeerbaum gewachsen ist. Es ist
in einiger Entfernung von der Stadt, an einem
einsamen Orte.

Von

Von da begab sich unser Reisender an die Ufer
des Acheron, und bemerkte, daß dieser Fluß, der im
Virgil so fürchterlich aussieht, nur ein kleiner elender Sumpf ist, vor welchem sich niemand fürchtet.
Die von eben diesem Dichter so prächtig geschilder-
ten elisäischen Felder scheinen in seinen Augen nicht
besser zu seyn, als die Ufer der Loire, und die Höhle
der cumäischen Sibylle nicht besser, als ein gewöhn-
liches Souterrain. Die durch die Dichtkunst ver-
schönerten Gegenstände sind Perspectiven, die man
nur in der Entfernung sehen muß.

Ganz anders verhält es sich mit Caserta, dem
Schlosse, welches der König von Neapel mit Recht
als den prächtigsten Pallast in Europa ansieht, und
woraus er sein Vergnügen macht. Lucidor besah
es mit einem kritischen Auge, ohne einen Fehler
daran gewahr zu werden. Das ist ein Sammelplatz von allen Schönheiten in der fruchtbarsten
und angenehmsten Gegend. Die Statuen, die
Säulen, die Wasserleitungen, die Bäume unter allerhand Gestalten, die Wässer in dem größten Ue-
berfluße, alles trägt dazu bey, es zum Aufenthalt
der Pracht und der Wollust zu machen.

Er reisete hierauf durch Capua, eine Stadt,
die itzt eben so unbequem ist, als sie zu Hannibals
Zeiten angenehm war; und begab sich auf der Ap-
pischen Straße nach Rom, welche, ungeachtet der
Orangen-und Myrthenbäume, womit sie eingefasset
ist, die Wagen ruiniret, und den Reisenden unangenehm

genehm iſt. Das ſind nur Trümmern, koſtbare
Spuren der Römer, die man aber lieber in der
Entfernung zu ſehen wünſchte.

Monte Caßino, dieſe prächtige Abtey, die
Pflanzſchule faſt aller Mönche, zeigte dem Lucidor alle ihre Reichthümer; er war aber viel
vergnügter, daß er Tugenden da antraf. Allzu
prächtige Gebäude erniedrigen die Mönche, anſtatt ſie zu erheben.

Die Straße vom Monte Caßino bis nach
Rom gab unſerm Reiſenden viele Betrachtungen
an die Hand, beſonders über die Macht jener
alten Römer, welche Herren der ganzen Welt
waren, und von welchen keine Spuren mehr
übrig ſind, als etwa noch in einigen Denkmälern
und in der Geſchichte. Die Revolutionen der
Welt ſind eine unerſchöpfliche Gedankenmaterie,
wenn man die Jahrhunderte und die Begebenheiten gegen einander hält.

Die Italiäner haben einen durchdringenden
Verſtand. Sie ſahen wohl, daß Lucidor kein
alltäglicher Mann war, und daß er gleichſam
wider Willen Stralen ſchießen ließ, wodurch er
die Vorurtheile zerſtreuete. Dies ſagten ihm
Edelleute, Mönche, ja ſo gar Handwerksleute,
mit welchen er umgieng, und ſich unterhielt.
Ihre Seele ward erleuchtet, je nachdem er mit
ihnen redete.

Achtzehn-

Achtzehntes Hauptstück.

Von Rom und dessen Einwohnern.

Welcher Anblick für die Vernunft, die Hauptstadt der ganzen Welt! Lucidor langte zu Rom mit den Empfindungen des Erstaunens und der Verwundrung an, die man bey dem Anblicke eines Phänomens fühlet.

Seine Blicke waren lange Zeit unbeweglich auf jenes prächtige Gebäude geheftet, welches man das Wunder der Welt nennen kann. Sein Geist und Gedächtniß wurde damit als mit dem prächtigsten und interessantesten Gegenstande erfüllt.

Von der Peterskirche, wo die Bildhauerkunst und Malerey alles, was beyde seltenes und zauberisches haben, verschwendet hat, gieng er in den Vatican, und hier sah er neue Meisterstücke, aber in einer solchen verschwenderischen Menge, daß man müde wird, sie zu betrachten. Eine Schönheit macht, daß man die andre vergißt, und es gehört ein solcher scharfer Blick, wie des Lucidor seiner, dazu, um sich ihrer erinnern zu können.

Seine Freude war vollkommen, als er sich mitten in der prächtigen Bibliothek des Vaticans sah. Das war sein Mittelpunkt. Hier findet man alle Bücher der Welt beysammen, und diejenigen, welche die Aufsicht darüber haben, kennen die Substanz und den Werth derselben. Es ist Schade, daß viele rare und merkwürdige Bände ein-

eingeschlossen werden. Man sieht nichts als un-
geheure Schränke, die man öffnen muß, wenn man
nach einem oder dem andern fragt.

Es war kein Winkel in Rom, der nicht ein interessanter Gegenstand für unsern Reisenden gewesen wäre. In einem Lande, wo alles kostbar ist,
muß man nichts vergessen. Man sah ihn vom
frühen Morgen an in den Gassen, auf den öffentlichen Plätzen, in den Pallästen, in den Kirchen,
in den Gärten, wo er sorgfältig alles untersuchte,
was die Alten und Neuern merkwürdiges haben.
Er zergliederte, er stellte Vergleichungen an, denn
nur durch Vergleichungen lernt man eine Sache
recht kennen; und alle seine Beobachtungen wurden in ein Tagebuch mit vieler Genauigkeit aufgezeichnet, um den Reisenden die rechte Art zu
reisen zu lehren.

Nachdem er einige Tage mit Untersuchung der
materiellen Schönheiten zugebracht hatte, beeiferte
er sich, die Sitten und Gesetze der Einwohner
genauer zu betrachten; dies war sein Hauptgegenstand.

Der Pabst mußte nothwendig ein wichtiger Gegenstand für ihn seyn. Außerdem, daß die Vernunft sich mit der Frömmigkeit vereiniget hatte, ihn
auf den Stuhl des heil. Petrus zu setzen, gab er
auch täglich Beweise seiner Klugheit und Beurtheilungskraft.

Das war kein Pabst, der aus unbiegsamer Hart-
näckigkeit seine Privilegien auf Kosten der Rechte

der

der Monarchen erhalten wollte, nein, das war ein friedfertiger Versöhner, der alles geschickt entfernte, was die Mißhelligkeiten unterhalten konnte, und der allen alles ward.

Auf solche Weise mußte Lucidor ein Freund des weisen Ganganelli seyn. Dies sah man aus ihren Unterredungen. Sie waren über alles einerley Meynung, über die Einigkeit, welche zwischen einem Pabst und den Monarchen herrschen muß; über die Nothwendigkeit, ihre Macht und Gewalt als eine von Gott allein abstammende anzusehen; über die Verbindlichkeit gewisse Anforderungen, wodurch die Fürsten nothwendig beleidigt, und die Gemüther erhitzt werden müssen, in Vergessenheit gerathen zu lassen. Die Welt wird aufgeklärter, wenn sie alt wird.

Als der Pabst sich so entdeckte, ließ er eine Politik blicken, die eben so groß war, als die Politik des Ximenes und Sixtus des fünften, der aber überdies noch das Verdienst hatte, sich in die Zeit schicken zu können. Es ist mit weisen Regenten, wie mit einem Steuermanne, er muß den Wind ausrechnen.

Die Kardinäle, Mitglieder eines Collegiums, welches die größten Männer hervorgebracht hat, nahmen unsern Philosophen mit einer gnädigen Miene auf, die keinen Hochmuth kennet. Ihre Höflichkeit setzte ihn zugleich in Verwundrung, da ihre Tugenden ihn erbaueten.

G   Einer

Einer unter ihnen, voller Klugheit, und den seine lange Erfahrung eben so sehr als sein Genie mit Einsichten bereicherte, würdigte unsern Lucidor seiner Freundschaft; und nach einigen Unterredungen über verschiedene Gegenstände, die sich auf die Regierung des Landes bezogen, sprach er zu ihm:

„Sie sehen uns vielleicht als gute ehrliche Leute an, die nicht würdig wären, Nachfolger der alten Römer zu seyn. Es ist gut, daß Sie wissen, daß es noch Männer unter uns giebt, welche in den schönsten Tagen Roms die ersten Würden verdient hätten.

Die Zeit ist vorbey, wo die Stärke der Waffen den Ruhm dieses Landes ausmachte; aber ist man denn weniger schätzbar, weil man den Frieden genießt? Die wahre Philosophie zieht die Ruhe allen Schlachten vor, welche die Menschen vertilgen, und die Menschlichkeit empören. Wir haben keine andre Vertheidigung, als unsre Klugheit; dieser bedienen wir uns, als unsers Helms, mit dieser pariren wir geschickt aus, wenden die Streiche ab, erwarten beßre Gelegenheit und gelangen unvermerkt zu unserm Zweck.

Man gewinnt alles, wenn man Zeit gewinnt. Die Welt ist voll von Begebenheiten, die ohne Unterbrechung auf einander folgen. Es entsteht ein Krieg, es wird ein Bündniß geschlossen, es kommt ein Todesfall dazu, und die Sachen bekommen eine neue Gestalt. Das Kapitel vom Zufäl-

Zufälligen hat uns schon bey tausend kritischen Umständen glücklich aus dem Handel geholfen.

Uebrigens hat unser Hof ein Hülfsmittel, welches andre nicht haben. Der geheime Rath des
Pabsts besteht aus Personen, welche verschiedne
Nunciaturen gehabt haben, die das Genie der
Fürsten, und die sichersten und schicklichsten Mittel,
sich ihre Gunst zu erwerben, und sie geneigt zu machen, genau kennen. Ueberdies haben wir Leute,
die sich überall ausgebreitet haben, und uns von
allem Nachricht geben.

Man muß niemals einen Staat betrachten und
beurtheilen, fuhr der ehrwürdige Greis fort, nach
dem was er ehemals gewesen ist, sondern wie er
itzt beschaffen ist. Die alten Römer, die man
mit Nachdruck rühmt, würden eben so friedfertig
gelebt haben, als wir, wenn sie sich in unsrer Lage
befunden hätten; man denkt nicht daran, Krieg zu
führen, wenn man eine Regierungsform hat, die
davon entfernt, und, wenn man auch keine Lanze
in der Hand hat, ist man doch deswegen nicht weniger ein großer Mann.

Ein kluger Kopf unter einer Mönchskutte ist
mir lieber, als ein dummer Kopf unter einem Hel-
me. Das Genie macht den Held, und nicht das
Schild; daran liegt wenig, wie man gekleidet
sey, wenn nur die Vernunft unser Compaß ist.

Die meisten Schriftsteller sind sich nicht gleich,
und besonders in den Jahrhunderten, in welchen
wir leben. Sie schreyen wider den Krieg, und

G 2 rüh-

rühmen nur den Frieden, und machen doch diejenigen lächerlich, deren Regierung wesentlich friedfertig ist.

Ich weis, daß die unsrige Fehler hat, aber sind
denn andre Völker glücklicher, als wir?

Es ist unmöglich, daß ein Pabst, der nicht er-
zogen worden ist zu regieren, und den man vor
seinem sechzigsten Jahre nicht erwählte, alle zum
Regieren erforderliche Eigenschaften haben könne.
Beschäfftiget mit dem Geistlichen, welches gewöhn-
licher Weise seine erste Sorge ist, vernachläßiget
er wider seinen Willen die zeitlichen Geschäffte, welche eine anhaltende Arbeit und Fleiß erfodern.
Ueberdies ist das Alter langsam, wie Cicero sagt,
man wagt keine großen Unternehmungen, wenn
man nicht mehr Zeit gnug hat, sie fortzusetzen und
wenn man nicht weis, wer unser Nachfolger seyn
wird.

Diese Situation macht, daß man sich auf Personen verläßt, welche nur allzuoft unser Ansehn
misbrauchen, und daß ein Pabst eben so, wie
viele Fürsten, die Wahrheit nur dann siehet, wenn
er das Evangelium lieset.

Wir sehen alle mit Betrübniß, daß der Müßiggang das Unglück des Landes ist, daß wir zu viel
Almosen, und nicht gnug Abgaben haben. Aber
ein Pabst, der nur etliche Tage zu leben hat, be-
fürchtet, sich verhaßt zu machen, wenn er die
Sachen ändern wollte, und für einen Mann ohne
Leutseligkeit gehalten zu werden. Man schreyet
noch

noch wider Sixt den fünften, weil er strenge war. Unterdessen ward Rom doch durch seine Vorsorge vom Hunger gerettet. Zwey hundert Jahre nach seinem Tode hat er noch seinem alten Volke von den Summen zu leben gegeben, die er weislich auf die Zukunft zurückgelegt hatte. Ein kluger Politikus ist beynahe ein Prophet.

„Alles dieses kann Sie lehren, mein Herr, daß hier nicht die Einsichten mangeln. Die größten Männer richten ihre Entschlüsse nach den Umständen ein."

Unser Philosoph würde nicht besser geredet haben. Man kam ihm in allen, was er gesagt haben würde, zuvor, und dies beweiset, daß der berühmte Montesquieu Recht hatte, wenn er versichert, daß die heutigen Römer den alten ähnlich wären; daß man Spuren an ihnen entdeckte, welche eben dasselbe Genie anzeigten.

Es ist in der That hinreichend, ihre Kinder zu fragen. Sie geben Antworten, die Verwunderung erwecken. Der Ehrgeiz, Consul oder Dictator zu werden, spornt sie zwar nicht mehr an, aber die Begierde, Cardinal, und gar Pabst zu werden. Der geringste Bauer würde für große Summen nicht darauf Verzicht thun. Das Beyspiel Sixtus des fünften wird dem Gemüthe von der zartesten Kindheit an eingeprägt.

Die Decorationen und die Feste, wovon Lucidor ein Zeuge war, erinnerten ihn nicht weniger an das alte Rom. Er bemerkte dabey die maje-

G 3   stätl-

ståtische Einfalt, welche der Charakter der wahren
Größe ist.   Leichtsinnige Völker kennen nur das
artige, gesetzte Nationen verwerfen und verachten es.

Man lebt zu Rom beynahe eilf Monate lang,
ohne Schauspiele; das verräth Personen, welche
sich mit andern zu unterhalten wissen.   Daher
führen auch die Assembleen mit Recht den Namen
Conversationen.   Man versammelt sich da, um
über verschiedene Sachen mit einander zu reden;
und wenn zwey Spieltische da sind, so bleiben sie
fast unbemerkt.   Eine Sache, die mehr bewundert, als nachgeahmt wird.

Lucidor sah eine Menge Gelehrte, die sich sehr
mit dem Studio der Gesetze und der Alterthümer
beschäfftigten.   Es giebt eine Menge Mönche und
kleiner Abbees, die man für Wesen halten sollte,
welche vegetiren, und die ein blitzendes Genie haben.   Sie vereinigen mit einem scharfen Verstande tiefe Kenntnisse.   Das kanonische Recht, diese
so nöthige Wissenschaft, und die nur in Italien
bekannt ist, macht ihr Hauptstudium aus.   Man
legt in Rom von der zartesten Kindheit an den
Grund zu einer großen Erziehung.   Die päbstliche Würde spornt die Gemüther an.   Daher sagt
man eben, daß die Cardinäle heiliger seyn würden,
wenn sie nicht wollten Allerheiligste seyn.   Non
Sono Santi, perche vogliano essere San-
tissimi,

Die

Die Ehrgeizigen wissen, daß man zu Rom viele
Wege hat, zu hohen Würden zu gelangen. Diese
Wege sind durch vier Hauptstraßen vorgezeichnet,
welche in die Basilica des heiligen Petrus führen;
Die Rosenkranzgasse, welche den Weg derjenigen
bezeichnet, die sich durch Hülfe der Heiligkeit und
Andacht empor schwingen. Die Goldschmidts-
gasse, welche den Weg solcher Leute anzeiget, welche Gold haben und kaufen. Die päbstliche Gasse,
welche die Art und Weise vorstellt, wie man hin-
aufrückt, wenn man den Schutz des Pabsts genies-
set, und das ist die näheste Gasse. Endlich die
Straße de la Longare, welches ein Bild der
Langsamkeit ist, mit welcher man zu Würden gelangt, wenn man sie nicht anders, als durch den
Weg der Statthalterschaften erhält, kurz, durch
die kleineren Stellen, die im ganzen Gebiete des
heiligen Petrus zerstreuet sind, und wo ein Geist-
licher fast vergessen wird, wofern er nicht viele Intri-
guen spielt, oder vorzügliche Verdienste hat.

Unser Philosoph sah mit Verdruß, daß das
Gold viel Macht über die Gemüther der Römer
hatte. Er rechnete die Summen aus, welche
Frankreich jährlich für die Bullen und Dispensa-
tionen bezahlt; und nach seiner Rechnung, die man
sehr richtig nennen kann, beläuft sich dieses auf
sechsmal hundert tausend Livres, und nicht auf
Millionen, wie das Publikum, welches allezeit nach
dem Ohngefähr urtheilt, sich einbildet. Er zog
daraus den Schluß, daß es eine Wohlthat für

G 4 Rom

Rom seyn würde, wenn es nichts aus fremden
Ländern bekäme, weil alsdenn die Einwohner arbeiten, und der Handel blühen würde. Ein Volk
ist niemals unglücklicher, als wenn es, um zu leben, auf den Beystand eines andern Rechnung
macht.

Man sprach mit dem Unbekannten viel von
Pasquillen, die man zu verschiedenen Zeiten gemacht hatte, und bey dieser Gelegenheit bekannte
er, daß nur die Italiäner und Franzosen dergleichen Produkte hervorzubringen fähig wären. Die
andern Völker haben weder das Herz, sich bey ihrem Unglück lustig zu machen, noch fähigen Witz,
die traurigsten oder ernsthaftesten Sachen lächerlich zu machen.

Er konnte nicht unterlassen, den Römern zu sagen, daß sie bey der Erlernung der Alterthümer
zu sehr vertrockneten. Ihre Bibliotheken reizten
ihn eben so sehr, als sie ihn fesselten. Sie werden in Rom mit einem dem Lande angemessenen
Luxus vermehrt. Hierinnen kann ein Philosoph
Aufwand machen.

Man überhäufte unsern Philosophen mit Sonnets. Die Franzosen wagen es nicht, mehrere als
ein paar aufzuweisen, denn sie wissen, daß diese
Art der Dichtkunst so schwer ist, daß man fast
niemals glücklich darinne ist. Die Italiäner, die
weit kühner sind, machen dergleichen alle Tage
und bey allen Vorfällen. Das ist die Zuflucht
der Dichterlinge. Es wird keine Heyrath vollzo-

gen,

gen, keine Profeß im Kloster gethan, kein Fest angestellt, das man nicht in Sonnets besingt.

Die Akademie der Arkadier hatte einige berühmte Dichter, und vorzüglich den Abt Stays,
den seine beyden lateinischen Gedichte unsterblich
gemacht haben. Lucidor las sie auf seiner Reise,
und konnte sie nicht wieder aus den Händen legen.

In dem Universitätsgebäude, la Sapienza genannt, (die Sorbonne der Römer) zogen die aus-
gesuchtesten Professoren die Bewundrung der Fremden auf sich. Man erkannte da die Spuren des
Seur und Jacquier, der beyden Franciscanermönche,
die viele Jahre lang die Zierde derselben gewesen,
und von den vornehmsten Akademien in Europa
um die Wette zu Mitgliedern aufgenommen worden waren. Sie wußten, daß man in seinem
Vaterlande kein Prophet ist.

Lucidor fand, daß die geistliche Regierung zu
gelinde wäre. Unter dem Vorwande, daß die
Kirche nicht nach Blut dürste, läßt man die Ver-
brechen unbestraft. Die Menschlichkeit erfodert
ohne Zweifel, daß man das Leben der Menschen
schone, wenn aber die Gesetze in Italien öfterer
strenge wären, so würden nicht so viele Mordthaten vorfallen. Da man leicht Gnade erhält, so
durchbohren die Bösewichter einen Feind im Vorbeygehen in der Stille: daher sagt man, daß die
Italiäner die Leute von hinten anfallen, und daß
man ihnen nicht trauen dürfe.

Die

Die allzu häufigen Allmosen sind eine andre unbequemlichkeit.   Sie unterhalten die Faulheit;
vom May bis im September schlafen die Handwerksleute die Hälfte des Tages.   Die Allmosen
geben überdies noch dem Hochmuthe Nahrung.
Nichts ist unverschämter, als ein Bettler in Italien, weil er weiß, daß er nicht Hungers sterben
kann.   Man findet davon ein Beyspiel in einer
Antwort, die einem Kardinale gegeben wurde.
Der Kardinal, der sehr aufgebracht war, als er
einen Bettler sah, der sich ganz zu seinen Füssen
auf die Erde niedergeworfen, und ihn um ein Allmosen gebeten hatte, itzt aber, da das heilige
Sakrament vorbeygetragen wurde, nur mit einem
Knie auf die Erde niederfiel, fragte ihn nach der
Ursache dieses Betragens.   Das geschieht deswegen, antwortete der Unglückliche, weil man des
Sakraments nicht spottet: questo non si burla.
Der italiänische Pöbel giebt die glücklichsten Ant-
worten, er bezahlt gleich auf der Stelle.

Die Hospitäler reizten Lucidor durch ihre Rein-
lichkeit sehr.   Außerdem, daß niemals mehr als
ein Kranker in einem Bette liegt, und das ist schon
genug, ist auch für alle Bedürfnisse so gesorgt, daß
nichts zu wünschen übrig bleibt.   Fremde, Bürger, alle werden darinnen aufgenommen.   Man
hat, um darinne aufgenommen zu werden, keine
andre Protection nöthig, als Schwachheiten.   Eine
unvergleichliche Lection für die meisten, die Ho-
spitälern vorgesetzt sind.

Was

Was aber unsern Reisenden betrübte, war dieses, daß er Rom so entvölkert sah. Man zählet
daselbst nicht mehr als hundert und funfzig tausend
Seelen, und es ist doch eben so groß als Paris;
aber die Kutschen sind da in so großer Menge, daß
der Luxus und das Lärmen sehr groß ist. Man
fastet zu Rom, um sich Pferde anschaffen zu können, und man bezahlt da eines Theils die Bedienten mit den Contributionen, die sie von Fremden
erpressen, Contributionen, die doch immer noch
weit einträglicher sind, als die in England, wo
sich die Bedienten für eine Mittagsmahlzeit bezahlen lassen, die man bey ihren Herren genossen hat.
Es ist kein Land auf der Erde, wo es nicht Mono-
polia gäbe.

Lucidor wollte sehen, ob die Priester und Prälaten auch die Schauspiele besuchten, wie man sie
dessen beschuldiget; er erfuhr aber, daß alle diejenigen, die man Prälaten nennt, weit entfernt, zu
einem Bisthume befördert worden zu seyn, öfters
nur die Tonsur erhalten hatten, und daß diese ver-
meynten Priester nichts geistliches, als das Kleid
hatten, und Sachwalter, Notarii und Advocaten
waren, und daß man, wenn man sie mit Frauenzimmern sah, sie mit ihren Töchtern oder mit ihren
Weibern gehen sah. Man urtheilt allezeit unrecht, wenn man nur nach einem flüchtigen Blicke
von einer Sache urtheilt.

Man bat den Unbekannten beständig auf eine
Tasse Chokolade zu sich. Die Römer kennen keine
andre

anbre Art zu tractiren. Sehr leckerhaft bey andern, aber sehr mäßig bey sich zu Hause, essen sie
nur so viel, daß sie subsistiren können. Dies paßt
gut zu ihrer Oekonomie, die den Reichsten nicht
erlaubt, ihre großen Palläste zu erleuchten, noch
eine Fackel vor sich her tragen zu lassen, wenn
sie des Abends ausfahren. Man entdeckt unter
ihrer Begleitung nur ein trauriges Lichtgen, das
eher Schatten machen als Licht verbreiten könnte.
Die Art und Weise das Geld gut anzuwenden, ist
eben so rar, als das Mittel, welches zu finden;
denn die christliche Liebe erlaubt nicht zu denken,
daß die Römer das Licht fliehen, um ihre Aufführ-
rung besser verbergen zu können.

Der Monte della pietà, oder das Leyhaus, ein
Ort, der bestimmt ist, den Wucher zu verhindern,
und von allen, welche Geld nöthig haben, Pfänder
zu erhalten, gefiel unserm Reisenden ungemein.
Er wünschte, daß man in allen großen Städten
dergleichen Zufluchtsort anlegen möchte. Die
Wuchrer können sich auf diese Weise nicht auf Kosten des Publikums bereichern, und man läuft
nicht Gefahr, seine Sachen zu verlieren. Was
für Einrichtungen giebt es noch zu machen!

Eine Judensynagoge, die mitten in Rom ihre
völlige freye Religionsübung hatte, war ein neuer
Punkt, der seine Aufmerksamkeit verdiente. Es
schien ihm unbegreiflich, daß man in Portugal die
Juden verfolgte, unter dem Vorwande, das Christenthum zu rächen, da man ihnen doch so gar in
der

der Hauptstadt der christlichen Welt alle Freyheit
ließ. Wenn alle Inquisitionen die Römische zum
Muster angenommen hätten, so würde man nicht
so viele Schlachtopfer erwürget, und die Religion
nicht so empfindlich beschimpft haben, die doch blos
Sanftmuth und Liebe ist. Die Menschen halten
ihre Leidenschaften nur allzuoft für die Stimme
Gottes.

Er gieng oft in den vortrefflichen und angenehmen Gärten, welche die Stadt umgeben, spazieren, die
man ganz unrichtig Weinberge nennt, da man sie
doch in Italien Villa nennt, denn man sieht da nichts
weiter als Bäume und Statuen. Die Römer
kennen keine andern Promenaden, als in Wagen
und mitten auf den Gassen. Sie sehen es gern,
daß man ihnen durch beständig wiederholte Be-
grüssungen Ehre erzeigt; so wird man von dem
Hochmuthe betrogen.

Nur in den Sommernächten geht die römische
Hoheit gern zu Fuße, um sich für den Zwang und
die Hitze des Tages schadlos zu halten. Alsdenn
zerstreuen sich die angesehensten Personen in der
Stadt, ohne Unterschied des Geschlechts, und ohne andre Kleidung, als ein leichtes Negligee zu
tragen, und belustigen sich mit Anhörung der In-
strumente, oder der Stimmen vieler Virtuosen.

Die Musik ist das fünfte Element der Italiäner: sie lieben sie nicht weniger, als die Luft, welche sie einathmen, und man muß gestehen, daß sie so
gar denjenigen Seelen einflößt, die keine haben, und
daß

daß alle andre Mufik, mit diefer verglichen, mager und ohne Kraft ist.

Aber die Römer erwerben sich die Ehre ihres
Geschmacks für die Harmonie, weder durch Bil-
dung künstlicher Stimmen, noch durch Beschimpfung der menschlichen Natur. Die Kunst soll die
Natur kopieren, aber nicht verstümmeln. Der
heilige Vater hat sich auch großen Ruhm erworben, daß er eine so barbarische Gewohnheit abgeschafft hat.

Man hatte dem Lucidor oft gesagt, daß in Rom
ein ausschweifend lüderliches Leben geführt würde, und daß der Pabst daselbst öffentliche Oerter
duldete, wovon er gewisse Einkünfte und Abgaben
zöge. Er überzeugte sich aber durch sich selbst,
daß das, was man dem heiligen Vater zurechnete,
schlechterdings falsch ist, daß man in Rom kein
lüderliches Haus antrifft, einige unglückliche un-
züchtige Weibsbilder ausgenommen, die man als
unwürdig mit den Bürgern in Gemeinschaft zu
leben, in ein abgelegenes Quartier verweiset; und
daß sie so elend und nichtswürdig sind, daß es
unmöglich ist, ihnen etwas zu bezahlen. Man
findet fast in allen Geschichten mehr Lügen als
Wahrheiten.

Lucidor verwunderte sich sehr, auch sogar die
wichtigsten und ansehnlichsten Städte Italiens ohne Wache und Besatzung, und ohne Laternen zu
sehen. Dieses Volk, sagte er, muß doch nicht so
böse seyn, als man es ausschreyt, sonst würden ja
alle

alle Nächte Diebstähle und Mordthaten vorfallen. Paris, sich selbst überlassen, würde der Schauplatz der größten Abscheulichkeiten werden.

Auf der Reise, die er nach Frescati und Tivoli that, nach diesen ihrer vortrefflichen Häuser und ihrer Lage wegen so angenehmen Oertern, besuchte er viele römische Damen, und wurde durch ihre Unterredungen eben so sehr, als durch ihr äußerliches Betragen eingenommen. Er fand sie gut unterrichtet, ohne gelehrt zu seyn, stolz, ohne eitel zu seyn, gesprächig, ohne geschwätzig zu seyn, aufgeräumt und lustig, ohne läppisch und tändelnd zu seyn. Diejenigen, welche galant waren, ohne es scheinen zu wollen, spielten ihre Rolle mit der größten Verschwiegenheit, und behandelten die Sache mit einer so wichtigen Miene, als ob es eine Staatsangelegenheit wäre.

Die Felder, bey denen er vorbey fuhr, trugen die traurigen Kennzeichen der Entvölkerung und des Müßigganges an sich. Sie verkündigten allen Reisenden, daß der Pabst zu viel Mönche in seinem Lande hätte, daß man, um den Ackerbau wieder in Aufnahme zu bringen, ihre Anzahl verringern, und sich begnügen müsse, nur einige Abgaben von dem Ackersmanne und von den Handwerkern zu erheben. Dies spornt die Faulen an, und nöthiget sie zur Arbeit. Die Italiäner selbst gestehen dieses ein, und besonders den Punkt, welcher die Mönche betrifft.

Neun-

Neunzehntes Hauptstück.

Von der Republik St. Marino.

Ob schon dieses kleine Land ganz unbekannt zu
seyn scheint, und ob es schon nur ein Punkt
in dem weiten Umfange von Europa ist, so halten
wir es doch für Schuldigkeit, es ausdrücklich
in einem eigenen Kapitel zu beschreiben, da es die
Freystadt des Glücks ist, und den Besuch und
Beyfall der Vernunft verdient hat. Die kleinsten Schachteln enthalten öfters die besten wohlriechenden Sachen.

Lucidor hielt sich hier auf, um die Süßigkeit
der Ruhe recht gemächlich zu schmecken, die man
da genießt, und die es der kleinen Anzahl, aus
welcher es besteht, und dem Pabste, der es beschützt,
schuldig ist.

Aus diesem doppelten Grunde kennet diese Republik weder die Verschwendungen des Luxus, noch
die Schrecken des Lasters, noch die Verwüstun-
gen des Krieges, noch die Wuth des Ehrgeizes.
Zufrieden mit dem kleinen Gebiete, das sie
besitzt, und das nur einige Meilen im Umfange
beträgt, sucht sie weder sich zu erheben, noch sich
zu vergrößern. Ihre Unterthanen, die durch weise
Männer regiert werden, an deren Spitze eine Art
von Doge ist, den man Gonfaloniere nennt, und
der aller zwey Monate abwechselt, leben zwischen
Dürftigkeit und Reichthum in einer Ruhe, die etwas himmlisches bey sich hat.

Dies

Dies erzählte ein Edelmann unserm Lucidor, um ihn zu bewegen, bey ihnen zu bleiben.

Liebenswürdiger Fremder, sprach er zu ihm, wir haben Sie kaum gesehen, und schon wünschen wir mit allem nur möglichen Eifer, Sie zu bewegen, in unserm Lande zu bleiben. Wir empfinden, daß Sie geboren sind, es zu bewohnen. Sie werden hier weder jene Festungen, noch jene Schlösser, noch die Besitzthümer finden, wodurch sich die Königreiche auszeichnen; aber wir genießen eben die Sterne, eben dieselbe Sonne, welche die weitläuftigsten Reiche erleuchtet. Unsre Landschaft wird weder durch das Geräusch der Trommeln, noch durch den fürchterlichen Schall der Kanonen beunruhiget. Dieses Erdreich ist nie gefärbt worden, außer mit dem Blute der Lämmer, und nie haben wir unsre Erndte durch feindliche Einfälle verheeret und verwüstet gesehen. Hier ist noch das goldne Zeitalter, da unterdessen fast alle Länder in einem eisernen Jahrhunderte leben.

Sie haben zu viel Einsicht und Beurtheilungskraft, liebenswürdiger Fremder, als daß Sie befürchten sollten, ein Leben, wie das unsrige, möchte ihnen etwa unschmackhaft scheinen. An statt jenes Ehrgeizes, der die Menschen foltert, herrscht unter uns eine edle Nacheiferung, die uns aufmuntert, ohne uns zu beunruhigen. Einige streben nach Aemtern der Republik, indem sie sich bemühen, sie zu verdienen; andre thun sich durch Arbeiten hervor, auch sogar der Bauer wendet allen Fleiß

H   an,

an, sein Feld beſſer fruchtbar zu machen, als sein Nachbar, weil die Regierung dafür ſorgt, Preiße nach den Kräften ihrer Einkünfte austheilen zu laſſen, die zwar in der That ſehr mäßig, aber doch gegen die Wünſche verhältnißmäßig ſind. Die Mittelmäßigkeit iſt das ſchönſte Erbtheil.

Wir finden große Reichthümer in unſrer Oekonomie, weder die Pracht, noch die Moden verändern unſer Vermögen, und wir bezahlen keine Abgaben, als nur dringenden Bedürfniſſen abzuhelfen.

Wenn wir von einer Macht beſchützt würden, die immer der Nothwendigkeit, Krieg zu führen, ausgeſetzt wäre, ſo würden wir gezwungen ſeyn, nach ihrem Willen die Waffen zu ergreifen; aber der Regent, der uns unter den Schatten ſeiner Flügel nimmt, iſt ein Fürſt des Friedens.

Die Freundſchaft, dieſe ſo ſeltene Tugend, macht die Annehmlichkeiten der Bürger aus. Sie kennen ihren Werth, ſie empfinden ihre Süßigkeit, und es iſt unter uns nur ein Herz, nur eine Seele. „

Man kann leicht muthmaßen, wie ſehr unſer Philoſoph gerührt war. Er bemühete ſich äußerſt, die Sitten des Landes genau zu betrachten, und ſahe Frauen, die mit Beſcheidenheit geſchmückt, und Männer, die beſchäfftiget waren, ihr Glück zu machen, junge Leute, voller Klugheit und Naivetät, ehrliche und rechtſchaffne Handwerksleute, und jeden mit ſeinem Schickſale zufrieden.

Man

Man hat ihn verschiedenemal zu Tische, und allemal befand er sich unter der Redlichkeit und Munterkeit. Jedermann war da ungezwungen, und lebte nach seiner Bequemlichkeit, weil man da nicht auf den Rang sah. Die Umstände gaben den Witz an die Hand, man suchte ihn nicht mühsam, und das gute Herz machte den Aufwand.

Lucidor verließ die Republik Marino nur dem Scheine nach, denn das ist ein Ländchen, das die Vernunft schon seit langer Zeit regiert.

Er durchreisete alle Städte des Kirchenstaats, und in jeder stellte er Beobachtungen an. Er urtheilte, daß Ancona einen noch weit beträchtlichern Handel machen könnte; daß Rimini die Hälfte seines Verdienstes verlöre, weil es die Unthätigkeit liebte; daß das Ausreißen der Gewässer, die jährlich die Felder von Bologna verwüsteten, ein Ingeniur-Corps zu den Brücken und Dämmen erforderte, dergleichen man eines in Frankreich hat; und daß man ohne dieses Hülfsmittel nie zum Zweck gelangen würde, die Ströme aufzuhalten. Es giebt Anordnungen in einem Staate, die besser sind als Schätze.

Zwanzigstes Hauptstück.
Von Toscana.

Florenz, diese entzückende Stadt, die man nach der Meynung eines Portugiesen, der von ihrer Vortrefflichkeit und von ihren Schönheiten ganz einge-

eingenommen war, nur Sonntags sollte sehen lassen, empfieng unsern Philosophen mit vorzüglicher
Ehre. Die Florentiner sind ungemein höflich,
obschon ihre italiänische Aussprache etwas gro-
bes hat.

Sie zeigten ihm alle ihre Reichthümer, nämlich alles, was die Künste auserlesenes hervorgebracht haben.

Die Gallerie des Großherzoglichen Pallasts
enthält in der Naturgeschichte, an Vasen, an Edelsteinen, an Medaillen, an Gemälden und Statuen,
die seltensten Schätze. Man sieht hier die Por-
traits der größten Maler, alle von ihnen selbst ge-
malt, und alle in dem Range der Meisterstücke
aufgestellt.

Die Kapelle des heiligen Laurentius, die ihres
Marmors und ihrer Mausoleen wegen für sehr
prächtig gehalten wird, schien sich unter dem Anblicke des Lucidor noch mehr zu verschönern, und
die Bibliothek, die ganz aus raren Manuscripten
besteht, schien nur für ihn angelegt worden zu
seyn.

Es giebt Gegenstände, von welchen sich die
Seele und die Augen schlechterdings nicht wegwen-
den, und die sie nicht unbetrachtet lassen können;
dergleichen sind die von der Medicäischen Familie
gesammelten Seltenheiten, welche ohne ansehnliche
Einkünfte, und ohne ein sehr großes Gebiete zu haben, das Geheimniß fanden, alles zu sammeln, was
die vier Welttheile kostbares hatten, und die Wieder-
hersteller

herſteller der Wiſſenſchaften und Künſte zu werden.
Man kann alles, wenn man zu regieren weis.

Unter den Münzen, die zur Gewißheit und
Berichtigung der Geſchichte ſo nöthig ſind, ſah er
unter andern eine goldne Zechine. Das war ein
Stück, das eilf Franken am Werth betrug, auf
welchem man die Worte las: Jeſus Chriſtus pri-
mus Rex Florentinorum. Sie war damals ge-
ſchlagen worden, als die Einwohner von Florenz
ſich nicht vereinigen konnten, ein Oberhaupt zu er-
wählen, und daher den Heiland der Menſchen zu
ihrem Regenten wählten. Dies dauerte nur etliche Tage, denn ſie vermutheten, die Geiſtlichen
möchten etwa an Gottes ſtatt regieren wollen, und
Florenz möchte ſich unvermerkt unter der Herr-
ſchaft der Geiſtlichkeit befinden.

Die Mauſoläen des Michael Angelo und Galiläi, die einander gegen über ſind, wurden von
unſerm ehrwürdigen Reiſenden genau in Augen-
ſchein genommen. Dergleichen Denkmäler entgehen den Blicken eines Kenners nicht. Auf dem
Grabe des Galiläi, der höchſt unverdienter Weiſe
von der Inquiſition geſtraft wurde, weil er allzu
eifrig und nachdrücklich behauptet hatte, daß die
Sonne unbeweglich ſtünde, und die Erde ſich her-
umdrehte, lieſet man die Aufſchrift: Terra gyrat,
Galilaeus ſtat.

Die florentiniſchen Gelehrten beeiferten ſich, mit
Lucidor öfters umzugehen; er fand auch, daß ſie der
Laufbahn würdig waren, die ſie betreten hatten. Er

H 3   betrüb-

betrübte sich, daß der Abt Lami, der durch seine pe-
riodischen Schriften und durch seine Gelehrsamkeit
so bekannt geworden ist, von dem Tode hinwegge-
rissen worden war. Man zeigte ihm viele von seinen Handschriften, die aber nur Skizen und un-
vollendet waren. Die Gelehrten sterben allemal
zu frühzeitig.

Die Damen wollten den Umgang unsers Philosophen auch gern genießen. Er begab sich daher in ihre Versammlungen, und wenn sie ihm minder lebhaft, aber gesetzter zu seyn schienen, als die
venetianischen Damen, so sieht man daraus, daß
die Natur das, was sie einem entzieht, ihm auf
der andern Seite durch etwas anders ersetzt.
Man sprach viel von Büchern und Schriftstellern
mit ihm. Das ist ein Gegenstand, mit welchem
sich die Frauenzimmer in Italien gern beschäfftigen, einige mit mehr Gleichgültigkeit, andre mit
mehr Interesse, aber ein jeder, der etwas schreibt,
hat Theil an ihrer Hochachtung. Dies ermun-
tert die Talente, an statt daß die Damen anber-
wärts überall einen Spieler einem Schriftsteller
vorziehen.

Man führte unsern Philosophen aufs Kaffeehaus. Das ist bey den Italiänern ein Ort, den
der Adel fleißig besucht, und wohin auch die Damen
oft kommen, ohne aus ihrem Wagen zu steigen.
Sie lassen sich Erfrischungen bringen, und die Cavaliere machen ihnen da ihre Aufwartung.

Lucidor

Lucidor sah, daß ein Frember, der auf dem Kaffeehause anlangte, sehr gut aufgenommen wurde. Der Italiäner, sehr unterschieden von dem Engländer, theilt dem andern gern mit, was er weis, er kennt weder Mistrauen noch Zurückhaltung. Er kommt den Reisenden zuvor, er fragt sie, er bietet sich sehr oft freywillig an, ihnen das merkwürdigste zu zeigen, oder den Ort anzuweisen, wo sie es sehen können. Hier versicherte man ihm, daß es in Florenz beständig ein Nest voll starker Geister gegeben hätte, die sich aber ganz verborgen halten.

Er hätte gewünscht, daß die Florentiner mehr thäten, und ein bisgen weniger geschwätzig wären. Man giebt insgemein viel Blöße, wenn man zu viel redet.

Der Großherzog gab der Stadt Florenz durch seine Tugenden einen neuen Glanz. Die Städte leben auf, wenn sie das Glück genießen, einen großmüthigen Fürsten zu haben. Man brannte an seinem Geburtstage ein kostbares Feuerwerk ab, wovon unser Reisende sehr eingenommen wurde, ob es schon nur ein Schatten von denen war, die er zu Rom gesehen hatte. Die Italiäner verstehen sich gut auf die Feuerwerke.

Siena, ein wegen der Reinigkeit der Luft und wegen der Artigkeit der Einwohner sehr angenehmer Ort, war für Lucidor ein irrdisches Paradies. Er fand einen Gefallen daran, die Einwohner von Siena reden zu hören, so wie man ein Vergnügen daran findet, eine prächtige Rede zu hören. Die

Q 4   italiäni-

italiänische Sprache wird auf ihren Lippen ein
Honigstral, der mit Lieblichkeit herabtröpfelt. Die
Edelleute hatten Kenntnisse. Der Adel macht sich
sehr berühmt und glänzend, wenn er die Wissenschaften liebt.

Man ist nicht reich zu Siena, man ist aber
nicht böse darüber, man begnügt sich mit wenigem;
aber die Nacheiferung leidet darunter. Lucidor
sagte seine Meynung über eine gewisse Weichlichkeit, welche sich der Einwohner bemeisterte, frey
heraus. Die Reitbahn ist fast wüste. Man wagt
es nicht, auf die Reitbahn zu gehen, und sich eine
Bewegung zu machen, aus Furcht, sich zu ermüden.

Die Hauptkirche, das prächtigste Gebäude im
gothischen Geschmacke, das man in Europa findet,
ist nicht das einzige Alterthum. Die Frauenzimmer werden hier nach dem Verhältnisse der gesunden Luft gerechnet, alt, ohne es gewahr zu werden.
Ihre Assembleen sind eine Sammlung von Jahrhunderten.

Pisa, eine todte und traurige Stadt, ob sie
schon sehr angenehm liegt, hat doch berühmte Schulen und geschickte Professoren. Lucidor wünschte,
daß er den Prälat Cevati hätte wieder vom Tode
erwecken können. Er war zu allem Unglück gestorben, ohne irgendwo weder die Geschichte seiner
Reisen, noch tausend andre merkwürdige Anekdo-
ten aufgezeichnet zu haben, die ihn zum interessantesten Manne von der Welt machten. Ein Gelehrter

lehrter muß seine Sachen so einrichten, daß er allemal nur halb stirbt.

Die Orgel zu Pisa, die um so vielmehr zu bewundern ist, da die Italiäner aus einer lächerlichen
Grille sich die Miene geben, als ob sie die Schönheit dieses Instruments nicht kennten, reizte die
Ohren unsers Philosophen ungemein. Der Or-
ganist, der in seinem Spielen eben so kühn als de-
licat war, lockte die harmonischsten und abwechseln-
desten Töne heraus. Man glaubte alle Arten der
Melodie zu hören, die in der Welt existiren; das
Murmeln der Bäche, das Zwitschern der Vögel,
das Wirbeln der Trommel, ja so gar das Krachen
und den fürchterlichen Schall des Donners.

Der hängende Thurm, von dem man alle Augenblicke glaubt, er werde herunter fallen, und der
ein Spielwerk des Baumeisters ist, fesselte die
Aufmerksamkeit unsers Lucidor. Es giebt Werke
der Kunst, die man ihrentwegen selbst und auch der
Künstler wegen verehren muß.

Das heilige Feld (Campo Santo) der allgemeine Begräbnißort der Stadt, ist von dieser Art.
Er flößet ordentlich Verlangen ein, sich da begraben zu lassen. Die Wege von Toscana, welche
wie Alleen aussehen, die zum Spazierengehen gemacht sind, führten unsern Philosophen unvermerkt
in angenehme Bäder. Alles verrieth hier Schönheit und Reinigkeit, eine um so viel seltenere Sache, da die Italiäner, ob sie schon Nachfolger der
Römer sind, doch das Vergnügen, sich zu baden,

H 5   nicht

nicht kennen. Nur in den Gegenden um Pisa herum findet man öffentliche Bäder, und diese sind noch dazu nur für die Kranken angelegt. Die Zeit schafft nur allzuoft die besten Gebräuche ab.

Ein und zwanzigstes Hauptstück.

Von Lucca.

Diese Stadt, die nur ihrer Wälle und Ringmauern wegen merkwürdig ist, macht, wenn man etliche kleine Dörfer ausnimmt, fast die ganze Republik aus. Lucidor würde hier lange Weile gehabt haben, wenn die Vernunft sie anders kennte.

Die Regierung ist hier gelinde, aber die Einwohner sind allzufein. Wenn sie ihren Verstand zu den Wissenschaften anwenden, so befleißigen sie sich auf der andern Seite noch mehr der Intrigue und Chicane. Man nennt sie die Normänner von Italien.

Zu Lucca druckt man heimlich eine Menge verbotener Bücher, welches unser Philosoph nicht billigen konnte. Die Contrebande, von welcher Art sie auch sey, hat etwas verhaßtes, denn man darf doch nicht argwohnen, daß der Magistrat mit den Buchdruckern einverständig sey. Je härter eine Sache ist, je weniger darf man sie glauben.

Ungeachtet der Armuth des Landes wollte man sich doch gern die Miene und das Ansehen großer Städte geben, aber man nahm sie immer nur halb an. Alles nachgeäffete ist immer lächerlich.

Unser

Unser Reisende besuchte etliche Mönche, bey
denen er viele Kenntniſſe antraf. Das iſt eine
weiſe Gewohnheit, die Biſchöfe aus den Klöſtern
zu nehmen. Auf dieſe Weiſe ſtudieren die Món-
che, und ihre Klöſter ſind nicht mehr die Freyſtätte
des Müßiggangs und der langen Weile, ſo wie
man dieſes in allen Ländern ſieht, wo der Mönchs-
orden nicht geehrt wird.

Was Lucca entvölkerte, war hauptſächlich dieſes, daß alle diejenigen, welche Talente und Ehrgeiz hatten, einen ſo engen und eingeſchloſſenen
Ort verließen, um ſich in ganz Italien auszubreiten. Rom iſt voll von ſolchen Männern aus Lucca.
Sie würden lieber ſterben, als vergeſſen ſeyn
wollen.

Zwey und zwanzigſtes Hauptſtück.
Vom Herzogthume Parma und Piacenza.

Unſer Reiſende konnte dieſes eben ſo ſchöne als
fruchtbare Land nicht genug bewundern.
Nachdem er vorher mit einer angenehmen Verwunderung die lachenden und ſehr gut gebaueten Felder geſehen hatte, beſah er nun Parma, einen Ort,
wo die Vermiſchung der Italiäner, Spanier, Franzoſen und Teutſchen die Geſellſchaften ſehr gezwungen machte. Es war weit weniger Aufrichtigkeit
da, als Eiferſucht.

Unterdeſſen war doch der Regent ein Mittelpunkt, der durch ſeine vortrefflichen Eigenſchaften
die Herzen vereinigte. Der weiſe Unterricht, den

er

er von den besten Lehrern erhalten hatte, hatten
ihn eben so gefällig und herablassend gemacht, als
sie seinen Verstand aufgeklärt hatten. Ein Fürst
findet einen wahren Schatz, wenn er gute Lehrmeister hat, und vorzüglich Männer, die nicht schmeicheln.

Die Universität von Parma erhielt vielen Beyfall, man sah hier die Wissenschaften und Künste
blühen.

Der große Schauplatz war ein unermeßlicher
leerer Platz, der niemals voll ist. Er kann vier-
zehntausend Personen auf den hintereinander in der
Rundung herum erhöheten Reihen von Sitzen, und
mehr als hundert Pferde fassen, die nach italiäni-
scher Gewohnheit auf dem Theater erscheinen.
Das Parterre kann, wenn man will, sechs Fuß
hoch mit Wasser angefüllt werden, so sieht man
schwimmende Gondeln; aber man macht keinen
Gebrauch von diesem Schauplatze, außer etwa
bey großen Ceremonien: man hat an dessen statt
ein kleineres Theater.

Man hatte den wegen seiner verschiedenen
Poesien berühmten Abt Frugani verloren, und
man sah nicht ein, wie man diesen Verlust wieder
ersetzen wollte. Die Parmesaner haben den Fehler des Landes an sich. Sie sind oft faul. Man
bemüht sich die Mode-Brochüren zu lesen, die ein
französischer Buchhändler ins Publicum bringt;
aber so weit versteigt man sich nicht, selbst einige
zu schreiben. Vielleicht ist man zu klug dazu.

Der

Der Adel schien in den Augen Lucidors ziemlich arm zu seyn, und er ist es auch in der That.
Die Spiele von Wichtigkeit sind um so vielmehr sehr
gemäßiget, weil man etwas zurücklegen muß, um
neue aus Frankreich angekommene Colifischets zu
kaufen. Das ist der Ton.

Colorno, die Residenz des Fürsten, verdient
die Aufmerksamkeit eines Fremden. Unser Reisende gieng aber nur durch, ein Blick, wie der sei-
nige, übersieht auf der Stelle alles, was man sehen muß.

Er unterhielt sich zweymal mit dem Minister
du Tillot, und er merkte sich dieses an, als eine
Sache, die ein geehrtes Andenken verdient.

Piacenza schien ihm würdiger, als Parma, der
Aufenthalt des Regenten zu seyn, denn es war gut
gebauet, und hatte eine weit schönere Lage. Die
Einwohner von Piacenz sind von angenehmen Umgange, sie schränken aber ihren Verstand und Witz
auf die Gesellschaft ein. Sie haben so wie alle
Italiäner viel Fähigkeiten, die Wissenschaften zu
lernen, ohne doch das Herz zu haben, sich darauf
zu legen. Es giebt Menschen, die sich vor das
Studieren eben so sehr fürchten, als andre vor das
Feuer.

Hier wollte Lucidor die Nonnen besuchen, um
sich selbst zu überzeugen, ob sie wirklich so viel Freyheit haben, als man vorgiebt. Er sah, daß sie
eben so wie anderwärts eingeschlossen waren, und
daß die Bosheit in den Erzählungen, die man von

ihnen

ihnen verbreitet, bloß ihr Spiel mit ihnen treibt. Die Verleumdung hat mehr Geschichtschreiber als die Wahrheit.

Der Reichthum des Landes besteht in der Viehzucht. Die Heerden sind fett, der Käse vortrefflich. Die kleinsten Bauerhütten waren überflüßig damit versorgt.

Nichts ist weiser, als die Eintheilung der Taxen. Die Abgaben sind auf dreyerley Land gelegt, auf das gute, mittelmäßige und schlechte, das man aus der Natur des Bodens und aus seinem Ertrage kennt und beurtheilt.

Die vornehmste Verwaltung des Staats besteht in der Wissenschaft, recht bestimmen zu können, worauf die Abgaben gelegt werden müssen.

Drey und zwanzigstes Hauptstück.
Vom Herzogthum Modena.

Dieses Herzogthum konnte der Wachsamkeit eines kennerischen Reisenden nicht verborgen bleiben. Er lernte die Sitten und Gesetze des Landes bald kennen. Man ist in diesem Lande eben nicht sonderlich fleißig und arbeitsam, ausgenommen zur Zeit, wenn zu Reggio Messe ist; aber man lebt hier auch sehr wohlfeil. Der Soldatenstand könnte auch in mehrerer Achtung stehen. Man kann denen, die Stützen eines Staats sind, niemals zu viel Ehre erweisen.

Modena

Modena hat immer einige gelehrte Männer
seit den Zeiten des berühmten Muratori gehabt,
der die Liebe zu den Wissenschaften in dem Lande
ausbreitete, und die Gelehrten in Ansehen brachte.
Aber das sind Mönche, deren Umgang kein Mensch
genießen kann; man muß sie ausgraben und auf-
suchen.

Die Abwesenheit des Herzogs, der sich zu May-
land aufhält, gereicht den Modenesern zum großen
Nachtheil. Ein Staat ohne Oberhaupt ist ein
Körper ohne Leben.

Vier und zwanzigstes Hauptstück.
Von Mayland.

Welch ein reizender Anblick ist Mayland für einen Fremden! Ein Land, das von tausend
Bächen durchkreuzt wird, und wo der Reis mit einer Art von Gefälligkeit zu wachsen scheint. Es
giebt Länder, welche das Getraide, so wie die Pflan-
zen, vorzüglich zu lieben scheint.

Die Kirche zu Mayland, ein ungeheures Gebäude, das außen mit mehr als sechs tausend mar-
mornen Figuren geziert ist, gab der Seele unsers
Lucidors einen starken Schwung. Er besah ihren
Umfang und die Spitze mit einer Empfindung,
die man bey dem Anblicke dessen fühlt, was sonderbar und vorzüglich schön ist.

Obgleich die Stadt nicht regelmäßig ist, so hat
sie doch Gegenstände, die man nothwendig bewundern

dern muß; dergleichen sind das Hospital und der
allgemeine Gottesacker, Gegenstände, die ihrer
prächtigen Gebäude und ihres großen Umfanges
wegen merkwürdig sind, wenn man anders dieses
Beywort so traurigen Oertern beylegen kann; daher sagt man im Scherz, wenn man die Schönheiten von Mayland genießen will, so muß man da
krank werden, und sich da begraben lassen.

Man lebt übrigens hier, was das Essen und
die Gesellschaft anlangt, sehr gut, die Sitten sind
hier ganz französisch. Alle Tage hat man große
Abendessen, welches man in Italien ein Phoeno-
men nennen kann.

Der Adel kann aber schon etwas aufgehen lassen, und einigen Aufwand machen, denn er ist reich,
obschon etwas weniger Pracht dem Lande zuträg-
licher seyn würde. Es ist unbegreiflich, wie viel
Elend der Luxus nach sich zieht.

Die Frauenzimmer haben alle nöthige Talente
zu gefallen, Witz, Munterkeit und den Ton der besten Gesellschaft. Man findet so gar einige Gelehrte unter ihnen, deren Namen sehr bekannt sind.

Die Mannspersonen aber studiren die Wissenschaften weniger als den Handel. Die Stadt
wird auch durch den letztern blühender. Niemals
hat die Gelehrsamkeit Ueberfluß ausgebreitet.
Wenn man lieset, so thut man es bloß deswegen,
weil die jungen Leute nicht nach Wien kommen
dürfen, ohne wenigstens einige Kenntniß und Begriffe von dem Rechte und den Wissenschaften zu
haben.

haben. Es ist glücklich, unter Souverainen zu leben, die Verdienste von Seiten ihrer Unterthanen fodern. Dies bemerkte Lucidor, ohne zu verabsäumen, einen Blick auf die Staatsverwaltung zu thun. Er hielt sie für sehr weise. Das Volk war glücklich: und das ist das einzige, was die Regenten sich zu ihrem Endzweck machen sollen.

Es ist unbegreiflich, wie sehr die Mayländer dafür eingenommen sind, eine recht große Anzahl Bediente und Pferde zu haben. Es giebt Privathäuser, wo man bis auf sieben Läufer hat. Man weis, daß die besten von Mayland kommen, so wie die guten Harlekins von Bergamo, und die guten Pantelons von Venedig.

Die Ambrosianische Bibliothek, die wegen der Wahl ihrer Bücher berühmt ist, beschäfftigte unsern Reisenden etliche Tage. Er fand da kostbare Werke, aus denen er sich Auszüge machte, und dadurch allen, welche reisen wollen, eine Lehre gab, daß diese Methode vortrefflich ist.

Der Cardinal Erzbischof wollte unsern reisenden Philosophen auch sehen. Nichts sympathisirt besser, als der gesunde natürliche Verstand und die Vernunft. Uebrigens haben alle italiänische Bischöfe eine gewisse Simplicität, welche gefällt. Sie kennen weder Pracht noch Hochmuth, und ihr Pallast steht den Wissenschaften und den Verdiensten allezeit offen. Sie machen es sich zur wesentlichen Pflicht, auf ihrem bischöflichen Sitze zu bleiben, nicht zu spielen, keine große Gastgebote

J   anzu-

anzustellen, mit einem Worte, wie gute ehrliche Pfarrer zu leben.

Die borromäischen Inseln sind zu berühmt, als daß sie der Neugierde unsers Philosophen hätten entgehen können: sie liegen mitten auf einem angenehmen See, sie sind alle von Kanälen und Boskets durchschnitten, alle prangen mit kleinen Landhäusern, von denen immer eines schöner ist als das andere, sie scheinen der Aufenthalt der Feen zu seyn. Hier überließ er sich den angenehmsten Betrachtungen, und seufzte, daß der Tumult der Städte die Oberhand über die liebenswürdige Ruhe behält, die man im Schooße der Landgüter genießet. Der Anbruch des Tages beförderte und unterstützte seine Betrachtungen. Die Sonne war mit einem Schleyer überzogen, und es wehete ein kleiner Wind, der das Gras auf den Wiesen bewegte, und die wellenartige Verbreitung des Lichtes formirte, deffen Beweglichkeit unsre Unbeständigkeit und Leidenschaften so natürlich ausdrückt. Er bewunderte den Fleiß der Einwohner, welche, um sich gute Tage zu machen, überall herumliefen, um Wettergläser zu verkaufen. Von da gieng er in die Schweiz, nachdem er vorher eine Lobrede auf Mayland gehalten hatte. Er sagte etlichen Freunden ins Ohr, daß die Mönche hier zu prächtige Wohnungen hätten, daß weder ihre Regel, noch die Religion diese lächerliche Pracht billigte, und daß die Ordensstifter, die keine andre Reichthümer besaßen, als Tugenden, sich niemals ein-

gebildet

gebildet haben würden, daß ihre Zellen sich in Paläste verwandeln sollten.

Er besah Cremona und Mantua, und bemerkte, daß in diesen beyden Städten beynahe
einerley Genie herrschte, italiänische Vertraulich-
keit und deutscher Hochmuth; Cremona ist wegen
seiner vortrefflichen Violinen berühmt. Man hat
kein Land, das nicht irgend einen eigenthümlichen Vorzug und Vortheil haben sollte.

Fünf und zwanzigstes Hauptstück.

Von der Schweiz.

Die Glückseligkeit der Völker, welche diese dreyzehn Cantons ausmachen, ist eine Folge
der Gelindigkeit und Weisheit der Regierung, und
mußte der Vernunft nothwendig gefallen; es war
ihr Werk. Es fehlte nichts weiter, als mehr Harmonie unter denjenigen, denen man die oberste
Gewalt anvertrauet hatte, und daß die Mißhelligkeiten, welche Genf beunruhigten, völlig gehoben
und beygelegt wären, ob sie gleich itzo weniger
Aufsehen machten, als in den vergangenen Zeiten.

Weit entfernt, das Betragen der Schweizer zu
tadeln, die ihr Land verlassen, um Dienste bey
verschiedenen auswärtigen Mächten zu nehmen,
sah Lucidor vielmehr diesen Schritt als die Frucht
einer vortrefflichen Politik an. Daß durch retten sie
ihr Vaterland, und man läßt sie in Friede und
Ruhe, dahingegen, wenn sie ihre Kräfte und Bür-

ger

ger bey sich einschließen wollten, sie von allen Seiten her würden angegriffen werden, und jede
Macht ein Stück von ihren Besitzthümern an sich
reißen würde.

Der Bau der Felder, die Bequemlichkeit, in
welcher die Landleute leben, waren in der That be-
neidenswürdige Gegenstände. Der Luxus und
die Ausschweifungen waren schlechterdings aus dem
Lande verbannet. Man wollte Sitten haben.
Die Ueppigkeit und das unordentliche Leben ist ein
bösartiges Fieber, das einen Staat schwächt und
am Ende gänzlich erschöpft, und aufzehrt.

Anstatt bey den Schweizern die grobe Simplicität zu finden, die man ihnen beylegt, bewunderte er vielmehr ihren natürlichen Verstand. Sie
zeigten ihm, daß sie sehr gelehrte Männer hätten,
die fähig wären, über alle Materien zu schreiben.
Hierzu setze man noch Bibliotheken, Buchhändler
und Buchdrucker, lauter Rubriken, welche die Liebe
zu den Wissenschaften und den Geschmack an der
Arbeit verrathen.

Man hat hier Gymnasien, in welchen man
mehr Vortheile als Unbequemlichkeiten antrifft, ungeachtet sie noch Verbesserungen nöthig hätten.
Fremde vornehme Herren, ja so gar regierende
Herren aus Teutschland, kommen hieher ihre
Ritterübungen zu treiben, und Unterricht hier zu
schöpfen. Eine gute Erziehung ist niemals zu
theuer.

Die

Die Geſellſchaften, welche Lucidor beſuchte, wurden nicht durch Schauſpiele in Unordnung gebracht, aber die Mannsperſonen waren ſelten mit den Frauenzimmern beyſammen. Unterdeſſen verdienen die letztern, die frey, aber ſehr beſcheiden ſind, daß man ſich um ihren Umgang bewirbt. Sie beſchäfftigen ſich zwar weniger mit der Litteratur, als mit der Wirthſchaft; aber eben deßwegen ſind ſie auch ſchätzbarer. Sie wiſſen ihren Kindern die in unſern Tagen ſo ſeltene kindliche Liebe einzuflößen. Die Simplicität iſt die Mutter guter Sitten.

Ein Einſiedler, der auf die Gebirge verwieſen war, erblickte unſern Lucidor, und kam aus ſeiner Höhle hervor, um ſich mit ihm zu unterhalten, es ſey nun, daß er vorherſah, daß es die Vernunft war, oder daß er durch ſein eben ſo angenehmes als majeſtätiſches Anſehn gerührt wurde.

„Ich komme zu Ihnen, ſprach er zu ihm, als zu einer Perſon, die mir kein alltäglicher und gemeiner Reiſender zu ſeyn ſcheint, und ich komme hieher, um Sie zu fragen, ob Sie die Einſamkeit billigen. Seit zwey und achtzig Jahren lebe ich hier in dieſer Einſiedeley, (er war hundert und dreyzehn Jahr alt) ohne einige Bekanntſchaft zu haben als mich ſelbſt, ohne andre Geſellſchaft als die Bäume zu ſehen, die mich umgeben, ohne etwas andres zu erblicken, als die Sterne, die den Himmel erleuchten.

J 3   Ich

Ich habe keinen andern Umgang, als mit dem
Himmel, nach welchem ich trachte, mit dem Tode,
den ich erwarte, mit meiner Seele, die ich frage,
und mit den Echos, die ich reden mache.

Ich habe mich der Leidenschaften seit meinem
dreyßigsten Jahre entlediget, indem ich sie durch
Arbeit und Nachdenken öfters ermüdet habe.

Wenn es mir zur Last wurde, allein zu seyn,
zerstreuete mich meine Einbildungskraft in alle
Theile der Welt, und mein Gedächtniß erinnerte
mich mit so großer Lebhaftigkeit an meine Freunde, daß ich glaubte, sie wären gegenwärtig.

Wenn ich mich bisweilen über meinen Aufenthalt auf dem Lande entsetzte, und mich dieserwe-
gen fürchtete, so dachte ich, daß ich einen Körper
hätte, mit welchem ich allenfalls bezahlen könnte,
wenn Räuber mich ermorden wollten, daß man
mir aber niemals an meine Seele kommen sollte,
und dies beruhigte mich. Die Krankheit wagte es
niemals, mich anzufallen, denn ich war beständig
arbeitsam, und im Essen und Trinken mäßig.

Ich glaube nicht, daß die Könige, welche man
die größten und glücklichsten Menschen auf Erden nennet, reinere Vergnügungen haben können, als die meinigen sind. Ich habe sie stets
in meiner Seele gesammelt, das ist das Feld, auf
welches ich meine Beruhigung und Vergnügen aus-
säe. Jede andre Freude ist nur ein geborgtes
Vergnügen: meine Glückseligkeit gehört mir eigen zu.

Das

Das ist das Resultat meiner ganzen Philosophie, und das steht an den Bäumen, an den Mauern, und in allen Gegenden dieses Orts ange-
schrieben.

Er war neugierig hineinzugehen, und freuete
sich, hier einen Weisen nach seiner Art zu finden.
Er antwortete ihm, daß das einsame Leben nur
durch den Gebrauch, den man davon machte, gut
und vortrefflich würde, daß es aber beynahe kein
Mensch recht zu gebrauchen wüßte. Er gab zu,
daß es die Seele reinigte, daß es sie erhöbe, und
daß man dann wirklich ein rechter Philosoph wäre, wenn man zu rechter Zeit einen Zwischenraum
und eine Scheidewand zwischen sich und der Welt
errichtete.

Nachdem sie sich beyderseits zärtlich umarmet
hatten, schwieg der eine wieder still, und der andre setzte seine Reise weiter fort.

Lucidor bemerkte, daß es ein verschiedenes Genie in den verschiedenen Cantons gäbe, in welche
die Schweiz getheilt ist. Einige sind lebhafter,
andre phlegmatischer, diese sind stiller und schweigen, jene aber reden mehr, und beyde waren ein
Beweis, daß die Art die Menschen zu regieren,
großen Einfluß auf ihr Hümeur hat; denn es
war einerley Clima.

Er hielt sich einige Zeit zu Lausanne auf, wo
einige gelehrte Buchhändler ihm gute Gesellschaft
leisteten.

Genf gefiel ihm wegen der Ordnung, auf die man daselbst hält. Die Wachsamkeit des Magistrats erstreckt sich auf alle Kleinigkeiten, und die Stadt wird von einer einzigen Familie regiert, nur die Wirthshäuser vernachläßiget man, indem man die Contributionen nicht hinlänglich einschränkt, die man da von den Fremden erpreßt. Das ist in allen kleinen Staaten so gebräuchlich: sie lassen sich die Ehre, sie besucht zu haben, reichlich bezahlen.

Man sprach sehr viel mit ihm von dem berühmten Johann Jacob Rousseau, einige sprachen mit Enthusiasmus, andre mit Unwillen von ihm. Ein jeder, der etwas paradoxes schreibt, setzt die Gemüther in Verwunderung. Man liebt allemal das außerordentliche und ungewöhnliche, es sey in den Gedanken, oder in der Manier sie auszudrücken; aber es ist eine Raserey, die nur kurze Zeit dauert. Die Wahrheit erlangt immer wieder ihre Rechte, und ein sonderbares Buch, das unsterblich zu seyn schien, geräth unvermerkt in Vergessenheit.

Lucidor lenkte sich mit allem Fleiß und ausdrücklich von seinem Wege ab, um den Verfasser der Henriade zu besuchen. Nachdem er ihn mit einer bekanntschaftlichen Miene angeredet, und ihm ganz aufrichtig einen Verweis gegeben hatte, daß er ihm nicht allemal Gehör gegeben, und bisweilen sich zu weit gewagt, und mehr unternommen hätte, als für ihn gehörte, so versicherte er ihm

aufs

aufs kräftigste und nachdrücklichste, wie hoch er seine erhabenen Talente schätzte, und wie vergnügt er sey, daß er ihn noch viele Jahre die Früchte seiner Arbeit genießen sähe. Die Vernunft urtheilt ohne Parteylichkeit, sie kennt weder die Kabalen, noch das Vorurtheil.

Sechs und zwanzigstes Hauptstück.

Von Savoyen.

Dieses Ländgen, das voller Einwohner ist, welche die Arbeit bis zur Ausschweifung lieben, und in ihrem Fleiße und in der Aemsigkeit die Mittel finden, die Dürftigkeit von sich zu entfernen, erweckt die Bewunderung der Reisenden. Hier fand Lucidor jene in dem Umgange des Lebens so nöthige Redlichkeit und Treue des ersten Zeitalters.

Die Felder schienen ihm das beste Buch zu seyn, das man jemals über den Ackerbau geschrieben hat. Es ist nicht ein Plätzchen Land, das nicht angebauet wäre; aber ob es gleich öfters nützlicher ist, den alten Methoden zu folgen, so hieng man doch ein wenig zu sklavisch an der alten Gewohnheit. Die Verbesserungen sind allezeit nothwendig, wenn sie sich nach der Erfahrung richten, und auf sie gründen.

Jemehr man ihm sagte, daß die Kinder ihre Aeltern verließen, um anderwärts ihr Brod zu suchen, jemehr rief er aus: Glückliches Volk, das noch nicht von dem Verderben des Jahrhun-

derts

derts ergriffen und angesteckt worden ist. Ihre
Einfalt ist tausendmal mehr werth, als alle Ver-
feinerungen des Verstandes.

Nachdem er reiflich untersucht hatte, welches
wohl die Quelle der Treue seyn möchte, welche die
Savoyarden charakterisirt, so sah er, daß sie aus
ihrer Zuneigung und Liebe zur Religion herflösse:
sie sind strenge Beobachter derselben. Man hat kein
beßres Mittel, allezeit ein rechtschaffener Mann
zu seyn.

Er ließ sich einfallen, in eine Art von Stroh-
hütte zu gehen, deren äußeres den angenehmsten
Garten vorstellte. Sie wurde von einer Wittwe
bewohnt, die eine Tochter, deren ganzer Putz ihre
Bescheidenheit war, und drey Söhne zu Paris
hatte, die ihr jährlich so viel schickten, daß sie davon leben konnte.

Nicht so wohl für sich selbst, als vielmehr mei-
netwegen, sagte sie mit einer Naivetät, die man
nicht ausdrücken kann, thun sie allerhand Arbeit.
Sie lassen sich bis zur geringsten herab, um mir zu
erkennen geben zu können, wie viel sie mir schuldig sind, und was sie mich gekostet haben. Das
sind die Früchte der Gottesfurcht, die ich ihnen
eingeflößet habe. Sie würden ausschweifend leben, wenn sie keine Religion hätten, und ich würde alle Augenblicke befürchten, eine betrübte und
unangenehme Nachricht von ihnen zu erfahren, anstatt daß ich itzt über ihr Schicksal ganz ruhig bin.

Cham-

Chambery, die Hauptstadt, deren Häuser eben
so schlecht sind, als ihre Lage, war für Lucidor ein
vergnügter und angenehmer Ort. Die Einwohner leben in der vollkommensten Einigkeit. Sie
denken nicht einmal daran, daß man reich seyn
muß, um glücklich zu seyn, und daß man Schauspiele nöthig hat, um sich die Abendzeit ohne lange
Weile zu vertreiben. Ueberall, wo keine Pracht
ist, besucht man sich auf eine ungezwungene Art.
Der Luxus befördert den Untergang der Gesellschaften. Man ißt lieber gar nicht mit seinen
Freunden, wenn man ihnen nicht symmetrisch ab-
gezirkelte Tractemente geben kann.

Lucidor hätte gern mit einem Philosophen gegessen, der sich seit vierzig Jahren mit nichts als
Früchten ernährte, und der durch diese Diät das
Mittel gefunden hat, seine Gesundheit wieder zu
erlangen. Bald ißt er sie roh, bald gekocht; und
da die Weintraube auch eine Frucht ist, so trinkt
er auch sehr guten Wein. Der Senat nahm ihn
mit vielen Ehrenbezeugungen auf, und gab dadurch einen Beweis von seiner Scharfsichtigkeit.

Alle kleine Städte in Savoyen wurden vom
Lucidor so aufmerksam in Augenschein genommen,
daß es den Einwohnern Ehre machen würde, wenn
sie sich gern unterrichteten. Anderwärts lieset
man zu viel, hier lieset man nicht genug. Die
Mannspersonen kennen nichts, als geringe Spiele,
und die Frauenzimmer nur Unterredungen über
Kleinigkeiten. Die Seele versteigt sich nicht höher,

her, wenn sie auf so etwas eingeschränkt ist. Unterdessen giebt es doch immer noch einen und den andern, der sich von dem gemeinen Haufen absondert und auszeichnet, besonders unter den Edelleuten.

Sieben und zwanzigstes Hauptstück.

Von Piemont.

Der Weg über die Alpen, der nur diejenigen in Furcht und Schrecken setzt, die sie noch niemals überstiegen haben, erinnerte unsern Lucider an tausend Dinge, die eben so außerordentlich als interessant waren. Er stellte sich unaufhörlich jene unzählbare Menge von Armeen in Gedanken vor, die in verschiedenen Jahrhunderten über diese stolzen Gebirge geklettert waren, und sie mit Leichen und Blut bedeckt hatten. Bald zeigten sich die Römer, bald die Gallier seinem Blicke, und beyde stellten ihm das schreckliche Gemälde der Abwechselungen und das Ende unsers Lebens vor.

Unser Wanderer bewunderte so wohl den mit Forellen angefüllten See, den man auf der höchsten Spitze der Alpen antrifft, als auch den Schmelz der Blumen, der diese Gebirge verschönert.

Er sah Susa, die durch verschiedene Begebenheiten, und durch das Begräbniß Johanns Caraccioli, Marschalls von Frankreich, berühmt geworden ist; und bald drauf wurde Turin, das

durch

durch die Berge, die der Himmel dieser Stadt zu
Bollwerken gegeben hat, tapfer und nachdrücklich
vertheidiget wird, der Gegenstand seiner Bewunderung.

Sein Verstand diente ihm zum Telescop, um in
alle Gegenden sehen zu können, und die Gesetze,
die Sitten und Gebräuche des Landes entwickelten
sich, und zeigten sich ihm in ihrem völligen Lichte.

Seine Verbindungen mit dem Könige von Sardinien, dessen Compaß und Richtschnur er beständig war, erwarben ihm bey diesem Monarchen die
gnädigste Aufnahme. Die Vernunft hat große
Rechte und Ansprüche auf die Seele großer
Fürsten.

Lucidor sah mit einer unaussprechlichen Freude,
daß dieser Fürst, der gottesfürchtig, ohne scheinhei-
lig, ökonomisch, ohne geizig, gerecht, ohne strenge,
und gütig war, ohne zu gemein zu seyn, mit der
pünktlichsten Genauigkeit alle Pflichten der königlichen Würde erfüllte; daß er im Schooße des
Friedens eben dieselbe Großmuth zeigte, die er
mitten im Kriege blicken ließ, und daß er das sel-
tene Glück hatte, sich in seinem Prinzen verjüngt
zu sehen, der ihm mit der Zeit Zug für Zug ähnlich werden, und ihn den Unterthanen in seiner
eigenen Person wiederschenken wird.

Als Lucidor an einem Abende gewahr wurde,
daß der König alle diejenigen gnädig aufnahm,
welche ihm Bittschriften zu überreichen hatten,
so konnte er sich nicht enthalten, auszurufen:

„Dies

„Dieß ist mein Triumph, dieß flöße ich den Regenten ein. Sie sind nur in so fern groß, insofern sie die Gunst und Liebe der Unterthanen durch ihre Gnade zu gewinnen wissen, und in sofern sie durch unaufhörlich wiederholte Wohlthaten Väter ihrer Unterthanen werden.

Geringe sowohl als Große durften sich dem Throne Carl Emanuels frey nahen. Er war nicht mit Schildwachen umgeben, welche die Dürftigen und Elenden zurückstoßen. Lucidor meynte, er würde den Monarchen nach der bey den hohen Häuptern eingeführten Gewohnheit öffentlich speisen sehen; allein der König von Sardinien schränkt sich blos auf seine königliche Familie ein, und läßt sich nur sehen, und mit sich sprechen, wenn es nöthig ist.

Er macht weder die Minister noch die Aufseher über die Finanzen reich, und wird dennoch nicht weniger gut bedient. Seine Wachsamkeit erstreckt sich über jedes Alter und über alle Stände.

Der Soldatenstand genießt unter seiner Regierung eine wohlverdiente Achtung, ob man hier schon etwas langsam zu höhern Stellen hinauf rückt. Das ist eine Uhr, welche die Stunden richtig schlägt, und die keine Minute unrichtig geht. Die Ordnung erhält die Billigkeit.

Die Geistlichkeit wird geehrt, ohne jedoch den geringsten Antheil an den Staatsgeschäfften zu haben, ja der Großallmosenier hat nicht einmal eine Wohnung bey Hofe. Je weniger Personen um einen

einen Souverain find, je weniger Intereſſe und
Kabalen giebt es.

Turin, eine regelmäßig gebaute Stadt, die aber
merklich Hitze und Kälte ausſteht, ſcheint die Wohnung der Wiedergeneſenen zu ſeyn. Man legt
ſich da zeitig nieder, man ſteht ſpäte auf, und macht
keinen Lärm. Der Garten des Königs iſt wie der
Garten am königl. Palaſt gezeichnet und ab-
geſtochen.

Die Piemonteſer haben viel Verſtand, aber ihre
Sprache iſt ein bäuriſcher franzöſiſch - italiäniſcher
Miſchmaſch, ſie ſcheinen das nicht zu ſeyn, was ſie
ſind. Ohne einen feſtbeſtimmten Dialekt giebt
es keine wahre und gewiſſe Ausſprache.

Man beſchuldigt ſie, daß ſie die Glücksſpiele ein
wenig zu ſehr lieben, und die Beſchuldigung iſt
gegründet. Sie verſammeln ſich öfters bey ver-
ſchloſſenen Thüren, um ihr ganzes Vermögen auf
eine Karte oder auf einen Würfel zu ſetzen: ein
um ſo viel gefährlicheres Uebel, da die Policey es
nicht verhindern kann.

Es iſt kein Zweifel, daß dieſe mühſame Erholung, dieſer Zeitvertreib, den Wiſſenſchaften ſehr
ſchade. Die Spieler lieben das Studiren eben
ſo wenig, als den Umgang und die Unterredung.
Unterdeſſen giebt es doch Gelehrte zu Turin, welche Italien verehrt, und Europa kennt. Sie beſchäfftigen ſich ſo gar mit großen und wichtigen
Aufgaben aus der Phyſik mit gutem Erfolg.

Der

Der berühmte Gerdil, ein Barnabiten-Mönch, und Lehrer Sr. Hoheit des Prinzen von Piemont, ist ein lebendiger Beweis davon, der Savoyen Ehre macht, welches eben sein Vaterland ist, und der die ausgebreitetsten und erhabensten Kenntnisse mit der größten Bescheidenheit vereiniget. So lange sich Lucidor in Turin aufhielt, machte dieser seine Gesellschaft aus. Die Vernunft hängt sich gern an gute Gesellschaft mit an.

Die Universität bevölkert das Land mit guten Unterthanen, ob gleich in der Lehrart noch allerhand Verbesserungen vorzunehmen wären. Man versicht es in der Methode fast auf allen Akademien. Außerdem, daß man den weitesten Weg erwählt, läßt man auch noch tausend unnütze Fragen hervorsprossen, die man doch abschneiden sollte. Die Wissenschaften sind Labyrinthe, wenn man nicht Sorge trägt, sie einfach zu machen.

Die Aufmerksamkeit der Regierung, die elenden Schriften von Piemont zu entfernen, die so viel superficielle Köpfe mit Vergnügen lesen, und die Vernunft beleidigen, machte unserm Philosophen ein wahres Vergnügen. Die Bücher sind keine gleichgültige Sache in dem gemeinen Leben; sie vereinbaren sich mit den Menschen, und bilden unvermerkt ihre Art zu sehen und zu denken.

Die Ritterakademie ist eine der besten Schulen in Europa. Man findet da die besten Lehrer; und die Vermischung verschiedener Nationen gereicht den guten Sitten zu keinem Nachtheil.

Er

Er konnte Turin nicht verlassen, ohne der Thätigkeit und dem Eifer der Handelsleute seinen Beyfall zu geben. Man ist ihnen den Umtrieb und Verkauf der schönsten Organsinseide, die man in Europa hat, schuldig. Der Seidenhandel ist ein gewisser und sicherer Reichthum in allen Ländern, wo man sich damit beschäfftiget.

Man führte ihn auf das Jagdschloß, ein Lusthaus, wo sich der König insgemein im Herbste aufhält, und er erstaunte, da er sah, daß die Gärten, bey denen so viele Verschönerungen angebracht werden könnten, weder Wasser, noch Statuen noch Bosquets hatten. Es giebt Oerter, denen der Luxus eine Zierde geben muß.

Der District von Novara und Tortona, die beyde mit Piemont vereiniget sind, erinnerte ihn, daß Victor Amadäus zu seinem Sohne sagte, daß er mit der Zeit Mayland bekommen könnte, er müsse es aber nur Blatt für Blatt wie eine Artischocke abpflücken. Das sind nicht die geschicktesten Eroberer, welche ihre Sachen mit zu großer Geschwindigkeit machen.

Acht und zwanzigstes Hauptstück.

Von Tyrol.

Als Lucidor durch Padua reisete, eine berühmte Stadt, die sich nur noch von ihrem alten Ruhme erhält, nahm er seinen Weg nach Tyrol zu. Es waren noch einige alte Lehrer der Uni-

K   versi-

verfität daſelbſt, welche verdienten beſucht zu werden, und vorzüglich Aerzte, deren Wiſſenſchaft
noch nicht durch die Modeſyſteme verderbt worden
war. Anſtatt das menſchliche Blut zu verſchwen-
den, wollten ſie lieber, daß man geizig damit
wäre, und daß die Diät und Purganzen die Stelle
des Aderlaſſens verträten. Es iſt eine wahre
Heldenthat, zu wiſſen, wie man der herrſchenden
Meynung und Gewohnheit widerſtehen ſoll.

Die Anzahl der Studirenden verringerte ſich
zuſehends. Es giebt zu viel Univerſitäten; ſie
ſchaden ſich untereinander ſelbſt.

Verona würdigte unſer Reiſende auch einiger
Blicke: ſie verdiente dieſe beſondere Ehre. Außerdem, daß ſie wegen eines prächtigen noch völlig
erhaltenen Amphitheaters merkwürdig iſt, hat ſie
auch einige Kabinette, welche die Aufmerkſamkeit eines Reiſenden verdienen: ein Vorzug und
Vortheil, der allen italiäniſchen Städten eigen-
thümlich iſt, wo man zuverläßig allezeit einige Gelehrte antrifft, und einige koſtbare Denkmäler
findet.

Der berühmte Scipio Maffei lebte nicht mehr,
und hatte nicht mehr als zwey oder drey Schüler
hinterlaſſen, die aber weit unter ihren Lehrer
waren.

Lucidor wurde nach italiäniſchem Gebrauch von
Antiquariern angefaßen, die ihm alle Steine der
Stadt, als äußerſt ſeltene Sachen gezeigt haben
würden, wenn er ſich die Mühe genommen hätte,

ihnen

ihnen zu folgen und sie anzuhören; es war ihm
aber nicht unbekannt, daß das italiänische Volk
nur auf Kosten der Fremden zu leben sucht, und
daß man nur deswegen die Titel und Verbeugungen verschwendet, um etwas Geld zu schneiden.
Dies sind die Wirkungen eines durch die Faulheit
verursachten Elends.

Bald darauf zeigte sich Trident, die Hauptstadt
von Tyrol, seinen Augen. — Er fand, daß sie sehr
klein war, besonders, da hier eine allgemeine Kir-
chenversammlung gehalten worden ist; und hauptsächlich mußte er sich wundern, daß man auch nicht
das geringste Denkmaal hier sieht, wodurch das
Andenken derselben erhalten würde.

Sie hätte nöthig, öfters durch ähnliche Vor-
fälle belebt zu werden. Sie schien nicht so wohl
eine Stadt, als vielmehr ein Dorf zu seyn, so stille
und von Einwohnern entblößt ist sie.

Inspruck gefiel unserm Philosophen besser, wo
der Kaiser (Franz von Lothringen) seine ruhm-
volle Laufbahn endigte. Man findet hier doch
wenigstens Gesellschaft, und man erkennt hier auch
das Glück, unter den Gesetzen einer Maria The-
resia zu leben.

Die Felder von Tirol zeigen, ungeachtet der Berge, die sie beschatten, einen Ueberfluß. Der Bauer
lebt, trotz des Schnees und der reißenden Gewässer, glücklich; und um Vortheil aus seinem Fleiße
zu ziehen, gebraucht er seine Ochsen zum Reiten,
und richtet sie so ab, daß diejenigen, die er ruft,

auf

auf seine Stimme herzukommen, ohne sich ein ein=
ziges mal zu irren.   Der Mensch hat viele Hülfs=
mittel, wenn er Fleiß anwenden will.

Vorzüglich aber entzückte ihn eine Aussicht von
zwey und zwanzig Dörfern, die längst an einem
Flusse hinlagen, und einem Hügel eine schöne Zierde
gaben.   Welcher Gesichtspunkt für einen geschick=
ten Maler, wenn er Gebrauch davon machen
wollte.

Die Tyroler sind sinnreich, sie müssen aber von
der Nothdürftigkeit angespornt werden.

Von hier suchte dieser Philosoph Elsaß zu er=
reichen, und kam in etliche Städte, wo er beynahe
umzukommen glaubte.   Außerdem, daß sie ihm
gänzlich unbekannt waren, fand er auch Leute da,
die weiter nichts konnten, als trinken und ohne
Kopf in den Tag hinein leben. Er wagte es aber
doch, mit ihnen zu reden, sie unterhielten ihn aber
von nichts als von Bier und Liqueurs. Wes das
Herz voll ist, des geht der Mund über.   Er zog
daraus den Schluß, daß es Länder giebt, wo
man sich nur aufhalten muß, um da zu essen, und
andre, wo man nur die Postpferde wechselt, und
zu diesen letztern entschloß er sich.

Neun und zwanzigstes Hauptstück.

Er kommt nach Frankreich, und besieht Elsaß.

Endlich langte unser Philosoph in einem Reiche
an, das sich rühmt und beeifert, die Philoso=
phie

phie zu kennen und zu lieben. Er warf seine Blicke überall um sich herum, und seine Seele vereinigte sich mit den Seelen der Franzosen, um sie zu ergründen.

Straßburg, eine eroberte und an der Gränze gelegene Stadt, schien in seinen Augen eine Vermischung von Franzosen und Teutschen zu seyn. Man hat keinen recht eigenthümlichen Charakter, wenn man vom Geiste und von den Sitten zweyer Nationen etwas annimmt.

Er genoß viele Höflichkeitsbezeugungen von Seiten der Officiers. Der Soldatenstand hat Männer, die etwas gelernt haben, und Freunde der Vernunft sind. Selbst diejenigen, die sich durch ihre allzugroße Lebhaftigkeit davon zu entfernen scheinen, nähern sich ihr unvermerkt: es ist das Werk einiger Jahre. Die Reflexion ist besser, als alle Lehrmeister.

Man lehrte ihn die besten Häuser des Landes kennen. Er sah da Ueberfluß und Reichthum, und fand da außerordentlich schöne Frauenzimmer, die aber zufrieden zu seyn schienen, ein schönes Gesichte zu haben. Die Natur theilt selten Verstand und Schönheit zusammen aus.

Die Mannspersonen haben hier einen guten natürlichen Verstand, sie bemühen sich, Franzosen zu seyn, und dadurch fangen sie an, liebenswürdig zu werden. Sie legen immer mehr und mehr das ernsthafte ab, das der Langenweile so ähnlich ist.

K 3   Die

Die Akademie, wo die Jugend ihre Leibes-übungen lernt, hatte Lucidors Beyfall. Es kommen vortreffliche Leute daraus, die sich durch den guten Gebrauch ihrer Talente auszeichnen, und den empfangenen Unterricht gut nutzen.

Das Kapitel hat die Delicatesse der Teutschen, über ihren Adel zu halten, beybehalten. Die unter den Franzosen so gewöhnlichen Mißheyrathen sind hier verhaßt.

Der Ueberfluß, der in Elsaß herrscht, unterhält hier die Munterkeit. Nichts macht so traurig und niedergeschlagen, als die Dürftigkeit und das Armuth.

Dreyßigstes Hauptstück.
Von den drey Bisthümern.

Metz, wo die Stadt in den Vorstädten zu liegen scheint, so viel schöne Häuser trifft man in denselben an, schien unserm Lucidor ein wichtiger Ort zu seyn. Die Gesellschaft ist hier vortrefflich, ohne eben sehr glänzend zu seyn. Man hatte auch eine Gesellschaft, die aus einigen Mitgliedern vom Militairstande, und aus einigen Männern bestund; welche Mitglieder gelehrter Gesellschaften waren; das war ein Mittel, nicht außer Landes zu gehen.

Die Juden, welche man überall duldet, und doch überall verabscheuet und verachtet, stifteten einen Rabbi an, daß er sich mit dem Unbekannten

in

in einen Wortstreit einließ, er wurde aber bald in
Verlegenheit gesetzt, und zu Schanden gemacht.
Ihr Handel erhält sie, aber nur wie Leute, die in
der Luft schweben, das heißt, wie Leute, die alle
Augenblicke zu fallen drohen. Ihre Erhaltung
und Zerstreuung ist, ungeachtet aller Einwürfe, ein
unwidersprechlicher Beweis für das Christenthum.

Verdün hat keine Schönheiten, als den bischöflichen Palast. Ihre Lage ist sehr angenehm;
sie ist nur durch ihre kleine Conditorwaare bekannt. So bald ein Handel das Geld in Umlauf
bringt, so ist er nicht gering.

Die Stadt Toul scheint so schläfrig zu seyn,
daß man Truppen hinlegen sollte, um sie zu ermuntern. Die Frauenzimmer rechnen auch sehr
auf diese Hülfe zum Besten ihrer Gesellschaften.

Dies hindert aber nicht, daß die drey Bisthümer nicht große Einkünfte haben sollten. Außer
dem Vortheile, den sie haben, in einem reichen und
fruchtbaren Boden zu liegen, sieht man hier auch
weniger Bettler, als anderwärts.

Das gemeine Volk hat noch was von der
Nachbarschaft der Teutschen an sich, es liebt die
Musik sehr, und dies macht seinem Geschmacke
Ehre.

Lucidor traf auch bey verschiedenen Commu-
nitäten einige Bibliotheken an, die in gutem Stande, und nicht umsonst da waren. Man wußte sie
zu gebrauchen.

K 4   Ein

Ein und dreyßigstes Hauptstück.

Von Lothringen.

Der Prinz Leopold und der König Stanislaus, diese beyden Souverains, welche Lothringen so großes Ansehen gegeben haben, rührten und nahmen unsern Reisenden eben so sehr ein, als wenn sie noch gelebt hätten. Er erblickte sie in allen Gebäuden, die eine Zierde des Landes sind, so wie auch in den Herzen aller Unterthanen. Der schönste Thron, den die Monarchen besteigen können!

Es ist Schade, daß die schönen Lusthäuser, beren Erfinder der Geschmack gewesen war, zu viel zu unterhalten gekostet haben, und man sich genöthiget gesehen hat, sie eingehen zu lassen. Die Vernunft sieht gern, daß die Denkmäler, welche von großen Männern errichtet worden sind, stehen bleiben und erhalten werden.

Luneville sieht nur wie eine gemeine Stadt aus, Nancy aber erhält seinen Glanz und sein Ansehen immer. Der Markt daselbst ist wie ein Theatersaal angelegt und ausgezieret, und man bewundert hier, was ein Genie, das zu calculiren weis, ausrichten kann. Die Verschönerungen von Lothringen sind nicht sowohl die Früchte der Reichthümer, als vielmehr einer guten Haushaltungskunst. Ein Staat ist allemal reich, wenn ein Fürst nur verhältnißmäßig und am rechten Orte Aufwand macht.

macht. Stanislaus war prächtig, ohne Verschwender zu seyn.

Die Akademie zu Nancy erhielt von unserm Philosophen ein großes Lob, jedoch mit Behutsamkeit. Die in ihrem Studiren ein wenig zu mäßigen Lothringer könnten ihr noch weit mehr Ansehen geben, wenn sie arbeiten wollten. Der Verstand wird selten durch die Nacheiferung unterstützt.

Der Adel verräth, daß das Land immer einen glänzenden Hof gehabt hat. Es herrscht ein guter Ton und die beste Lebensart unter ihnen. Der Eifer und die Zuneigung, welche die Lothringer zu ihren Fürsten gehabt haben, macht ihrem Herze Ehre. Man beschuldiget sie, daß sie ein wenig zu ökonomisch sind.

Die Felder in Lothringen sind zum Entzücken schön, und so bearbeitet und gebauet, daß sie zum Muster dienen können: dies beweiset, daß Frankreich eine vortreffliche Eroberung gemacht, da es Lothringen seinen Domainen mit einverleibet hat; glückliche Frucht der Vermählung Mariä Leczinski mit Ludwig dem Vielgeliebten. Also waren ihre Tugenden nicht das einzige Heyrathsgut, das diese königliche Braut mitbrachte.

Er besuchte einige Klöster von der Congregation von S. Vannes, und einige Prämonstratenser-Abteyen, und vorzüglich machte es ihm viel Vergnügen, daß er, außer den vortrefflichen Büchern, die man ihm zeigte, Mönche antraf, welche

K 5   den

den Geist ihres Standes beybehalten hatten. Die Lothringer sprachen viel von der Kriegswissenschaft mit ihm; Sie werden als Soldaten geboren.

Zwey und dreyßigstes Hauptstück.

Von Champagne und Picardie.

Nachdem er seine Lippen mit dem vortrefflichen Weine benetzt hatte, der die Geister belebt, und Munterkeit einflößet, bemerkte er, daß die Champagner, ob sie schon äußerlich einfältig aus- sehen, doch viel Richtigkeit im Denken und viel Vernunft haben, und daß ihr Genie, ob es schon nicht dem Rebensafte des Landes entsprach, doch fähig wäre, Kenntnisse zu erlangen, ja so gar sie zu verschönern. Aber das ist ein Volk, das man ele- ctrisiren muß, sonst giebt es keine Funken.

Vitry schien ihm ein Ort zu seyn, welcher von der Munterkeit bewohnt wird.

Rheims würde eine lebhaftere Stadt seyn, wenn sie in Gascogne läge. Was wäre es für eine schöne Sache, wenn man die Städte wie die Menschen von einem Orte zum andern forttragen könnte! Man würde ähnliche Vertauschungen mit den Sitten und dem Verstande vornehmen.

Die Besitzer der Manufacturen zeigten ihm sehr schöne Stoffe, sie haben aber das Unglück zu solide zu seyn. Man will heut zu Tage nichts, als was glänzt, und nicht lange hält.

Die

Die Benedictiner zeigten ihm ihre Bibliothek,
welche, so wie alle ihre Bibliotheken, die sie besitzen,
nicht unterhalten wird. Sie wiesen ihm auch ihren Schatz, und besonders die heilige Bulle, die
nichts merkwürdiges hat, als ihr Alterthum.

Die Hauptkirche, die das schönste Gebäude im
gothischen Geschmack ist, das man in Frankreich
hat, und diejenige Kirche ist, wo man die Könige
salbet, zog seine Aufmerksamkeit doppelt auf sich.
Es giebt Denkmäler, deren Anblick eine Epoche
macht.

Die öffentliche Promenade war der Ort seiner
Träumereyen, oder vielmehr seiner Betrachtungen.
Sie ist wegen ihrer Eintheilung und Symmetria
eben so interessant, als wenn sie der berühmte le
Notre angelegt hätte.

Es dünkte ihm, als ob die Rheimser nicht so
aufgeweckt und munter wären, als es ein Wein-
land vermuthen läßt. Sie sollten weniger Wein
und mehr Wasser haben, nämlich einen ansehnli-
chen Fluß zum Transport ihrer Waaren und Lebensmittel. Ein Fluß ist ein Canal des Ueber-
flusses, und eine Munterkeitsquelle.

Sedan fragte unsern Lucidor über seinen Handel um Rath. Man kennet da keine andre Wissenschaft, als die Handlung.

Zu Chalons an der Marne hielt er sich zween
Tage auf. Er fand hier ruhige Seelen und artige Personen. Zu Troyes aber blieb er eine ganze
Woche; das ist nicht zu viel an einem Orte, der
einen

einen so ausgebreiteten Handel hat. Das Aeuf-
ferliche ist höchst angenehm, ob schon ohne Kunst
und ohne Zierrath, und der geschäfftige Geist der
Einwohner bringt so wie die Jahrszeiten eine Gährung hervor. Er reiste durch Städte, wo man
nichts lieset, als Zeitungen, und kleine Mode-Neu-
jahrswünsche; dann gieng er von dem ordentlichen
Wege ab, um Auxerre und Sens zu sehen, weil
die erstere dieser Städte gelehrte Bürger hat, und
in der andern das Grab eines Dauphins zu sehen
ist, der einen Thron in aller Unterthanen Herzen
hatte.

Aus Champagne gieng er in die Picardie, eine Provinz, wo sich die Redlichkeit, ungeachtet der
Verfeinerung des Jahrhunderts, und ungeachtet
der verderbten Sitten, unveränderlich erhält.

Er war über den Fleiß der Einwohner sehr
vergnügt, (sie sind das Brod, das sie essen, ihrem
eignen Schweiße und keinem fremden schuldig,)
er erfuhr aber mit Widerwillen, daß die Picardie
sehr entvölkert wurde, weil sie Bediente nach Paris liefern mußte.

Amiens gefiel ihm wegen der Thätigkeit seines
Handels. Die Sitten haben hier noch nicht die Lieblichkeit erlangt, welche die Anmuth der Gesellschaft
ausmacht; sie sind aber doch unverfälscht und un-
gekünstelt. Man kann einem Picarder bis auf den
Grund der Seele sehen, er ist durchsichtig, und
vielleicht ist dies die Ursache, warum die Picardie
nur eine kleine Anzahl Gelehrte hat. Wer sich
äußer-

äußerlich zu sehr sehen läßt, ist nicht fähig zum
Studiren.

Ungeachtet man mit Entzückung von der
Hauptkirche zu Amiens, und von dem Chore zu
Beauvais redet, welches wirklich zwey merkwürdige Stücke sind, so fand er doch keine solchen Kirchen und Paläste mehr, wie in Italien; die Wirthshäuser waren aber besser. Jedes Land hat seine
Vorzüge, und diese Verschiedenheit und Abwechselung intereßirt einen Reisenden.

Er gieng auf die öffentliche Promenade, die
sehr angenehm seyn würde, wenn man nicht einen
Berg herabsteigen müßte, um dahin zu kommen.
Die Luft, die man da einathmet, ist zu feuchte,
als daß sie nicht ungesund seyn sollte.

Abbeville zeigte ihm Tuchmanufacturen, deren
Tuch dem englischen weit vorzuziehen war. Boulogne bewies ihm, daß das gute Herz den Bel
Esprit verdunkelt. Calais überzeugte ihn, daß
sich die Sitten durch den Handel mit Fremden unvermerkt ändern. In Dünkirchen fand er gar
keinen Zeitvertreib, als mit sich selbst. Douay
nahm ihn mit aller Gutherzigkeit auf, ohne ihn
aber von der gemeinen Menge der Reisenden zu
unterscheiden. Arras ließ ihn vorbey reisen. Zu
Lille sah er nichts als Officiere und Soldaten.
Soißons gefiel ihm als eine Stadt, wo man
Verstand und Wissenschaften antrifft.

Drey

Drey und dreyßigstes Hauptstück.

Von der Normandie.

Diese durch ihren guten Boden, durch ihren Handel, und durch ihre Induſtrie ſo reiche und anſehnliche Provinz, nahm unſern Lucidor mit vielem Vorzuge auf. Sie ſah es wohl, daß er kein alltäglicher Mann wäre. Die Normänner ſind fein, man kann ſie nicht leicht betrügen. Es iſt Schade, daß ſie einen Accent haben, der ihnen die Lebhaftigkeit des Geiſtes benimmt. Die Gedan-ken verlieren mehr als die Hälfte von ihrem Wer-the, wenn man ſie ſchwerfällig von ſich giebt.

Die Normandie liegt zwar in der Nähe des königlichen Hofes, man ſpricht hier aber doch ſchlecht. Nieder-Bretagne iſt mehr als hundert Meilen davon entfernt, und dort redet man gut. Es giebt beſondre Dinge, die man nicht erklären und einſehen kann.

Nicht ſowohl die Häfen und Manufacturen zo-gen ſeine Aufmerkſamkeit auf ſich, als vielmehr die Menſchen, die er zu ſehen Gelegenheit hatte. Sie ſchienen ihm viel Kenntniſſe zu haben, und er ur-theilte daher, daß die Normandie, ungeachtet ihres fetten Bodens und ihrer dicken Luft, doch ubtile Köpfe hätte, daß folglich das Klima nicht ſo ſtar-ken Einfluß auf das Genie habe, als einige be-rühmte Schriftſteller vorgeben; aber unglücklicher Weiſe giebt es Vorurtheile und Meynungen, die zu ihrem Vortheil ſchon verjährt ſind.

Die

Die Normänner glänzen und zeigen sich in der Kirche, in den Akademien, und vorzüglich in der Gerichtsstube.

Der Magistrat zählt Unterthanen, die dem römischen Rathe würden Ehre gemacht haben, und die eben so arbeitsam als einsichtsvoll sind, sich mit ihren eigenen Geschäfften weniger beschäfftigen, als mit den öffentlichen Sachen, und mit einer erstaunenden Einsicht und mit vielem Scharfsinn die kitzlichsten und verworrensten Sachen entwickeln und in Ordnung bringen. Ein durchdringender Verstand kann alles, wenn er mit Fleiß verbunden ist.

Wenn man zu Rouen weniger spielte, so würde der Witz hier in seinem Mittelpunkte seyn. Die Musen vertragen sich nicht mit dem Spiele; sie müssen Zeitvertreib haben, der weniger ermüdet, und nicht lange dauret; aber das ist eine epidemische Seuche unter den Franzosen. Man zählt die Partien, die man gewonnen hat, so, als wenn es Siege wären, die man davon getragen hätte.

Die vortreffliche Gesellschaft, die man zu Rouen findet, hielt ihn völlig schadlos vor die äusserliche Häßlichkeit der Stadt, und vor die feuchte Luft, die beständig hier aufsteigt und Nebel und Regen erzeugt. Die Damen sind hier liebenswürdig, die Mannspersonen höflich, und der Fremde wird mit Gefälligkeiten und Proben der Rechtschaffenheit überhäuft. Man sieht, daß diese Stadt

beynah

beynah an Paris ſtöſt, und daß ſie hierinne noch
vor Lyon und Bourdeaux den Vorzug hat.

Die Manufacturen ſind hier in ſolcher Menge
anzutreffen, daß man befürchten muß, daß der
Ackerbau darunter leiden wird. Die Landleute verlaſſen ihren Pflug nur allzuoft, um ſich in die
Städte zu ſetzen, und daſelbſt ein Handwerk zu
treiben.

Die Buchhändler intereßirten unſern Reiſenden vorzüglich, theils wegen ihrer Vorräthe in ihren Buchläden, theils auch wegen ihrer Kenntniſſe.
Sie haben Vorräthe von Büchern in aller Art,
und ſitzen nicht unter den Büchern, wie Tantalus
im Waſſer. Die Zeit iſt vorbey, da ſich ein Buchhändler einbildete, daß beynah alle Bücher den
Herrn Vorrede zum Verfaſſer hätten.

Man machte ihn mit Gelehrten bekannt, mit
denen er ſehr zufrieden war. Die Akademie iſt
nicht müßig, und ihre Arbeiten verbreiten zu gleicher Zeit Licht und Nacheiferung.

Die Reitbahn verdient bemerkt zu werden:
man findet da Talente und Thätigkeit.

Viele Edelleute baten Lucidor, daß er ihre
Landhäuſer beſuchen ſollte, und er ließ ſich auch er-
bitten, ihrem Verlangen zu willfahren. Sie tra-
ctirten ihn mit niedlichen und wohlſchmeckenden
Gerichten, und mit artigen Einfällen. Man befindet ſich nirgends beſſer, als bey Perſonen, welche Edelmüthigkeit mit der Erziehung vereinigen.

Er

Er fand eine Menge Officiere überall in der
ganzen Provinz zerstreuet: die Normänner sind
nicht von ihrer alten Tapferkeit ausgeartet. Es
ist nur Schade, daß sie den Dienst zu früh verlassen. Der reiche oder wohlhabende Adel zieht sich
bey Zeiten zurück, und doch vertheidiget ein Officier sein Vaterland niemals besser, als wenn er in
seiner Profeßion alt und grau geworden ist. Die
Handgriffe und das Zuhauen gehören für den
gemeinen Soldaten.

Die Gewohnheit, vermöge welcher man den
Töchtern beynah gar nichts giebt, schien ihm sonderbar und befremdend; und sie ist es auch in der
That. Das Glück der Schwestern der Gnade und
Freygebigkeit der Brüder zu überlassen, heißt sie
der Gefahr aussetzen, oft gar nichts zu haben. Unsre Enkel werden diese Gebräuche gewiß verbessern,
wir könnten ihnen aber wohl die Mühe ersparen.

Mit Alençon war er zufrieden, nicht sowohl
weil man da gesellschaftlich ist, sondern weil man
arbeitsam ist. Er besah Avranche, Coutance,
Bayeux, Valogne, Städte, die viele Schriftsteller
haben würden, wenn man da die Autor-Laufbahn
betreten wollte; aber das rieth er ihnen eben nicht.
Lucidor weis wohl, daß man ohnedies nur allzu-
viel geschrieben hat.

Hierauf reisete er durch Wire, wo, nach dem
Sprüchworte, der Teufel nur ein Narr seyn würde; er reisete von Stadt zu Stadt, wovon er manche mehr, manche weniger erträglich fand, und

L   kam

kam endlich nach Trappe, in die ärmste, aber an
Tugenden reichste Abtey. Die Aussicht dieser in
dem Walde ganz vergrabenen Einsiedeley ließ ihn
das Urtheil fällen, daß man heilig oder verwirrt
im Kopfe seyn müsse, um hier zu wohnen. Er
verwunderte sich aber, da er hörte, daß man gegen
mehr als vier tausend Fremde jährlich die Gast-
freundschaft ausübte. Man ist allemal reich, wenn
man mäßig ist.

Er nahm sich vor, die ganze Provinz zu durchreisen, die schlechten Wege aber hielten ihn davon
ab. Er stieß unterwegens auf viele kleine Städte,
deren er nicht Meldung gethan hat, weil sie nichts
merkwürdiges für die Vernunft hatten. Man
plaudert da, man spielt, man schläft.

Er wollte gern auf die Quelle zurückgehen,
und den Grund davon wissen, was man insgemein den Normännern nachsagt, und sah, daß die
Einfälle, die sie ehedessen in alle Länder gethan haben, die wahre Ursache sind. Das ist ein alter
Streit, den man ihnen wegen ihres alten Un-
rechts, das sie gethan haben, erregt.

Vier und dreyßigstes Hauptstück.

Er langt in Versailles an, und besieht die umliegen-
den Gegenden.

Das Schloß war ein reizender Anblick für Lucidor, obschon das Gebäude wie ein Schwal-
benleib mit Adlersflügeln aussieht, und nicht erha-
ben genug ist; er fand, daß es prächtig und kostbar

bar ist, bemerkte aber doch auch, daß man die Flügel nach der Stadtseite zu versteckt hätte, denn man sieht sie nur von der Gartenseite. Man hätte diesem prächtigen Palast alle Schönheiten geben sollen, die er verdient, und hätte zwischen der Façade und den Häusern einen großen Raum leer lassen sollen. Der Platz fehlte nicht dazu. Man hat kein Gebäude ohne einen oder dem andern Fehler.

Die Eintheilung der Gärten, ihre Ausschmückung, ihre Abwechselung, ihr Umfang konnte die ernsthaften Betrachtungen unsers Reisenden nicht unterbrechen. Hier dachte er über die Revolutionen der Höfe, über die Nichtigkeit der Hoheit, über die Flüchtigkeit des Lebens nach. Er erinnerte sich aller Fürsten, die nicht mehr sind, und denen man schmeichelte, als wenn sie unsterblich wären. Jede Schmeicheley hat etwas kindisches.

Seine Freude war nicht auszudrücken, als er den König bey vollkommner Gesundheit sah. Ein eben so friedfertiger als gutthätiger Monarch ist ohne Widerspruch der interessanteste Anblick für die Vernunft. Wenn dieser König so lange lebt, als wir es wünschen, so wird man gewiß kein so langes und glückliches Leben weiter finden.

Der Dauphin rührte sein Herz ungemein. Er fühlte sich lebhaft bewegt, als er diesen vortrefflichen Prinz ansah, dessen Wohlthaten unsre Enkel genießen werden, und dessen Tugenden, vereiniget mit den Tugenden des österreichischen Hauses, die größten und wichtigsten Sachen hervorbringen

werden.

werden. Die Adler, sagt Horaz, zeugen keine
Tauben.

Er fand in Versailles nichts als einzelne kleine
Gesellschaften, und sehr zerstreuete Leute, eine beständige Ebbe und Fluth von Personen, welche an-
kommen und abreisen, und welche alle ein beson-
deres Interesse und besondre Projecte haben; und
wenn er die geheimnißvolle Zurückhaltung der Höfe
nicht schon gekannt hätte, so würde er sich sehr ge-
wundert haben, daß die Neuigkeiten von Versailles nur zu Paris erzählt werden. Jeder beschäfftiget sich hier nur mit sich selbst, und man hat hier
Ohren, ohne zu hören; und Augen, ohne zu sehen.

Der Hof gefiel ihm, als der Ort, wo man
Höflichkeit und eine schöne Sprache antrifft. Die
Vornehmen sind rechtschaffen, drücken sich mit Genauigkeit aus, und ihre Manieren haben so etwas
leichtes und ungezwungenes, daß die besten Lehrmeister nicht beybringen, und Leute, die aus nie-
drigem Stande empor gekommen sind, nicht nach-
machen können.

Er hatte viele Unterredungen mit Frauenzimmern vom Stande, die er eben so vernünftig in ihren Reden, als eitel in ihren Handlungen fand.
Sie sprachen von nichts als von gründlichen Werken mit ihm. Man sollte nicht glauben, daß der
gute Geschmack sich bisweilen mit der Schminke
und den Schönpflästerchen vertrüge.

Er gieng durch verschiedene Vorzimmer, sie
waren alle mit Unglücklichen und Ehrgeizigen angefüllt,

gefüllt, die auf den Minister, als auf eine Gottheit warteten, die sie heilen sollte. Diese Lage
und Verfassung ist grausam, und doch giebt es
Leute, die sich bis an das Ende ihrer Tage da
aufhalten. Man muß sich über den Geschmack in
keinen Streit einlassen.

Saint Cyr, ein unsterbliches Denkmaal der
Gottesfurcht der Herzoginn von Maintenon, nahm
den Besuch unsers Philosophen mit Vergnügen an.
Man versteht sich da auf Verdienste, und das ist
eine Wirkung der guten Erziehung, die man da genießet, und die man als ein Muster anführen
wird, so lange man sich befleißigen wird, die
Faulheit und den Hochmuth zu verdrängen.
Man will in dem Umgange des Lebens weder Faulheit noch Hochmuth haben.

Die Schönheit des Palasts Trianon erinnerte
ihn an die Feenschlösser. Man hat hier das
wirklich gemacht, was die Fabel davon erzählt.
Die Menagerie enthielt damals nichts als sehr gemeine Thiere. Das ist eine wahre Thorheit, sich
in Unkosten zu setzen, um unnütze Thiere zahm zu
machen, die für die Naturgeschichte nichts interessantes haben, als etwa die Vorstellung ihrer Figuren und Charaktere.

Marly konnte seinen Blicken nicht entgehen.
Es ist ein Ort, wo die Natur und die Kunst sich
zärtlich küssen. Warum haben reiche Leute, welche Vermögen genug haben, mit großen Kosten zu
bauen, es nicht kopiert? Man kann eine Sache,

L 3 sie

sie sey so prächtig und so groß, als sie wolle, im
Kleinen nachahmen.

Die Wassermaschine, wodurch das Wasser nach
Versailles geleitet wird, schien ihm zu sehr zusam-
mengesetzt und verwickelt zu seyn. Heut zu Tage
würde man sie weit einfacher machen, und sie
würde nicht halb so viel kosten. Die Künste haben auch ihre Zeit des Wachsthums. Man muß
in dieser Art viele Versuche machen, ehe man zur
Vollkommenheit gelangt.

Man führte ihn nach Saint Germain en laye,
ein seiner Lage nach unvergleichlicher Ort, den
man ehedessen für die Herberge der Engländer gehalten hat. Er traf hier eine vortreffliche Gesellschaft an. Man versammelt sich hier von allen
Orten her, um einen angenehmen und rechtschaf-
nen Umgang zu unterhalten. Die Reichen men-
gen sich gern unter diejenigen, die es nicht sind,
und deswegen hält sich fast ein ieder für reich; aber
der Schluß so wie in allen Städten, ist immer dieser, man muß spielen: sonst verändert sich die
Gesellschaft hier oft. Saint Germain ist der Aufenthalt der neuen Gesichter.

Das Jagdschloß la Meute schien ihm wegen
seiner Regelmäßigkeit, wegen der Schönheit seiner Gärten, wegen seiner reichen Möblirung der
Zimmer, und wegen der Nachbarschaft des Gehöl-
zes von Boulogne, unvergleichlich und sehr angenehm zu seyn.

Et

Er befah auch Saint Cloud fo bedachtfam und
fo langfam, als es die Schönheit des Orts erfodert. Das Waffer erhebt fich hier mit einer gewiffen Kühnheit und Majeftät, und fcheint einigermaßen ftolz zu feyn, daß es fich auf einem fo
prächtigen Platze befindet. Das Schloß fchien
ihm nicht fo recht fymmetrifch mit dem Flecken zu
feyn. Es ift ein wahres Vergnügen, die Schlöf-
fer zu fehen, die man in Holland und Flandern
antrifft. Man follte faft fagen, daß man fie recht
ausdrücklich dazu gebauet hätte, um den Flecken
und Städten zur Verfchönerung zu dienen.

Lucidor fah auf dem Mont-Valerien, (denn er
war fo neugierig, alles zu befehen) daß man der
Seine gegen über nichts, als ein ziemlich trauriges Land entdeckt, und daß man den Fluß nicht
verlaffen muß, wenn man feine Augen vergnügen
will. Das ift der Schatten, der einem Gemälde
eine gewiffe Schönheit giebt.

Bellevue diente ihm zum Obfervatorium, um
Paris zu überfehen, und mitten auf den Terraf-
fen, wo fich die Seele nach dem Maaße ausbrei-
tet, je nachdem die Blicke herumwandern, machte
er fich eine Abbildung aller Leidenfchaften, welche
diefe große Stadt in Bewegung fetzen, und es war
ein großes Vergnügen für ihn, fie zu Füffen zu treten. Es fchien ihm, als ob er auf einem Felfen wäre, an welchem fich alle Meereswellen brächen.
Glückliche Lage für einen Weltweifen, der die Dinge nach ihrem Werthe zu fchätzen weis.

L 4 Neu-

Meudon war recht bequem, diese weisen Betrachtungen noch länger zu unterhalten. Dies ist
ein einsamer Ort, den man, wenn man gerne denkt,
allen Schlössern vorzieht, welche um die Hauptstadt herum liegen. Er verirrete sich mit Vergnügen in die entferntesten und einsamsten Oerter, und bewies, daß die Vernunft niemals allein
ist, in was für einem entlegenen Winkel sie auch
immer seyn möge. Es schien ihm sonderbar, daß
man zu Sève eine schlechte Brücke vor den Augen
des Hofs stehen ließ, da man doch in den Provinzen prächtige Brücken bauete.

Fontainebleau, ein Schloß, welches, so alt es
auch ist, mehr Majestät verräth, als selbst Versailles, war ein Geschichtsbuch für unsern Philosophen. Er schien an den Mauern so viele verschiedne Begebenheiten zu lesen, die sich hier nach
einander zugetragen haben, und sich Materie zu
Betrachtungen daraus zu nehmen.

Compiegne war, seiner Meynung nach, der
Liebe des Monarchen würdig, mehr noch wegen
der Eigenschaften des Herzens und des Verstandes derer, die es bewohnen, als wegen des prächtigen Waldes, der die Annehmlichkeit dieses Orts
ausmacht.

Dies sind alles Abwechselungen und Veränderungen, welche einem Reisenden gefallen. Die Verschiedenheit der Oerter ist in den Augen des Weltweisen ein Lustspiel, wo die verschiednen Abwechselungen der Farben die Seele an sich zieht, fes-

felt, und fie ergößt. Nichts ermüdet fo fehr, als
die Einförmigkeit. Selbft das Schöne wird ekelhaft, wenn es einförmig ift. Die Vernunft fieht
gern die Verwandlungen der Natur in den Werken
der Kunft.

Chantilly verfchaffte ihm diefes Vergnügen: er
fah hier mit einer gewiffen Art von Wolluft
alle ländliche Annehmlichkeiten mit der Schönheit der Städte, und mit der Feinheit des Ge-
fchmacks vereiniget. Die Delikateffe hat felbft
das alte zu modernifiren, und fo gar den fchlechte-
ften Dertern die Pracht der Paläfte zu geben
gewußt.

Fünf und dreyßigftes Hauptftück.
Lucidor langt in Paris an.

Nun kommt endlich die Stunde, wo er nach Paris kam, aber ohne viel Auffehen zu machen.
Die Vernunft ift befcheiden, und was würde fie
in einer Stadt, die ganz mit Luftbarkeiten und Ei-
telkeiten befchäfftiget ift, für einen Eindruck haben machen können? Wenig Leute würden ihr ent-
gegen gekommen feyn.

Unterdeffen, als er fich eine ruhige Straße, einen ehrlichen rechtfchaffenen Wirth, und ein ganz
fchlechtes Zimmer ausgefucht hatte, gieng er überall herum, um alles recht genau zu unterfuchen.
Die Augen eines Weltweifen find Telefcope.

Es währte nicht lange, fo wurde er gewahr,
daß die jungen Leute in Paris ihre Jugend fehr
ver-

verkürzen, weil sie den Vergnügungen unmäßig
ergeben sind. Fast alle, die ihm begegneten, sahen
abgenutzt und elend aus. Es waren aufgeblühete
Blumen, die ein Nebel schon wieder welk gemacht
hatte.

Wenn die Gallerie im Louvre nach Verhältniß
ihrer Länge mehr erhöhet worden wäre, wenn die
Thuillerien prächtige Wasserfälle gehabt hätten, so
wie auch einen edlen Eingang von der Seite der königl. Brücke, so würde er diese prächtigen Gegenstände ohne Ausnahme bewundert haben.

Das Invalidenhaus, ob es schon, gegen des
heil. Petrus seines zu Rom gehalten, sehr klein ist,
der königl. Palast, ob er schon in seinem umfange versteckt ist, der Palast von Luxenburg, ob er
schon zu sehr gesenkt ist, die Kirche des heil. Sul-
picius, ob sie schon von allen Seiten her verdunkelt ist, verdienten seine Bewunderung und Lobeserhebungen.

Er wünschte, daß man den Platz Ludwig des
Vielgeliebten auf so eine Art vollends zu Stande
bringen möchte, die der Schönheit der Säulen-
stellung entspräche; daß man die Gänge und den
freyen Platz des Louvre und der Theatiner an der
Seine mit einer einfachen Reihe von Linden ver-
schönerte, die an der Seine stünden, und deren
Stämme, um nichts zu verdunkeln, wie Orangenbäume gezogen seyn müßten; daß man die mit
Häusern bedeckten Brücken frey baute; daß man
das Hotel Dieu an einen weitläuftigern und ent-
fern-

ferntern Ort verlegte, und ein Rathhaus aufführte,
das einer Hauptstadt Ehre machte; das man dem
Aeußerlichen des Palastes mehr Ansehen und in
die Augen fallendes gäbe, daß man die Cartheu-
sermönche anhielte, längst der Höllenstraße hinun-
ter, und die Ordensbrüder der Abtey zu St. Germain des Pre's ebenfalls längst der Straße du Co-
lombier zu bauen, oder wenigstens so viel von dem
Platze zu verkaufen, damit das Publikum dieses
Project ausführen könnte.

Da aber weder das locale noch materielle von
Paris der Gegenstand seiner Reise war, so schlüpfte
er nur darüber hin. Mit den Gewohnheiten,
mit den Lieblingsneigungen des Landes beschäfftigte er sich vorzüglich, und nachdem er sie genau
betrachtet und zergliedert hatte, sah er, daß Paris, eine Anzahl weiser Männer ausgenommen,
die in allen Ständen zerstreuet waren, ein Ort ist,
wo es mehr Moden, als Sitten, mehr Philosophen,
als Philosophie giebt. Man entschuldiget da die
Laster, und verzeihet das Lächerliche nicht, und der
größte unter allen Fehlern ist dieser, kein Geld zu
haben.

Er betrachtete die öftern Revolutionen mit kaltem
Blute, welche eben denselben Menschen fast in einem
Augenblicke erheben und in Abgrund stürzen; welche
in einem Augenblicke die Kleider, die Frisuren, die
Hüte, ja so gar die Sprache reformiren; welche alle
Zungen und alle Köpfe bey Gelegenheit einer Neuig-
keit oder einer Komödie in Bewegung setzen; wel-

che

che alle Gemüther über eine gefährliche oder lä-
cherliche Brochüre in eine Entzückung verſetzen.
Alles dieſes machte einen merkwürdigen Anblick
für einen weiſen Beobachter. - Er ſteht auf dem
Parterre, während daß man dieſes alles ſpielt.
Paris ſcheint ihm völlig ein Theater zu ſeyn, wo
er ſich aber, ohne auszupfeifen, und ohne durch
Klatſchen ſeinen Beyfall zu geben, aufhält.

Sechs und dreyßigſtes Hauptſtück.

Von den verſchiedenen Quartieren in Paris.

Lucidor bemerkte, daß Paris eine Welt iſt, wo
jedes Quartier eine Provinz ausmacht. Der
Ton in der Vorſtadt St. Honoré iſt ganz verſchie-
ben von dem Tone in der Vorſtadt St. Germain;
le Marais hat einförmigere Manieren, als die Gegenden um das königl. Schloß oder um Luxenburg
herum.   Man iſſet da zu Mittage und Abends
auf gut bürgerlich, und die Moden, bisweilen ſo
gar die Neuigkeiten, kommen erſt ſehr ſpät dahin, in
Vergleichung mit vorzüglichern Quartieren, wo
mehr Volk hinkommt.

Er ſpeiſete bey jedermann, weil er alle Stände
wollte kennen lernen. Die Mahlzeiten der Großen
ſchienen ihm zu ernſthaft, man redet da nicht ein
Wort, die Mahlzeiten der Privatperſonen aber zu
lärmend, man kann ſich da gar nicht hören und
einander verſtehen.   Er ſah, daß Paris wirklich
eine

eine Welt war, wo man wenig Parifer fand. Es
ift der Extraft von allen Nationen.

Er konnte nicht begreifen, daß man Abendmahlzeiten für fo etwas angenehmes und herrli-
ches ausgab, wo man allen Eigenfinn einer lächerlichen Pretiöfen mit anfehen muß, ehe man das
Glück hat, von ihr eine Ariette zu hören, und wo
man alle Originalitäten eines witzigen Geiftes mit
anhören und ausftehen muß, ehe man ein Paar
vermeynte fchöne Einfälle von ihm herauslockt.

Noch weniger konnte er begreifen, daß man
eine liebenswürdige Ehefrau verließ, und alle
Abende ins geheim zu einem Mägdchen lief, die
man auf feine Koften hält, deren Empfindungen
und Witz, ob fie fchon beyde romanenhaft find,
doch gar bald erfchöpft werden, und bey welcher
fich die Scene gemeiniglich mit Gähnen endiget.
Es ift mit der Liebe nicht fo wie mit der Freund-
fchaft, fie interefirt nur, wenn fie neu ift. Was
fchon zur Gewohnheit wird, kann nicht mehr
reizen.

Das find angenehme Abendmahlzeiten, (um ihrer auch zu gedenken), die man weder mit einem
Spiele, wovon man fich nicht losmachen kann,
noch mit einem Ceremoniell, das man nicht vermeiden kann, noch mit Nachtfchwärmereyen, die
bis am hellen Morgen dauren, noch mit dem Mis-
vergnügen erkaufen darf, eine Dame nach Haufe
zu führen, die nichts auf ihrer Seite hat, als
Titel und Jahre; das find Abendmahlzeiten, wo

fich

sich Offenherzigkeit und Munterkeit vereinigen,
wo sich das Herz ohne Zwang ergießt, wo sich der
Witz, ohne Ansprüche zu machen, zeigt, wo man
nicht nöthig hat, die Damen zu bedienen, und ihnen
zu schmeicheln, wo man nicht Ursache hat behutsam
zu reden. Dann schmeckt man das Vergnügen
bey Tische, dann kann man ausrufen: O göttliche Nächte, o Göttermahlzeiten!

Sieben und dreyßigstes Hauptstück.
Von den Gesellschaften.

Die Neugierde führte unsern Weltweisen in eine
große Gesellschaft. Einer seiner Freunde
stellte ihn, wie gewöhnlich, vor. Es waren Damen, die ein Bel-air affektirten, Hofmänner, aller-
liebste niedliche Abbe's, und Modegelehrte zugegen,
die sich um die Stadtneuigkeiten eines jeden Tages
bekümmerten.

Zuerst maß und besah man ihn vom Kopfe bis
auf die Füße, man fragte sich heimlich, wer denn
dieser Unbekannte sey: man sagte, er zeige sich
nicht mit gehörigem Anstande, seine Frisur entspräche seinem Gesichte nicht, sein Kleid wäre zu
weit, und sein ganzes Betragen zu einförmig.
Alle diese Reden, die einen Fremden wohl in Verlegenheit setzen und außer Fassung hätten bringen
können, hörte er mit an.

Unterdessen fragte ihn eine Prüde, die ein drey-
winklichtes Gesicht, ein böses Auge, und eine runz-
liche Stirne hatte, was er für ein Landsmann
wäre,

wäre, aber mit einer so leisen Stimme, daß man
es mehr errathen mußte.   Es wäre fast nöthig
gewesen, der ganzen Gesellschaft zu sagen, wo er
herkäme, wohin er gienge, wo er wohnte, wenn
er wieder abreisete, wie er hieße, und beynahe
auch den Ort und die Stunde, wo und wenn er
sterben würde.

Als man sich mit Fragen und Antworten erschöpft hatte, so fieng man auf einmal an, von
Brochüren, von Bällen, von Politik, von Schauspielen, von Finanzen, von Bänkern, vom Hofe,
vom Ackerbaue, von Mönchen, von Moden, von
einem berühmten Schriftsteller, und von einem
niedlichen Hündchen zu reden.

Die rußischen, polnischen und türkischen Handel und Staatsgeschäffte giengen hin und her, wie
die Bilder in der Laterna magica; das war nur
erst ein Schatten.   Hierauf erschöpfte man die
ganze Wissenschaft der Wettergläser.   Man
erzählte als eine große Neuigkeit, daß es den ganzen Tag geregnet hätte, und den Beschluß machte
man mit den Erzählungen von Krankheiten.   Einer Herzoginn fielen ihre Kopfschmerzen ein, einem
Abbe' sein Schnupfen, einem Financier seine Un-
verdaulichkeit.   Es waren drey oder vier petites
maitresses da, welche Miene machten, als ob sie
in Ohnmacht fallen wollten, und sehnlich wünschten, daß man ihre Vapeurs und ihre Langeweile
gewahr würde.   Man that verschiedene Fragen
an Lucidor, und hörte doch nicht auf seine Antwort.

wort. Das ist so ziemlich die wunderliche Mode der Großen. Der Bonsens, der von ohngefähr auch hier war, wollte auch ein Wörtchen reden, man pfiff ihn aber aus. Lustige Einfälle verdrängten die Reflexionen; und dieses alles wurde mit einigen Pirouetten und höhnischen Lächeln begleitet.

Unterdessen nennte man dieses doch die große Welt, dies gab den Ton an, es betrübte aber auch die Vernunft sehr. Sie gieng weg, ohne erkannt zu werden, wie man leicht vermuthen kann, aber völlig überzeugt, daß gewiß nicht alle Gesellschaften in Paris dieser ähnlich wären.

Lucidor irrte sich auch nicht in seiner Meynung. Den Tag darauf überzeugte er sich davon. Man führte ihn in ein Hotel, wo die wichtigsten Materien recht schön untersucht und entschieden wurden. Man sprach hier nur, wenn es Zeit war, und hier gab es weder Auszischen noch Pedanterey.

Endlich kam auch ein Petitmaitre, der lauter Wohlgeruch ausduftete, Mienen zog, sich gewaltig aufblies und ein Ansehen gab, den man aber sich nachläßig auf einen Sopha hinstrecken, seine Spitzen liebkosen und seine Ringe bewundern ließ, ohne im geringsten auf ihn Achtung zu geben.

„So bessern wir diese jungen Herrchen, sagte ein alter Officier unserm Lucidor ins Ohr. Sie würden nichts lieber sehen, als wenn man sich mit ihnen abgäbe und einließe, aber wir lassen die größeste Gleichgültigkeit gegen sie blicken. Das macht

macht alsdenn, daß sie Langeweile haben, und
nicht lange warten, sondern uns bald von der
unerträglichen Gegenwart ihrer artigen Person
befreyen. Wenn Paris an solchen eiteln und thö-
richten Leuten einen Ueberfluß hat, so ist es auf
der andern Seite auch nicht von gesetzten und vernünftigen Männern entblößt. Man weis hier
besser, als irgend anderswo, dem Unverstande und
der Narrheit ihren wahren Werth zu bestimmen.„

Eine Dame vom Hofe unterstützte ihn, diese
zog die Petitsmaitres durch, verspottete die Petites-
maitressen, hielt sich über ihr affektirtes Wesen
auf, und zeigte durch ihre Manieren, die eben so
ungezwungen und natürlich waren, als ihre Unterredungen, daß ein guter natürlicher Verstand
bey allen Ständen anzutreffen ist, und daß diejenigen, die sich eine Ehre daraus machen, keinen zu
haben, mittelmäßige Leute sind, die nicht allemal
den Ton angeben, wie sie sich rühmen.

Lucidor gieng ganz entzückt fort, und machte
sich Hoffnung, daß er eine solche Gesellschaft fleiß-
ßig würde besuchen können, er konnte aber kaum
seinen Unwillen verbergen, als man ihn versicherte,
daß Mannspersonen eben so, wie die Damen, Toiletten hätten; daß sie ihre Seele in die Sphäre
der Lumpen concentrirten, daß sie die Hälfte ihres Lebens damit zubrächten, Sattler, Lackierer,
Juwelirer und Kaufleute zu besuchen, die mit
wohlriechenden Sachen handeln; Credit zu suchen,
der die Kaufleute ruiniret, sich alles, was zum Luxus

M   gehört,

gehört, anzuschaffen, lächerliche Tändeleyen zu kaufen, und die Rolle eines Unverschämten zu spielen.

Die Zeit ist ein Gut, das fast alle Menschen als
ein verlornes Kapital ausleihen.

Acht und dreyßigstes Hauptstück.
Von den öffentlichen Spaziergängen.

Lucidor konnte in Ansehung der Ergötzlichkeiten,
die den Geist ermuntern, und die Gesundheit
erhalten, nicht gleichgültig seyn.   Es war ein
Vergnügen für ihn, zu sehen, wie alle Alter, alle
Stände sich in den prächtigen Gärten zerstreuten,
wo die Natur durch Hülfe der Kunst mit Vergnügen aufblühet; aber zu gleicher Zeit war es auch
ein trauriger Gegenstand des Nachdenkens, als er
erfuhr, daß unter so vielen Personen, die sich in
den schönsten Kutschen auf die Promenaden begeben, manche sind, die diese prächtige Bequemlichkeit blos ihrer List, dem Wucher, Monopolien,
und dem Unterschleife, den sie gemacht, zu danken
haben.   Die Redlichkeit ist für viele Leute nur ein
Vernunftwesen.

Lucidor hätte ohne Zweifel lieber gesehen, daß
es in Paris weder Miethkutschen, noch Staats-
kutschen gegeben hätte, und daß man, sechzig tausend Personen zum Vergnügen, nicht acht mal
hundert tausend peinigte; aber das ist hier der
Fall, wo man sagt: man muß es gehen lassen,
wie es geht.

Was

Was für Worte, rief er aus, als er das Ge-
murmele hörte, welches in den Spaziergängen
der Thuillerien erschallte, ohne daß vielleicht ein
einziges davon für die Vernunft dabey ist. Einige
reden von ihren Vergnügungen, andre von ihren Geschäfften; diese erzählen ihre Liebesavantü-
ren, jene ihre Projekte, und keiner sucht das wahre Glück.

Er bemerkte, daß der königl. Palast der Spaziergang der schönen und artigen; der von Luxemburg,
die Promenade der Denker; und die Thuillerien
die Promenade vor jedermann wäre, und daß man
in einem so prächtigen Garten das Gebüsche und
die Blumen nicht hinlänglich vermehrte. Um aber
seine Beobachtungen zu machen, wurde er öfters
von dem Laster und der Narrheit in die Seite ge-
stoßen.

Er glaubte gewahr zu werden, daß unter den
glänzendesten und hervorstechendessen Spaziergän-
gern eine große Menge anzutreffen wäre, deren
Abendessen bis übermorgen verschoben würde, und
die ihre Existenz und ihren ganzen Anzug dem Publikum schuldig wären.

Es fieng plötzlich an zu regnen, und jeder verschwand so geschwind wie ein Blitz, ohne zu wissen, wohin er sich wenden sollte. Das ist eine Unbequemlichkeit bey den Spaziergängen, wo man
keine Bedeckung findet. Er glaubte daher, daß
eine Gallerie in Bogen, längst der Terrasse der Be-
nediktiner, ein nothwendiges Gebäude seyn würde.

M 2   Die

Die Bastcyen, die ganz voll waren, überzeug-
ten ihn, daß man die Spaziergänge bey einer Nation, die die einzige ist, die Gebrauch davon macht,
nicht zu sehr vermehren könnte; denn die Engländer laufen, die Teutschen gehen gravitätisch, die
Italiäner lassen sich schleppen, aber die Franzosen
gehen spazieren, wenn man durch diese Leibes-
übung das Vergnügen versteht, aufzuleben und
sich zu unterreden.

Er glaubte, es wäre Schuldigkeit, einen Blick
auf die Dorfschenken zu werfen. Der Zeitvertreib und die Ergötzlichkeiten des gemeinen Volks
rühren eine patriotische Seele. Uebrigens vergnügt sich der Handwerksmann zu Paris mit einer
gewissen Rechtschaffenheit. Er ist in seinen Ergötzlichkeiten weit über den Bürger, sogar zu London und Amsterdam. Dies ist die Folge einer
glücklichen Erziehung, die auf alle Stände Einfluß hat, und zugleich die Folge einer Munterkeit,
die den Franzosen natürlich ist, und ihnen immer
eine lächelnde Miene giebt. Jede Nation, welche
lacht, ist gesellig.

Neun und dreyßigstes Hauptstück.
Von den Schauspielen.

Man muß wenigstens einen flüchtigen Blick
auf dasjenige werfen, was die Sitten einer
Nation schildert, und das Gespräch aller schönen
Geister ist.

Unser

Unser Philosoph gieng also in die französische
Komödie. Man spielte die Zaire. Er applaudirte so
wie alle Zuschauer; er hätte aber gewünscht, daß
die Schauspieler, ob sie schon Meister sind, weniger gekluchzt und geseufzt hätten. Es schien
ihm, als ob man die Seufzer übertriebe, und als
ob man die rührendesten Stellen nur dadurch aus-
drückte, daß man außerordentliche Kräfte der Brust
und der Kehle anwendete. Man muß die Natur
kopieren, aber niemals übertreiben. Durch den
Schlucken drückt man sie schlecht aus.

Das Nachspiel gab ihm Anlaß, den unnach-
ahmbaren Moliere zu bedauren. Die Komödien
sind nicht mehr komisch. Aus Furcht Farcen zu
spielen, spielt man nichts als weinendes und trocknes, und man will allemal mit einer Heyrath endigen, als wenn es nicht tausend andre Entwick-
lungen gäbe, und als ob man nicht von einem
solchen Ausgange endlich ermüdet, und dessen überdrüßig würde.

Die italiänische Komödie würde ihm gefallen haben, wenn nicht so viel Dialekte darinne untereinander gemengt wären, welches sie
lächerlich macht. Der Harlekin gefiel ihm, als
eine Person, die auf einem Theater nothwendig
ist, das blos erfunden ist, Lachen zu erwecken.
Und es ist auch eine Rolle, die denjenigen allemal
gefallen wird, welche arbeiten müssen, und nöthig
haben auszuruhen, und sich zu erholen. Die
burlesten Ergötzlichkeiten vergnügen die Philoso-

M 3

phen

phen allemal vorzüglich. Man legt nicht ernsthafte Materien auf die Seite, um zu arbeiten. Er
fand alle Arietten, die in italiänischem Geschmack
componirt waren, nicht nach seinem Geschmack,
denn die französische Sprache ist dieser Annehmlichkeit gar nicht fähig.

In der Oper gefiel ihm verschiedenes, manches
mißfiel ihm aber auch. Das konnte auch bey einem so zusammengesetzten Schauspiele nicht anders
seyn; er sah aber die Gruppe von Mädchen, die
man da hält, mit äußerstem Widerwillen; sie ver-
dunkelten durch den lächerlichen Glanz ihrer Dia-
manten und ihrer Kleider so gar die Frauenzimmer
von Stande.

Die Schauspielsäle schienen ihm kein Verhältniß weder mit der Größe von Paris noch mit der
Artigkeit der Pariser zu haben. Die kleinsten
Städte in Italien haben Theater, die das hiesige
Operntheater weit übertreffen; und man hat kein
Parterre, wo man sich setzen könnte. Man muß ein
großer Liebhaber der Schauspiele, oder sehr müßig
seyn, wenn man drey Stunden nach einander stehen, andre drängen, und sich drängen lassen soll.

Weit entfernt, alle die verschiedenen Spiele zu
tadeln, welche der Fleiß erfunden hat, sah er vielmehr, daß sie weislich ausgedacht waren. Es gehört mit zum Interesse einer Regierung, den Zeitvertreib des Publicums zu autorisiren, so bald
nichts wider die Sitten und Gesetze darinne zu finden ist. Man würde richtiger urtheilen, wenn man
nicht

nicht die Vernunft mit dem Humeur vermengte. Der besondre und jedem eigne Geschmack muß nicht die Vergnügungen entscheiden, sondern der Geschmack der Nation.

Vierzigstes Hauptstück.
Von den Kaffeehäusern.

Lucidor, ein Freund des Nützlichen, so wie er ein Feind des Ueberflüßigen ist, hatte die Errichtung der Kaffeehäuser von dem Augenblicke an gebilliget, da man sie anlegte. Das sind in einer solchen Stadt, wie Paris ist, nothwendige Sammelplätze. Eines Tages aber, als er da war, verwunderte er sich sehr, daß er die sonderbarste und lärmendeste Versammlung antraf.

Da kam ein Spieler heraus, der das Glück verfluchte, und es wieder zu erhaschen suchte; ein Zeitungsfabrikant, der mit dem zuverläßigsten Tone Unwahrscheinlichkeiten und ungereimte Dinge erzählte; ein Bramarbas, der ziemlich lärmte, und eine recht soldatische und drohende Miene hatte; ein Parteygeist, welcher auf das Jahrhundert, auf die Nation, auf das ganze menschliche Geschlecht und auf sich selbst böse war; ein Schmeichler und Schmarozer, der noch von dem Geruch und Dampfe einer kostbaren Mittagsmahlzeit berauscht war; ein Hungriger, der mit Schmerzen auf eine Tasse Thee mit Milch, oder auf eine Tasse Kaffee wartete; ein süßes Herrchen, der sich freuete, daß er sich

M 4 in

in einem schönen Kleide sah, das der Credit bezahlt
hatte; ein Lüderlicher, der ein Feind der Religion
und aller derer war, die Religion hatten; ein Autor, der ganz von sich eingenommen war, und mit
einer affectirten Miene seine Schreibtafel durchblätterte; ein unausstehlicher und unbarmherziger
Schwätzer, der Werke lächerlich machte, die er nicht
gelesen hatte; ein Zänker, der Händel anzufangen
suchte, und Mittel aussann zu betrügen; dort kam
einer, der völlig entschlossen war zu heyrathen, und
nur eine reiche Wittwe suchte, in der Absicht, ihr
vom Gelde zu helfen; ein Avanturier, der eine hohe
Miene annahm, sich Titel und große Namen beylegte, damit er desto besser Wind machen konnte;
dort saß einer, der nichts als schmutzige Brochüren
las, und alle gute Bücher und gute Schriftsteller
verachtete; ein Müßiggänger, der lange Weile
hatte; ein Fleurettenmacher, der der Frau vom
Hause allerhand schöne Sachen vorsagte, um sich
bey ihr einzuschmeicheln; ein zärtlicher Anbeter
der Komödiantinnen und Komödien, der weiter
keinen Gegenstand in der Welt, als diesen doppelten kannte; ein unermüdender Erzähler elender
Geschichtchen aus den alten Zeiten; ein Chicanen-
macher, der von nichts als von Anklägern und Pro-
cessen redete.

Eine schöne Gesellschaft, die Vernunft zu interessiren! Sie ließ sich einfallen, auch ein Wort zu
sagen, man bildete sich aber ein, sie spräche Ara-
bisch oder Chinesisch. Aber den Tag darauf wurde

unser

unſer Philoſoph wieder ſchadlos gehalten. Neu,
gierig, eben daſſelbe Kaffeehaus noch einmal zu beſuchen, traf er da nichts als rechtſchaffene und ſehr
verſtändige Perſonen an. Die Wolken hatten ſich
zertheilt.

Ein Zufall bringt in Paris von einem Augenblicke zum andern ehrwürdige und verſchriene Leute
zuſammen: das geht ſo wie mit dem Wetter, das
bald heiter, bald ſtürmiſch iſt, und das der Weiſe,
ohne zu murren, erträgt. Es ſchien ihm, daß, da
die Geiſtlichen und Mönche nicht auf die Kaffee-
häuſer gehen, man zu ihrem Gebrauche wohl einige anſtändige Oerter errichten könnte, wo ſie ſich
abkühlen, ausruhen und erholen könnten. Es
müßten Bücher für die Leſer da ſeyn, und dieſe Häuſer müßte man Bibliotheken oder Buchläden nennen, damit alles anſtändig zugienge. Die Vernunft iſt niemals eine Feindinn eines unſchuldigen
Vergnügens und einer erlaubten Erholung geweſen;
ſie hält die richtige Mittelſtraße zwiſchen der zu har-
ten Strenge und der zu großen Gelindigkeit.

Ein und vierzigſtes Hauptſtück.
Von den Moden.

In Paris ſeyn, ohne Moden zu ſehen, hieße in
der That im eigentlichſten Verſtande ſich die
Augen verſchließen. Die öffentlichen Plätze, die
Straßen, die Boutiquen, die Kutſchen, die Kleider,
die Perſonen, alles alles zeigt Mode. Der Pari-

ſer

fer ist so verliebt in das Neue, daß die Religion
selbst gewissen Flatterhaften bloß deswegen miß-
fällt, weil sie zu alt ist.

Ein Kleid, das vierzehn Tage getragen ist,
wird von Leuten, die ein bel air affectiren, schon
für sehr alt gehalten. Sie wollen neue Stoffe,
ganz neue ausgeheckte Brochüren, neue Syste-
me, und alle Tage neue Freunde haben.

Wenn eine Mode nur erst aufgekommen ist,
so ist die Hauptstadt ganz närrisch darein verliebt,
und es darf sich niemand sehen lassen, wenn er
nicht nach der neuen Mode geputzt ist.

„Sie können von unsrer Liebe für die Moden
(schrieb eine Pariserinn an eine Holländerinn in
einem Briefe, welcher angeführt zu werden verdient) aus unsern Frisüren à la greque urtheilen.
Es mag immerhin lächerlich seyn, einen hohen
Kirchthurm auf dem Kopfe aufgebauet zu tragen,
man liebt diesen Putz doch, weil es Mode ist. Unsre Mannspersonen bleiben doch hartnäckig bey
ihren kleinen Hüten, ob sie schon einen feuchten
und windigen Kopf verrathen, denn es ist einmal
Mode. Sie setzen sich lieber der Gefahr aus,
Husten und Schnupfen davon zu tragen, als daß
sie ihre Frisur mit dem Hute niederdrücken sollten,
denn es ist Mode. Sie setzen und stellen sich recht
unanständig vor einen Kamin, und benehmen einer ganzen Gesellschaft den Platz, sich zu wärmen,
weil es Mode ist. Sie fällen um einer Kleinigkeit willen ein scharfes Urtheil, und man ist in ihren

ren Augen gar nichts, wenn man nicht die Tändeleyen und Colifischets trägt, die diesen Tag Mode
sind, denn es ist einmal die Mode so.

Unsre petits Maitres, die dazu gedungen sind,
diese Waare in Aufnahme zu bringen, entledigen
sich ihres Amtes aufs beste. Verbrämt mit einer
neuen Mode, die etwa einen Tag dauret, laufen
sie in alle Schauspiele und in alle Gesellschaften
herum.

Man beeifert sich, wer zuerst mit einem ganz
neuen Putze erscheinen wird; und welche wunder-
bare Sache, die Geschichte selbst kommt mit in unsre Moden, denn man erfindet sie ja bey Gelegenheit dieser oder jener Begebenheit.

Nichts ist artiger und sinnreicher ausgesonnen,
als eine Epoche auf seinem Kopfe oder auf seinen
Kleidern zu tragen. So bestätigten die Coiffüren
à la Port-Mahon die Eroberung dieser Stadt.
Wir werden ohne Zweifel bald dergleichen haben,
die den Krieg der Russen mit den Türken anzeigen
werden, und vermuthlich wird man ihnen die Gestalt eines halben Mondes oder eines Turbans
geben.

Nichts als die Moden geben unsrer Straße
S. Honore ein so glänzendes Ansehen, eine Straße,
wo es so sehr von Leuten wimmelt, und wo es so
lebendig ist, daß man sagen kann, Paris existire
nur in diesem Quartiere. Hier erfindet der Fleiß
kostbare Kleinigkeiten, die der Luxus nothwendig
macht, und hier stürzen sich ganze Schaaren von
männ-

männlichen und weiblichen Petits-Maitres haufen-
weise her, um sich nur wenigstens die Namen aller neugebornen Colifischets bekannt zu machen.
Das ist ein Mittel, berühmt zu werden.

Man macht sich hier Sprachen nach der Mode,
so wie Kleider. Die Schönheit besteht darinne, daß
man neue Worte aufschnappt, und sie bey jeder
Gelegenheit wieder anbringt. Die Mode hat tausendmal mehr Bücher hervorgebracht, als die Vernunft. Unsre Spaziergänge am Ufer, unsre Durch-
gänge, unsre Kramläden werden täglich mit ganz
neuen Brochüren ausgeziert. Man kauft sie bloß
nach dem Titel, wenn es nur was neues ist, und man
putzt seine Toilette oder seinen Kamin bis übermorgen damit, bis ein noch neueres Werkchen die von
vorigem Tage verdrängt und vergessen macht.

„Diese Veränderung und Abwechselung der
Moden erfüllt das Leben mit Begebenheiten. Ob
ich gleich nicht älter bin als drey und zwanzig Jahre, so habe ich doch länger als sechzig Jahre gelebt,
wenn ich nach dem rechne, was ich schon gesehen
und erfahren habe. Keine Ebbe und Fluth ist so
stark, wie die neuen Moden. Tausend Nadeln,
Scheeren und Pinsel sind täglich in der Luft, um etwas schönes zu erschaffen. Und wäre übrigens
eine Sache noch so häßlich, daß man sich davor
fürchten möchte, so weis uns eine artige Moden-
händlerinn doch zu überreden, daß sie entzückend
schön sey. Nichts ist fähiger, die Augen zu verblenden, als ihre Artigkeit und ihr Geschwätze.

Noch

Noch mehr aber werden Sie in Verwunderung gesetzt werden, wenn Sie hören, daß es Originale giebt, die keine andern Verdienste haben, als etwas ganz erbärmlich Sonderbares, aus denen man auf einmal Personen nach der Mode macht. Man beruft sich auf sie, man führt sie als Muster an, man ist ganz in sie verliebt, und es ist eine große Herrlichkeit, und gleichsam ein Fest, wenn man sie einmal zum Abendessen haben kann.

Ich wurde einmal recht angeführt. Ich war ganz Ohr und ganz Auge, um einen solchen Mode-menschen zu bewundern; ich hatte ihn mit der vortrefflichsten Gesellschaft zu Tische gebeten, aber ich sah und hörte nichts, als einen Narren. Der große Ruf machte, daß er bey allen Vornehmen Zutritt hatte, aber die Verdienste waren niemals dabey.

So sieht es mit uns aus, Madam, und gewiß, dieses alles sieht ihrem geliebten Vaterlande, Holland nicht ähnlich. Der witzige Geist macht oft, daß der gute natürliche Verstand schweigen muß, aber es ist einmal die Mode, und man muß ihm Beyfall geben. Meine Mode wird immer einerley seyn, nämlich, Sie zu bewundern, und Ihnen in einem mit dem Herzen übereinstimmenden Tone zu sagen, daß man nicht zärtlicher seyn kann rc. „

Dieser Brief gefiel unserm Lucidor ungemein, er machte es sich zu Nutze, und wollte die Moden gleich auf frischer That bey denen holen, die sie erfinden; und nachdem er sich darüber lustig gemacht hatte,

hatte, hielt er dafür, daß diese so offenbar lächerlichen Moden weit lächerlicher für einen Fremden wären, der sie sehr theuer bezahlt, als für einen Pariser, der einen Handlungszweig daraus macht.

Zwey und vierzigstes Hauptstück.
Vom Spiele.

Nichts ist natürlicher, als Spielen, um von seinen Geschäfften ein wenig auszuruhen; aber nichts ist lächerlicher und sonderbarer, als Spielen, um zu studiren.

Man bot dem Unbekannten unaufhörlich Karten an, und oft nahm er sie an; die Vernunft ist kein Sonderling, sie richtet sich gern nach der Gesellschaft; aber sie liebt Ergötzlichkeiten, die nicht einen halben Tag währen, und die dem Geiste keine Fesseln anlegen.

Die Idee des Spiels in allen nur möglichen Ländern der Welt hat niemals die Idee von vier um einen Tisch ernsthaft und nachdenkend versammleter Personen mit in sich begriffen, die weder reden noch lachen dürfen.

Das müssen Leute seyn, die bloß ohne Kopf hinleben, die sich auf ein so ernsthaftes Spiel einlassen können, und sich dieses gefallen lassen. Wer mit dem Geiste arbeitet, muß andre Erholungsmittel haben, oder die Liebe zum Gewinnst muß sie anlocken und fesseln.

Das

Das ist aber noch lächerlicher, sich ganze Tage lang zu streiten, um dem andern ein Stückgen Geld abzugewinnen. Das, was man verliert, fällt einem beschwerlich, und das, was man gewinnt, gereicht zu keinem Nutzen. Man schafft sich alsdenn unnöthige Sachen an, an die man vorher nicht gedacht hatte. Aber die Mode hat gesiegt, Lucidor mochte Vorstellungen machen, wie er wollte, man folgte seinem Rathe doch nicht. Er hätte sich beynah gar mit einigen alten vornehmen Wittwen gezankt.

Wenn man nur wenigstens die Partien abkürzte, oder wenn man sein Spiel bisweilen unterbräche, um von der Unterredung und Gesellschaft einer aufgeklärten Person einigen Vortheil zu ziehen, oder eine wichtige Neuigkeit zu hören; aber man habe auch noch so große Verdienste, als man wolle, man erzähle noch so eine wichtige Begebenheit, so ist man in den Augen der Spieler doch eine höchst beschwerliche Person, so bald man sie ein wenig zerstreuet. Die Zeit scheint ihnen nicht edel zu seyn, als nur in dem Augenblicke, da sie die Zeit verderben, ja selbst der Tod eines Anverwandten oder eines Freundes kann sie nicht vom Spieltische entfernen. Sie sagen weiter nichts, als: das ist sehr traurig, und fahren alsdenn immer fort zu spielen.

Lucidor bemerkte hierbey, daß man nicht mehr so fühlbar wäre, wie sonst, bey dem Verluste der Seinigen, so, daß also die Mode auf die Sitten eben

so

so wie auf die Kleider einen Einfluß hat. Wenn auch die Thränen einen Todten nicht wieder lebendig machen, so ehren sie doch wenigstens die Menschheit.

Drey und vierzigstes Hauptstück.
Von den Autoren.

Die Verdienste unsers Lucidors blieben nicht lange verborgen, und ob man ihn gleich nicht erkannte, daß er die Vernunft wäre, so sah man ihn doch für den vernünftigsten Mann von der Welt an.

Die Autoren kamen daher einer nach dem andern zu ihm, in der Absicht, ihn auszuforschen; aber er hatte wenigstens von dem Drittheile von ihnen niemals reden gehört. Er verwunderte sich, da er erfuhr, daß sie schrieben, und daß ihre Werke Liebhaber und Lobredner fänden.

Ein treuherziger Autor erzählte ihm bey dieser Gelegenheit seine Geschichte. „Ich war, sagte er, meiner Profeßion nach ein Petit-Maitre, ohne ein anderes Talent zu haben, als die Gabe über die Gesellschaften, über das Vaterland, über die Litteratur, ja so gar über die Religion, in den Tag hinein zu plaudern, als mich eine Dame nach der Mode versicherte, daß ich, wenn ich die Ausschweifungen meiner Zunge drucken ließe, ein wichtiger Schriftsteller werden würde. Ich glaubte es nicht, ob ich schon die Leichtsinnigkeit des Jahrhunderts zum Bürgen hatte.

Jn

In der Folge der Zeit verwunderte ich mich selbst
außerordentlich darüber, daß man mich mit Entzückung las. Es ist wahr, diese benannte Dame verschaffte mir Lobredner, denn ohne diese laufen die
besten Werke Gefahr, ausgezischt, oder wenigstens
sehr wenig bekannt zu werden.

Endlich machte ich mir ein Gewissen daraus, meine
Leser zu betrügen, denn ich gab ihnen paradoxe Sätze,
statt der größesten Wahrheiten, Scherz und Spöttereyen, statt Raisonnement, Vorurtheile, statt unwidersprechlicher Urtheile; ich bestrebe mich, ein rechtschaffener Mann zu seyn. Es schien mir, daß,
wenn ich ein gründliches Werk durch eine ausschweifende Brochüre unterdrückte, ich die Verdienste und Redlichkeit unanständig beleidigte.

Mein Styl war verführerisch; durch Hülfe
einiger scherzhafter Redensarten, munterer Einfälle und einiger neuen Worte, hat man den gemeinen Haufen gleich auf seiner Seite. Nichts ist leichter, als superficielle Geister zu blenden. Sie stritten
sich unter einander, um mich in Ansehen zu bringen, und waren höchst vergnügt, in meinen Schriften eine Moral zu finden, die ihren Wünschen und
Begierden angemessen war.

Aber das macht mich ganz untröstlich, daß man
mir, ich mag ihnen auch selbst sagen, was ich will,
daß meine Werke höchst elend sind, doch darinne
nicht glauben will. Der erste Eindruck läßt sich
sehr schwer wieder auslöschen.

N   Ille

Alle die philosophischen Werke, wo nicht das
geringste von Philosophie darinne ist, machten mir
eben so wenig Mühe, als ein Roman;, und das ist
das ganze Geheimniß der Charlatanerie. Man
schreibt Träume in den Tag hinein, und versichert,
es wären ganz neue Entdeckungen, und macht diejenigen durchaus lächerlich, die man aus eigennü-
zigen Absichten unterdrücken muß. Die Einbil-
bungskraft erhizt sich, die Feder lauft fort, und so
siehet man ein Werk geendiget, ohne daß man selbst
weis, wie man es angefangen hat.„

Lucidors ganze Antwort bestund darinne, daß
er ihn fragte, ob nicht ein Richterstuhl von den Akademien errichtet wäre, wo man verbunden wäre,
Proben und Beweise seiner Gelehrsamkeit abzule-
gen, ehe man das Autorhandwerk treiben könnte.
Die Kandidaten sollten eine Probe ablegen, über
welche man den Ausspruch thun sollte, ob sie im
Stande sind zu schreiben, so würde das Publicum
auf diese Weise nicht mit so vielen schlechten Werken überhäuft werden. Es sollte nicht genug seyn,
einen schönen Styl zu haben, um berechtiget zu
seyn, etwas drucken zu lassen, das ist nur ein Fir-
niß, der die Unwissenden oft verblendet, sondern
man müßte sich auch Kenntnisse erworben haben,
und besonders einen entschiedenen Geschmack für
das Wahre; denn ohne Wahrheit giebt es keine
Beredsamkeit, noch Schönheit.

Diejenigen, die es wagen würden, sich in
den Rang der Autoren zu setzen, ohne vorhero

ihre

ihre Proben abgelegt zu haben, müßten als
Schleichhändler verfolgt werden. Die Zügellosigkeit des Witzes muß unterdrückt werden. Es
ist eine schlechte Politik, Bücher im Publicum herumgehen zu laffen, deren Grundsätze falsch oder
unverschämt und frech sind.

Man zeigte aber unserm Philosophen auch Gelehrte nach seinem Geschmacke, einige vorzüglich
sich auszeichnende Dichter, vier oder fünf berühmte Frauenzimmer, viele Künstler, und gelehrte Diebe ohne Zahl; und als man ihm das Verzeichniß
von den lebenden Autoren zeigte, die sich auf mehr
als zweytausend belaufen, nahm er eine Feder, gieng
sie alle durch, und strich funfzehn hundert davon
aus. Diese Handlung war kein Werk des Eigensinnes, die Vernunft thut nichts von ohngefehr.

Er sah mit Verdruß, daß man Empfehlungen
nöthig hätte, um Artikel in die Journale einrücken
zu laffen, und daß es nur allzu oft schon hinreichend
wäre, ein gutes Werk in üblen Ruf zu bringen,
wenn nur ein Autor oder gar sein Buchhändler
nicht nach dem Geschmack des Journalisten wäre.

Er bemerkte, daß einige Sophisten eine große
Rolle spielten, und daß diejenigen, die sich bestreb-
ten, die Rechte der Wahrheit aufrecht zu erhalten,
und zu vertheidigen, sich nur Verachtung zuzo-
gen, oder lächerlich wurden; die Mode wollte es
haben, daß sie unrecht haben sollten.

Vier

Vier und vierzigſtes Hauptſtück.
Von neuen Büchern.

Er ſchloß ſich etliche Tage ein, um die neuern
Werke, die den größten Beyfall hatten, mit
Aufmerkſamkeit durchzugehen; er fällte von einem
und dem andern ein ſehr geſundes Urtheil, wie man
es leicht vermuthen kann, ohne durch das Glänzende, welches immer das Weſentliche davon ausmacht, verblendet zu werden. Er fand ſo gar, daß
man das Dictionnaire der Encyclopädie, den
Geiſt der Geſetze, die Naturgeſchichte des Herrn
von Büffon, die morgenländiſche Geſchichte von
Hrn. le Beau, und fünf oder ſechs andre Werke
ausgenommen, die ſich insgeſammt in gewiſſer
Abſicht vorzüglich auszeichneten, daß man, ſage
ich, zu viel Witz in die Bücher pfropfte, daß man
den Styl zu ſehr epigrammatiſirte, die Gedanken
zu ſehr verfeinerte, und nicht natürlich genug wäre.
Die Redensarten müſſen von ſelbſt kommen, und
den Autor finden, er muß nicht das Anſehen haben, als ſuchte er ſie. Ein Schriftſteller, der ſich
in die Seiten ſtemmt, um witzig zu ſeyn, verdient
nicht zu ſchreiben, ſagte Montesquieu. Uebrigens
machen die meiſten Mode-Brochüren eine Confö-
beration wider die Religion und wider die Sitten,
und in dieſem Punkte beleidigen ſie die Vernunft,
unter dem Vorwande, ſie zu rächen. In dem einen contraſtirt das Erhabene mit dem Trivialen;
in dem andern ſteht das Lächerliche dem Weinen-
den an der Seite; dieſe haben kein andres Ver-

dienſt,

dienst, als einen besondern Titel; jene kein andres,
als den Namen eines Modeschriftstellers. Dieß
bemerkte Lucidor; aber er gerieth vorzüglich in
große Verwunderung, daß er eine Menge überall
herum zerstreueter Bücher sah, an denen er nicht
den geringsten Antheil hatte, und davon er nicht
einmal den Namen wußte.

Unterdessen wollte er doch nicht nach allen diesen Werken von den Franzosen urtheilen. „ Ich
müßte sie, sagte er, für die leichtsinnigsten und
frechsten Menschen von der Welt ansehen. Ich
will lieber glauben, daß dieses alles Ausschweifungen des Witzes sind, welche die Nation nicht aner-
kennet; und ich vermuthe es um so vielmehr, da
die meisten dieser Brochüren durch Tribunale in
Verachtung gekommen sind, und nicht anders als
heimlich haben gedruckt werden können, und daß
ihre Verfasser nur für Papier-Beschmierer oder
für milzsüchtige Sophisten gehalten werden.

Die Wahrheit verliert niemals ihre Rechte.
Man kann sie verbergen, aber nie ersticken und
gänzlich unterdrücken; dieses sagte Lucidor denjenigen oft, die ihn hörten.

Er bemerkte, daß, da einige es mit der Wahrheit hielten, andre hingegen für die paradoxen Meynungen wären, es unmöglich wäre, heutiges Tages so zu schreiben, daß es jedermann gefiele, und
daß folglich, da die Gemüther vorher eingenommen wären, nichts zweydeutiger wäre, als das Urtheil, das man von gewissen Autoren fällte, und

daß

daß man auf ihre Rechnung auf das Urtheil der Nachkommenschaft warten müsse. Dieser ihr Richterstuhl ist untrüglich.

Die Buchhändler, die er besuchte, zeigten ihm viele elende Produkte der Leichtsinnigkeit und der Unverschämtheit; einer aber unter ihnen sagte zu ihm: wir würden sehr schlechten Profit haben, wenn wir nichts als historische oder moralische Bücher verkaufen wollten. Alle junge Leute lesen, und fast alle wollen nur kleine artige Brochüren haben, deren Grundlage nichtswürdige Tändeley ist.

Man muß in Paris alle Tage eine neue Schrift haben, die Leser murren oder ermatten, wenn sie nichts neues haben.

Die besten Werke des letztern Jahrhunderts waren mit Staub bedeckt, und verbreiteten um sich her einen Bocksgestank. Die Liebe zum Neuen machte, daß sie höchstens noch für mittelmäßig gehalten wurden. So ist der Geschmack in einem eiteln Jahrhunderte beschaffen.

Fünf und vierzigstes Hauptstück.
Von gelehrten Streitigkeiten.

Als Lucidor erfuhr, daß Autoren, die ihrem Stande nach bestimmt waren, das Jahrhundert und die Nation zu erleuchten, sich unbarmherzig zankten, und auf einander loszogen, so rief er aus: Wollte doch der Himmel, daß sie nie geschrieben hätten.

Er

Er wollte sich den Innhalt ihrer Streitigkeiten,
und die Art, wie sie disputiren, vorlesen lassen;
aber gleich auf der ersten Seite hieß er den Leser
inne halten, zuckte die Achseln, und schwieg.

Als man es wagte, mit ihm von einem bekannten Eh . . . . . zu reden, der durch ein Arret
des obersten Gerichtshofes von Nancy, unter
dem Titel eines Pasquillmachers, zu den Galeeren verurtheilt worden, und in Holland recht zu
gelegner Zeit gestorben war, um der letzten Strafe
zu entgehen, die ihm seine abscheulichen Ver-
läumdungen zugezogen hatten, antwortete er:
ich verwundre mich sehr, daß der Name eines so
verrufenen Mannes noch genennet werden kann;
er hat diejenigen, von denen er übel geredet,
alle geehret. Wenn man weiter keine Feinde
hat, als Leute, die zun Galeeren oder zum Galgen
verurtheilt sind, so kann man sich viel Ehre daraus machen, und ganz ruhig seyn.

So sprach der Kanzler Baco von Verulam.
Die Satyre der Schurken, sagte er, ist ein wahrer
Ruhm.

Es ist wahr, wenn die Pasquille die Nahrung der Unbesonnenen und Narren ausmachen;
so werden sie im Gegentheil in den Augen verstän-
diger Leute für die Beschimpfung der Menschheit
gehalten. Man muß niemals darauf antworten,
spricht Montesquieu, denn ein Pasquill ist unter
allen Dingen dasjenige, was man am meisten verachten muß.

N 4 Sechs

Sechs und vierzigstes Hauptstück.

Vom bel esprit.

Dies war der wahre Antagonist unsers Lucidor, dieser witzige Geist, der Erfahrungen erschafft, Gedanken siebet, den natürlichen guten Verstand auszischt und verhöhnt, und die Wahrheit lächerlich macht. Unterdessen wollte er ihn doch reden hören. Paris ist sein Mittelpunkt. Er läßt sich da, wie ein Orakel, durch die Menge superficieller Köpfe hören, deren Leichtsinn ihr Compaß und die Unordnung ihr Gesetz ist, und die man überall antrifft.

Jedermann bezahlte einen Platz, um die Vernunft, die sich in einem Winkel ganz unbekannt hielt, zu sehen, da mitlerweile der witzige Geist seinen glänzenden Chimären den Schwung gab.

Er ist der Vater der paradoxen Meynungen, der sonderbaren Ideen, und fast aller kleiner herumlaufenden Schriften; und was ihm noch mehr Ehre macht, oft unterdrückt er auch die Gelehrsamkeit und die Verdienste.

Jeder, der nach der Mode leben will, beeifert sich, ihn in Ansehn zu bringen. Man errichtet ihm Trophäen auf langen Reihen von unbedeutenden Redensarten, und auf den sonderbarsten und gewagtesten Entscheidungen. Er nährt sich mit wunderbaren Brochüren, mit blendenden Systemen; und es wird kein artiges Abendessen gegeben, wo er nicht mit dabey ist. Man nimmt ihn

ihn mit in die Schauspiele, und führt ihn an
die Toiletten; man macht ihn zum dritten Mann
in einer geheimen Unterredung mit einer öffentlich bekannten Maitreſſe; man putzt ihn mit
den neueſten Moden, mit den neueſten Kleidern;
man macht ihn mit allem, was vornehm iſt, bekannt; man zieht ihn mit zu den ernſthafteſten
Unterredungen, ja ſelbſt in die wichtigſten Werke
hat er Einfluß; man ſetzt ihn zum Richter über
die Bücher und Autoren.

Lucidor ließ ſich einigemal mit ihm ein, jedoch
ohne Streit und Bitterkeit. Die Vernunft iſt
allezeit beſcheiden; dieſes machte daher eines Tages den eifrigſten Parteygänger des witzigen Geiſtes ſo kühn, ſeine Stimme zu erheben. Nichts,
ſagte er zum Lucidor, den er nicht kannte, nichts
als das Nachdenken tödtet uns. Das Glück beſteht
darinnen, daß man alles nur flüchtig und obenhin
betrachtet, und nichts gründlich unterſucht. So
lange man ſich nur an die Oberflächen hält, wird
der Geſchmack geläutert, die Wolluſt verfeinert,
und die Freyheit zu denken behält das Feld.

Unſre Väter hatten nichts als Vernunft, daher waren ſie eben ſo beſchwerlich und langwei-
lig, als gothiſch. Ihre Bücher und Unterredungen verriethen Pedanten. Man wagt heutiges
Tages, was gefällt, und man kann ſicher drauf
rechnen, daß man Gehör findet.

Ich liebe ein Werk, das man in einem Tage
ſchreibt, und in einer Stunde durchleſen kann.

N 5   Wir

Wir sind einigen zierlichen Autoren den Vortheil
schuldig, daß sie uns von Raisonnements befreyt
haben, die den Geist nur träge und schwerfällig
machen.

„Ich bekomme gleich Ohnmachten, sobald ich
diese Herren mit ihren Bonsens begegne, die nichts
reden, als was abgemessen ist, und die sich immer
eine wichtige Miene und großes Ansehen geben. Der
Witz ist nur angenehm, insofern er flatterhaft und
munter ist; alsdann gefällt man den Frauenzimmern, alsdann wird man von Großen gesucht,
alsdann wird man ein Mann, von dem sich die
Stadt unterhält.

„In diesem Falle, mein Herr, antwortete ihm
Lucidor, werde ich also das Unglück haben, Sie
gähnen zu machen; aber ich würde mit mir selbst
übel daran seyn, wenn ich mit der Vernunft in keinem guten Vernehmen stünde. Ich finde, daß nur
sie den Menschen erhebt, daß nur sie allein ihn
ergötzen kann; man ist sehr einfältig, wenn man
sie nicht anhöret. Die Situation eines vernünftigen Wesens erfordert ohne Zweifel, sie anzuhören, sonst hat sich die Natur betrogen, und wir
sind nicht, was wir seyn sollten.

„Es ist Schade, daß Sie, bey den Grund-
sätzen, die Sie haben, nicht als ein Schmetterling
geboren sind, Sie würden um die Blumen herum
flattern, Sie würden flüchtig scherzen, Sie würden glänzende Flügel und hauptsächlich den kostbaren Vortheil haben, nicht zu denken; denn es.

scheint

scheint mir, daß dies eben der Gedanke ist, der Ihnen vorzüglich zur Last fällt, so wie allen, die Ihrer Meynung sind. - Es ist rühmlich für die Vernunft, daß man sich den Thieren nähert, wenn man ihr kein Gehör giebt.

„Der vom guten natürlichen Verstande entblößte Witz hört auf, ein Gut zu seyn, und wird so gar ein Uebel. Es ist ein Blitz, der sich bey dem Gewitter entzündet, und nichts als traurige Wirkungen hervorbringt. Was für Bücher hat er nicht schon zur Welt gebracht, die nichts als Unruhe und Finsterniß verbreitet haben.

„Die Vernunft weis zu rechter Zeit zu scherzen, und sich einen angenehmen Zeitvertreib zu machen, aber es geschieht nicht eher, als bis sie gearbeitet und nachgedacht hat; sie belustiget sich nur aus Nothwendigkeit."

Hier trillerte der Petitmaitre eine neue Ariette, tändelte mit seinen Spitzen und verschwand.

Sieben und vierzigstes Hauptstück.
Von den Petitsmaitres.

Lucider hörte so oft von Petitsmaitres reden, sie kamen ihm auch so oft im Weg, daß er also endlich wissen wollte, ob sie eine Republik ausmachten, ob sie Gesetze hätten, oder ob sie bloß einzelne nicht vereinigte Wesen wären, die sich hier und da in Tag hinein in die Gesellschaften verbreiteten,

teten, um ihnen Vergnügen oder Langeweile zu machen.

Er sah bald, daß die Moden ein Centrum für diese Herren waren, daß sie auch einige Losungs-worte und Zeichen hatten, daß sie aber kein ver-einigtes Corps ausmachten; daß sie sich oft un-ter einander nicht kannten, und daß ein jeder das Recht hatte, sein Vergnügen und seine Gesell-schaften einzurichten, wie es ihm gut dünkte.

Man würde es aber kaum glauben, wenn er es nicht selbst gesagt hätte, daß man unter ihnen sehr liebenswürdige Leute antrifft; man muß sie aber zu hunderten sehen, um dreye oder viere unter ihnen zu finden, welche interessant sind. Einiger Verdienste bestunden bloß in unverschämten Mie-nen und Manieren, andre hatten nichts vorzüg-liches, als eine Narrensprache; einige konnten nichts als Wohlgeruch ausduften, andre nichts, als mit einem Bouquet Parade machen, und schö-ne Zähne zeigen; nur der kleinste Theil von ih-nen hatte das Talent zu gefallen und angenehm zu unterhalten.

Die Unbesonnenheit, versetzt mit Flatterhaftig-keit, macht wenigstens drey Viertheile von den In-gredienzien der Petitsmaitres aus, die in Paris her-umflattern, diejenigen nicht mit gerechnet, welche die guten Originale nachahmen wollen, und da-durch höchst elende Kopien werden. Man muß Kenntnisse, Witz und Manieren haben, um einen angenehmen Petitmaitre vorzustellen, ob es gleich weit

weit beſſer iſt, allezeit ganz ſimpel, und ungekün-
ſtelt zu ſeyn. Das Natürliche hat allemal Vorzüge vor dem, was gezwungen iſt; und wenn die
jungen Leute wirklich gefallen wollten, würden ſie
ſich nicht Unkoſten machen, um ſonderbare Rollen
zu ſpielen; aber das iſt das Tändelhafte vieler
Franzoſen von zwey oder drey und zwanzig Jahren; an ſtatt, daß man in England, in Teutſch-
land, ja ſelbſt in Italien, ungeachtet des heißen
Klima, in dieſem Alter ſchon reif iſt. Daher ſind
auch in dieſen Ländern die Peritsmaitres ziemlich
ſelten, man verlangt da Wiſſenſchaften, und nicht
witzige Einfälle, ernſthaftes Betragen, und nicht
affektirtes Weſen; Gedanken, und nicht bloße
Töne.

Acht und vierzigſtes Hauptſtück.

Vom Umgange und von den Unterhaltungen in Geſellſchaften.

Lucidor bemerkte in den Pariſer Geſellſchaften
eben das, was ſich bey den Unterhaltungen
aller Länder ereugnet, nämlich Leute, die mit ihrem Witze und Verſtande prahlen, und keinen haben, und andre, die in der That Witz haben, aber
nicht damit prahlen.

Unterdeſſen bedaurete er den Verluſt der Geſellſchaften in Italien, denn man muß geſtehen, daß
ſie pittoreſk ſind. Alles iſt dort Gemälde; man
macht die Sachen intereſſant, indem man ihnen
durch

durch Reflexionen und Erzählungen eine verschiedene Wendung giebt, und die lebhaftesten Vergleichungen mit einmischt.

Die Parifer haben überhaupt nicht Geduld genug, allzuernsthafte Unterredungen lange fortzusetzen, sie wissen aber den geringsten Kleinigkeiten
Stärke und Anmuth zu geben, und den Witz in
Contribution zu setzen, um die artigsten Sachen
von der Welt zu sagen.

Das gemeine Volk selbst in Paris unterhält
sich auf eine interessante Art: es beschäfftiget sich
mit den Stadtneuigkeiten eines jeden Tages, es
findet Vergnügen daran, darüber zu disputiren,
was man in den verschiedenen Gerichtshöfen vor-
nimmt; daher kostet es auch viel Mühe, die Parifer zu überreden, daß es in fremden Ländern angenehme Gesellschaften giebt. Aber das konnte
Lucidor nicht begreifen, woher es kam, daß die
französische Jugend, und besonders die jungen Officiere, einerley Sachen über den Punkt der Ga-
lanterie unaufhörlich wiederholen, ohne dessen
jemals müde zu werden.

Es ist keine Kleinigkeit, sich in Gesellschaften
gut zu unterhalten zu wissen, nämlich, von einer Materie zu der andern ohne Kontrast und ohne Widerspruch überzugehen; ohne Weitschweifigkeit zu erzählen, nützlich und interessant zu seyn, ohne die
Absicht zu haben; zu gefallen, ohne den Schein
eines Verlangens darnach zu haben; nicht zu streiten, niemals zweydeutig zu reden, und vorzüglich

nicht

nicht zu viel zu reden, weil dieses die andern erniedriget, und auch ekelhaft wird und Langeweile
macht.

Es giebt Personen, die ihr Amt und Stand
verbindet, in der That unschmackhafte Unterredungen zu halten. Bey solchen Personen nimmt man
allzeit die Geschichte des Regens und des schönen
Wetters vor, wofern ihr Verstand nicht ein blos-
gen ausgeschmückt ist, und ihnen Mittel an die
Hand giebt, von den Wissenschaften und Künsten
zu reden; aber die Gelehrsamkeit ist gar selten
mit der Hoheit des Standes verknüpft, und wenn
dieses bisweilen noch so zutrifft, so ist es fast allezeit ein Zusatz, der den Hochmuth verdoppelt.

Lucidor traf oft Frauenzimmer an, die ein bel
air affektirten, die den ganzen Tag redeten, ohne
etwas zu sagen, und Dissertationen eine Stunde
lang über die geringsten Kleinigkeiten hielten; aber
er wurde auch öfters für diesen unangenehmen Zufall durch Unterredungen schadlos gehalten, wo
sich das schöne Geschlecht mit dem größesten Vortheile auszeichnete und hervorthat, und wo die
Wissenschaft und der Witz sich glücklich begegneten.
Paris ist eine Welt, wo man alles findet, was in
jeder Art vortrefflich ist, wenn man nur zu wählen weis.

Viele Große baten ihn als einen Gegenstand
der Neugierde zu sich; aber um sie nicht zu klein
zu sehen, unterließ er es, sie zu besuchen. Die Unabhängigkeit ist eine Souverainetät, die der Vernunft

nunft gefällt, sie macht nur der Tugend ihre Aufwartung.

Neun und vierzigstes Hauptstück.

Von Projekten.

Man hat keine Nation, die mehr Projekte macht,
als die Franzosen. Die Einbildungskraft
auf der einen, und der Luxus auf der andern Seite,
bringen täglich einige von allerhand Art hervor.
Die Minister werden damit überhäuft, und da es
fast unmöglich ist, die Unbequemlichkeiten voraus-
zusehen, und die Schwierigkeiten zu ertragen, wenn
man weder den Hof noch den Staat kennet; so
schlägt man oft Dinge vor, die sich gar nicht aus-
üben lassen, und gar abgeschmackt sind.

Lucidor wurde von einem dieser Reformatoren
angefallen. Das war ein Mann von einer sehr
hohen Einbildungskraft, der sein ganzes Leben damit zubrachte, die sonderbarsten Projekte auszu-
hecken. Er überrechnete schon die Millionen, die
ihm seine Einsichten und sein patriotischer Eifer
einbringen sollten. Er belagerte die Thüren der
Minister und der Großen unaufhörlich. Er machte
den Kammerfrauen bey Hofe und den Hofbedienten seine Aufwartung; und unterdessen bis er
Kutsche und Pferde, und eine prächtige Garde-
robbe bekommen würde, trug er ein Kleid, das
eben so mager und armselig aussah, als sein Gesicht. Frankreich sollte durch seine Bemühungen
wie

wie das prächtigste Blumenbeet in einem Garten
blühen.

Lucidor, der die Verbesserungen nur in sofern
liebt, als sie unumgänglich nothwendig, oder wenigstens sehr leichte sind, überredete ihn, daß er
sich selbst zuerst reformiren und sich befleißigen
sollte, seinen Verstand in Ordnung zu bringen, anstatt dem Staate Regeln vorzuschreiben. Das
war das wahre Mittel, sich von einem so Unge-
stümen loszureißen, denn die Leute von dieser Art
wollen bewundert seyn.

Vorzüglich aber hörte er an den Tischen der
Speisewirthe, (denn neugierig alles zu sehen, wollte
er auch gern hier dabey seyn,) von Verbesserungen und Projekten reden. Es giebt in Paris eine
Politik, die sich mit eingebildeten und erdichteten
Neuigkeiten sättiget, die Luftschlösser bauet, und
unter der Gestalt eines alten Officiers, oder eines
abgelebten Abbe's, bey allen Speisewirthen und
auf allen Kaffeehäusern herumläuft. Dies macht
den Müßigen einen Zeitvertreib, vernünftigen Leuten aber Langeweile. Die Augen der Seele haben verschiedene Arten zu sehen.

Man kauderwelschte oft in Gegenwart Lucidors unglaubliche Vorschläge her; diejenigen
aber, die sie thaten, hatten weiter keine Wissenschaft, als höchst elende Spöttereyen, die Mitleiden erweckten. Das Auszischen ist die Zuflucht
aller seichten Geister.

O   Funf-

Funfzigſtes Hauptſtück.

Von den Wiſſenſchaften.

Er bemerkte, daß die Mathematik, die Naturgeſchichte, die Aſtronomie, und die Politik immer
mehr und mehr durch die Sorgfalt ausgebreitet
wurden, die man anwendete, ſich damit zu beſchäfftigen.

Der königliche Garten, das Obſervatorium,
wo nichts, was die Neugierde intereßiren kann,
fehlt, und die er mit der ſtrengſten Aufmerkſamkeit betrachtete, gaben ihm Gelegenheit, ſich mit
Herrn Büffon d'Aubenton und Caßini zu unterhalten, und ihren unermeslich ausgebreiteten Kenntniſſen, ſo wie ihrer Einſicht und ihrem ſcharfen
Verſtande Gerechtigkeit wiederfahren zu laſſen.
Er traf auch den Herrn d'Alembert und le Monier
hier an; und das war nicht die Wirkung eines Ohngefähr, ſondern der Sympathie.

Die Metaphyſik ſchien ihm erſtaunend viel von
der Hochachtung und dem Anſehen verloren zu haben, in welcher ſie im vorigen Jahrhundert geſtan-
den hatte; man ſah ſie als ein Spielwerk der
Imagination an.

Malebranche ſelbſt, dieſer faſt göttliche Welt-
weiſe, hatte kaum einige Schüler, die Muth genug hatten, der Mode Trotz zu bieten, und getreue
Anhänger von ihm zu bleiben. Er forſchte nach
der Urſache, und fand, daß ein Syſtem, das alles auf Gott zurückführt, nicht lange Geſchmack

bey

bey Menſchen finden konnte, die nur ſuchen, ſich
von ihm zu entfernen.

Er begab ſich auch in das Haus der Ordens-
leute von der Congregation des Oratoriums (in
der Straße St. Honore') als in den Mittelpunkt
einer Verſammlung, wo die Vernunft allezeit geehret worden iſt; und auf dem Grabe des Malebranche ſelbſt ſtieß er einige tiefe Seufzer aus, und
wunderte ſich auſſerordentlich, daß ein ſolcher
Mann, der würdig war, ewig zu leben, weder Epi-
taphium noch Mauſoldum hatte.

Die Abtey von St. Germain des Pres zeigte ihm
weder Mabillons noch Martennes, noch Montfau-
cons; aber da ſie doch immer im Beſitz war, Schriftſteller zu haben, ſo ſtellte ſie ihm gelehrte Männer
vor, welche mit ihren Mitbrüdern des Hauſes der
Weißmäntel die Ehre theilten, für das gegenwärtige Jahrhundert und für die Nachkommenſchaft
zu arbeiten. Ueberzeugt, daß ſie in allen Zeital-
tern leben werden, ſcheinen ſie nicht von dem gegenwärtigen zu ſeyn.

Unterdeſſen merkte er doch, daß man nicht mehr
den Eifer für die höhern Wiſſenſchaften hatte,
und daß man unter dem Vorwande, ſich nicht zu
erſchöpfen, ſein Leben im Müßiggange und in der
Verſchwendung zubrachte. Er analyſirte einige
Werke, die man für originell hielt, weil man nicht
mehr in den Quellen lieſet, und zeigte ihnen, daß
es nur Kopien wären.

Der

Der Franzose hat die Gelehrsamkeit allezeit minder geschätzt, als den Witz, obschon Frankreich Gelehrte in allen Arten gehabt hat. Er macht lieber ein Epigramm, als eine Differtation, schweift
lieber auf der Landcharte herum, als daß er sollte
einen schönen Einfall fahren lassen. Der lustige
Einfall hilft ihm allemal aus dem Gedränge, und
zieht ihn allemal aus der Verlegenheit, und wenn
er auch oft sehr große Irrthümer hat, und grobe
Fehler macht, so hat er doch noch die Lacher auf
seiner Seite. Das beste an ihm ist noch, daß er
über die Wahrheiten, die man ihm sagt, nicht böse
wird; er regiert sich selbst auf dem Theater, lieset,
und lacht über sein eigen Portrait.

Ein und funfzigstes Hauptstück.

Von den Künsten.

Nachdem er verschiedene Werkstätte besehen
hatte, sagte er, daß die Franzosen endlich
die bey den Italiänern so bekannten Hand- und
Kunstgriffe gelernt hätten, wodurch sich ein Maler oder Bildhauer über die Regeln erhebt, und
nur sich selbst gleicht. Man kann aus der Aus-
stellung der Gemälde im Louvre davon urtheilen.
Man hat keinen so interessanten Anblick, als diesen.

Wer nichts thut, als nachahmen, ist entweder
unwissend, oder furchtsam; und man liebt immer
Nachahmier, wenn man sich vor den edlen Ausschweifungen fürchtet, die Genie verrathen.

Er

Er hätte aber doch gewünscht, daß man sich weniger aufs Artige als auf die Schönheit legte; aber es hält schwer, den Parisern über diesen Punkt Vernunft zu predigen, und ihnen dieses begreiflich zu machen. Das Zierliche nach ihrer Idee hat allemal den Vorzug vor dem Majestätischen.

Er bemerkte, daß man es in der Kupferstecherkunst sehr weit gebracht hatte, und daß der Franzose in diesem Stücke ganz vortrefflich und der einzige in dieser Art war. Er giebt den Kupferstichen etwas markigtes, das weder die Holländer noch die Teutschen, noch auch die Italiäner kennen. Ihre Werke sind zu trocken, und verrathen so etwas rohes, daß sich ihrer ganz bemeistert zu haben scheint.

Die Architektur aber schien ihm zu einfach und zu nackend zu seyn. Um sich vom gothischen Geschmacke zu entfernen, der mit überflüßigen Zierrathen überladen war, verfiel man in das allzueinfache. Uebrigens sind die Gebäude in Frankreich allemal zu niedrig und zu platt, auf der andern Seite aber bemühen sie sich, sie sehr bequem zu bauen, welches andre Nationen allezeit zu sehr vernachläßiget haben.

Die Kunst in Edelsteinen zu arbeiten schien ihm weit unter der Geschicklichkeit der Engländer hierinnen zu seyn; diese haben ein Phlegma, das ihnen Zeit und Muße läßt, vollkommen darinne zu werden. Der Pariser arbeitet wegen seiner Flüch-

D 3   tigkeit,

tigkeit, die ihm natürlich ist, zu geschwind, und eilet zu sehr, und dies kann er sich nicht abgewöhnen.

Lucidor würde vielleicht die französische Musik nach seinem Geschmacke gefunden haben, aber die italiänische hatte ihn so entzückt, daß er noch ganz voll davon war. Dieses sagte er zu einigen, die ihm seine Gleichgültigkeit gegen die Oper vorwerfen wollten.

Zwey und funfzigstes Hauptstück.

Vom Luxus.

Die Seele unsers Lucidor litt eben so sehr, als seine Augen, bey der Pracht, die man an den Kutschen, an den Kleidern, und an den Moeblements der Zimmer verschwendet hatte. Die Toiletten waren Juwelierbuden, die Garderobben, Magazine von Spitzen und Stoffen; die Zimmer waren Tempel; die Säle Altäre, wo die Reichen angebetet werden, und die Rolle der Gottheit spielen.

Wo bin ich? sagte Lucidor oft, wird die Simplicität nicht mehr auf Erden erscheinen? und wird denn jenes Jahrhundert, das man das goldne nennt, weil es damals keins gab, niemals wieder zurückkommen?

Man hörte von allen Seiten her den Schall des Meisels und des Hammers, und die Nacht selbst schien nicht einmal zureichend für den Eifer

derje-

derjenigen zu seyn, die prächtige Häuser bauen
laſſen. Auf den Straßen ſieht man nichts als
Bauholz liegen, das man behauet, nichts als
Marmor, den man ſchneidet. Man thürmt Stock-
werk auf Stockwerk, gleich als ob man ſich einen
Wall wider den Tod machen wollte.

Alle alte Meublen verſchwanden wie Gegenſtän-
de der Verachtung, und was die Mode neues er-
fand, wurde das Zeichen des guten Geſchmacks.
Der Handel litt aber dabey, anſtatt zu gewinnen,
man zahlte nicht, und die Banqueroute vermehr-
ten ſich.

Der Tiſch entſprach dem Luxus der Auszierung
der Zimmer, und die Menge der Bedienten, die
ganz verbrämt waren, und allerhand Livreen der
Pracht trugen, ſtunden an der Thüre der Hotels,
wie Aushängezeddel des Luxus und der Eitelkeit.

Lucidor ſagte ein Wörtchen darüber. Er hatte
Recht zu reden, aber er hatte keinen Grund zu
glauben, daß man ihm folgen würde. Einige
geſtunden, daß ſeine Reflexionen voller Verſtand
wären, andre ſpotteten ihrer, und die Sachen
giengen immer ihren Gang fort.

Es iſt mit dem Luxus wie mit den Flüſſen, er
bringt Ueberfluß herbey, aber er muß nur nicht
überlaufen und austreten. Man muß ihm daher Dämme entgegenſetzen, wenn man klug denkt.
Die richtigen Verhältniſſe machen den Reichthum
eines Staats.

D 4   Drey

Drey und funfzigſtes Hauptſtück.

Von den Bibliotheken.

Die königl. Bibliothek that der Neugierde un-
ſers Lucidor völlig Gnüge. Sie enthält eine
Menge Handſchriften, die man nur Perſonen anvertrauet, die ſich durch ihre Wiſſenſchaften und Redlichkeit auszeichnen. Das iſt der reichſte Schatz, den
man in Europa hat, wenn man den im Vatican
ausnimmt.

Er beſah alle die andern merkwürdigen Bibliotheken, als ein Mann, der von den Werken ein
geſundes Urtheil fället; und in der Abtey von
St. Genoveve betrachtete er den Bau, beſah die
Medaillen, und war mit der Unterredung des Bibliothekars ſehr zufrieden, er merkte ſichs ſo gar
an, welches allerdings Aufmerkſamkeit verdient.
Die Vernunft nimmt niemals den Bleyſtift von
ohngefähr in die Hand.

Er konnte ſich des Lachens nicht enthalten, da
er Leute ſah, die ganz neuerlich erſt reich geworben
waren, und ſich, ohne die geringſte Kenntniß von
Wiſſenſchaften zu haben, das Anſehn gaben, als
ob ſie Bibliotheken hätten, ſo wie man ſich das
Anſehen giebt, als ob man Orangerie hätte. Alles, ſo gar auch die Wiſſenſchaften, iſt dem Luxus
unterworfen. Die Bücher von neuern Zeiten verdienen nicht gezeigt zu werden, als in ſofern man
den ſchönſten Corduan und die zierlichſte Ver-
goldung an ihrem Bande ſiehet. Es würde beſſer

fer ſeyn, wenn man ſie ganz ſchlecht eingebunden
hätte, und ſie öfterer durchblätterte.

Vier und funfzigſtes Hauptſtück.

Von Collegiis.

Es gab hier Sachen, die er lobte, und andre,
die er verwarf. Das iſt das Schickſal der
Stiftungen, daß ſie nicht zur Vollkommenheit
gelangen.

Er lobte die Wahl der griechiſchen und lateini-
ſchen Autoren ſehr, die man in denſelben erklärt;
ferner den Fleiß, nach den Grundſätzen des Horaz
und Boileau über die Regeln und Verhältniſſe
der verſchiedenen Arten der Literatur nachzudenken,
Betrachtungen über die Nachahmung der ſchönen
Natur zu machen, die man den Zöglingen nach
den Vorſchriften des Rollin und Batteux einflößt:
es ſchien, als ob er wünſchte, daß man ein wenig
mehr auf die Verbindung der Geographie, der Zeit-
rechnung und allgemeinen Geſchichte ſehen ſollte.
Er erfuhr aber mit Vergnügen, daß ganz neuerlich ein Werk über die Geographie des Virgils und
Ovids gedruckt worden wäre, wobey man ſehr
ſorgfältig geſtochne und genau entworfne Charten
fände; ein Werk, welches, nebſt ſo vielen andern
vortrefflichen, vieles beytragen wird, richtige Ideen
von der Lage der Oerter und von den Revolutionen
der Völker beyzubringen. Lucidor ward von der
Majeſtät und dem Anſtande des öffentlichen Got-

D 5

tesdienſtes, von dem Unterrichte über die chriſtliche
Moral in dem Innerſten der Collegien ſehr gerührt; er bewunderte hier den Grad der Vollkommenheit, auf welchen man die höhern Wiſſenſchaften getrieben hatte. Die Logik und Metaphyſik
ſind nichts als Diſſertationen über das, was die
größten Männer ſeit mehr als einem Jahrhunderte erfunden haben, man redet in denſelben nur hi-
ſtoriſch von den Chimären der alten Philoſophie, die
ſich von ſelbſt verdrängen und verlieren. Die ſpe-
culativiſche und Experimental-Phyſik iſt ſo vollkommen, daß man nichts mehr wünſchen kann.
Die reine ſowohl, als die höhere Mathematik wird
hier mit beſonderm Eifer behandelt.

Lucidor wohnte in dem Collegio des Mazarin
einer Diſputation über dieſe Wiſſenſchaften bey,
wo man nach aller Strenge diſputirte; ſie wurde
von einem jungen Menſchen von achtzehn Jahren,
Namens le Gendre, gehalten, der von dem Pro-
feſſor der Mathematik dieſes Collegiums, von
Herrn Marée, gebildet und unterrichtet worden
war. Die königl. Akademie der Wiſſenſchaften,
der ſie dedicirt war, beehrte ihn mit ihrer Gegenwart, und that wichtige Fragen an ihn. Dieſe
Geſellſchaft glaubte, daß ſie ſich nicht würde darüber mit den andern ſtreiten dürfen, wenn ſie dem
jungen Diſputanten ſechs Stimmen bey der Wahl
eines neuen Mitgliedes der Akademie gäbe, um eine
erledigte Stelle zu beſetzen.

Lucidor

Lucidor gestund, daß die Erziehung auf der
Universität so schön als es nur möglich eingerichtet wäre, sowohl in Beziehung auf die Religion,
als auch auf die schönen Künste und Wissenschaften. Diejenigen, welche neue Plane zur Erziehung
machen, haben dieses berühmte Collegium niemals
besucht; diejenigen aber, die es gesehen haben,
haben nichts zu den Schriften eines gelehrten
Rollin, des alten Rectors und Professors in diesem berühmten und alten Lycäum, hinzuzufügen.
Lucidor überzeugte sie, daß die öffentliche Erziehung dem Privat-Unterrichte unendlich vorzuziehen sey: die Unregelmäßigkeit des letztern in Ansehung der Materien und der Stunden, der Mangel der Vergleichung und Nacheiferung, die Un-
möglichkeit, Erfahrung in Gesellschaft andrer Menschen zu erlangen, und sich die Ideen und Manieren
der guten Köpfe eigen zu machen, mit welchen man
umgeht, der allzuhäufigen Gesellschaften in den
Familien, ein beständiges Wohlleben, der Feind
der Cultur des Verstandes und Herzens, allzusehr
verschwendete Schmeicheleyen und Liebkosungen,
der Mangel der guten Beyspiele von jungen Leuten seines Alters, deren Andenken man Zeit seines
Lebens behält, so gar in seinen Ausschweifungen,
der über einerley Materie von verschiedenen Lehrern
oft wiederholte Unterricht, die Begierde andre, die
von gleichem Alter sind, zu übertreffen: alles kommt
zusammen, sagte Lucidor, der öffentlichen Erziehung
den Vorzug vor dem Privat-Unterrichte einzuräu-
men.

men. Er brachte endlich einen, der ihm heftig wi-
dersprach, noch zum Stillschweigen, indem er ihn
auffordcrte, unter tausend Gelehrten einen in irgend einer Art anzuführen, der nirgends anderwärts als in seinem Hause studiert hätte.

Lucibor glaubte, es würde nöthig seyn, noch
ein Collegium in dem Quartiere S. Antoine anzulegen, und eines in dem Quartiere von S. Honore; weil das lateinische Land von diesen beyden
Vorstädten zu entfernt ist.

Die medicinischen und chirurgischen Schulen
hatten auch Theil an seinem Lobe. Man läßt sich
da nicht mehr von dem Strome der Mode und des
Vorurtheils hinreissen; man sieht die Erfahrung
als den ersten Lehrer an, und studiert hier in den
besten Quellen.

Was die Rechtsschulen anlangte, so konnte er
nicht begreifen, daß man in einem so aufgeklärten
Reiche mit einer etliche Tage lang währenden Er-
scheinung vor Gerichte, und mit einer in aller Eil
gehaltenen Disputation zufrieden wäre, da es doch
darauf ankommt, ein Subject fähig zu machen, eine wichtige Stelle einmal zu bekleiden. Nicht weniger muß man sich höchst wundern, daß man das
Studium des kanonischen Rechts hier so vernachläßiget, und daß sich in Europa nur die Italiäner
und Teutschen mit Eifer darauf legen. Man muß
indessen doch gestehen, daß die sehr häufigen Pri-
vat-Conferenzen das klaßische Studieren sehr reichlich ersetzen.

Er

Er schien nicht die Menge der Universitäten zu
billigen, die so nah bey einander liegen, er hätte wenigstens gewünscht, daß es kein Collegium gäbe,
das nicht unter der Universität stünde, (ausgenommen die Collegia der Congregationen, die ihre eigene Gerichtsbarkeit haben.) Ferner hätte er gern
gesehen, daß man die Disputationen nicht mehr
mit Namen der neuern Sophisten anfüllte; aber
die Nothwendigkeit, ihre abgeschmackten Paradoxa
bestreiten und widerlegen zu lernen, schien ihm diese
Einrichtung hinlänglich zu rechtfertigen. Es ist
in der That eine Zeit, wo es nöthig ist, im Stande
zu seyn, die Sophisten und Ungläubigen zu widerlegen; ein junger Mensch, wenn er auch noch so guten Unterricht genossen hätte, würde immer in Be-
stürzung und Verlegenheit gerathen, wenn er auf
der Stelle Einwürfe auflösen und sie widerlegen
sollte, wovon er niemals hätte reden gehört.

Fünf und funfzigstes Hauptstück.
Von Akademien.

Die Mitglieder der Akademien sahen Lucidor mit
dem größten Vergnügen bey sich. Man merkte es, daß sie begierig waren, seinen Beyfall zu erlangen; sie erhielten ihn auch; er gehörte ihnen
aber auch.

Man las einige Abhandlungen vor, die voller
Untersuchungen und Gelehrsamkeit waren.

Wenn

Wenn die Akademie der Wiſſenſchaften, bey
Erforſchung der Natur, nicht alles nach ihrem
Wunſche und Verlangen errathen kann, ſo bedenke
man nur, daß die Natur mit einer Decke überzogen iſt, die ihr Urheber oft undurchdringlich gemacht hat.

Die Akademie der Innſchriften und der ſchönen Wiſſenſchaften ſcheint bisweilen überflüßige
Fragen abzuhandeln, man denkt nicht daran, daß
die Geſchichte der Welt ein Punkt iſt, und daß ſich
die geringſten und kleinſten Dinge, die zum Vor-
ſchein kommen, darauf beziehen.

Unſer Philoſoph hatte eine lange Unterredung
mit dem Abbe' Barthelemi, und war ſehr erfreuet,
daß er ihn gehört hatte.

Die franzöſiſche Akademie würde die Sprache
mit vielen neuen Wörtern bereichern und ihr Di-
minutiva geben können, deren ſie benöthigt iſt,
um den Ueberfluß, oder vielmehr die Wiederholung
der Beywörter zu vermeiden, die alle Augenblicke
wieder vorkommen; aber die Mode iſt ein Tyrann.

Dies ſagte Lucidor, als man ſich das Vergnügen machte, ihn anzuhören, ob er ſich ſchon nicht
zu erkennen gab, als daß er ein Fremder wäre.

Vergebens wollte man ihm das Diplom eines
Mitgliedes überreichen. Die Vernunft gehört zu
allen Akademien mit, ohne ſich genau an eine zu bin-
den. Die Societäten haben einen gewiſſen In-
nungs-Geiſt, der die Freyheit zu denken ein-
ſchränkt.

Sechs

Sechs und funfzigstes Hauptstück.
Von der Sorbonne.

Hier, sagte unser Reisende, als er unter den Doctoren der Sorbonne war, hier wickelt sich
die Secle von der Materie los, hier steigt sie zu ihrer Quelle empor, hier lernt sie die Würde und Vortrefflichkeit ihres Ursprunges und ihrer Bestimmung
kennen.

Man hielt in seiner Gegenwart eine Disputation, um zu beweisen, daß die Vernunft mit dem
Glauben in den Wahrheiten des Christenthums
einstimmig ist. Es konnte nicht fehlen, daß er
seinen Beyfall zu erkennen geben mußte. Er
wußte den Grund dieser Wahrheit weit besser, als
alle die Mode-Geister, welche thöricht behaupten,
daß man unvernünftig sey, wenn man die Geheimnisse der Religion glaubt.

Er fragte, ob man die Anzahl der Doctoren
nicht zu sehr vermehrte; ob es nicht vortheilhaf-
ter seyn würde, daß man deren wenigere annähme,
damit man die Doctorwürde noch ehrwürdiger
machte. Man antwortete ihm aber so, daß er be-
friediget war, und sich nicht länger dabey aufhielt.
Die Vernunft weis nachzugeben.

Er fand aber, daß man für den Unterhalt der
Doctoren, welche in der Sorbonne wohnen, nicht
genug gesorgt hätte, und daß sie wenigstens das
Schicksal der Mönche haben sollten, welche die
Communität ernährt.

Man

Man zeigte ihm eine, in Ansehung der Wahl der Bücher, interessante Bibliothek. Das Alterthum ist die Authenticität der Handschriften, und er sah mit Vergnügen, daß sie oft aufgeschlagen wurden. Alle Zweige der Theologie, alle Sprachen, die sich auf den Grundtext beziehen, werden hier erlernt und getrieben. Man trifft hier sehr tiefsinnige Physiker und Mathematiker an. Die Kirche und das Haus, beyde Denkmäler des Ruhms des Kardinals Richelieu, und würdig das prächtige Mausoldum Er. Eminenz in ihrem Schooße zu haben, intereßirten ihn fast eben so sehr, als die italiänischen Gebäude. Er betrachtete sie mit einem Auge, das die großen Gegenstände völlig übersieht, und sich in Bestimmung ihres Werthes nicht betrügt.

Von da wollte er in die Kirche gehen, eine Predigt mit anzuhören. Man führte ihn in eine Kirche, wohin man wie in ein Schauspiel lief, mit eben der Zerstreuung, mit eben dem Lärm. Der Prediger erschien, und überzeugte Lucidor durch eine zierlich seichte Rede, daß man den Geschmack der Bourdaloue und Maßillons verloren hätte. Er ließ sich in einige Unterredungen mit Prälaten und Pfarrern ein, welche bewiesen, daß die Clerisey von Frankreich allezeit eben so tugendhafte als gelehrte Männer hätte.

Sieben

Sieben und funfzigstes Hauptstück.

Von Errichtung der Kriegsschule und Anlegung einiger Manufacturen.

Die Kriegsschule hatte seinen völligen Beyfall, da es eine Stiftung ist, welche die Königl. Majestät erhebt, und der Menschheit Ehre macht. Er fand hier diejenige Ordnung, aus welcher sich die Vernunft ein wahres Vergnügen macht, und ohne welche nichts gründlich ist.

Man kann niemals zu viel Fleiß und Sorge auf die Erziehung des Adels wenden. Er macht nicht nur die Stärke und den Ruhm eines Staats aus, sondern er stellt auch seine Vorfahren vor, die sich durch hervorstralende Thaten berühmt machten, und deren Andenken allemal schätzbar und theuer ist.

Die Lectionen der Militairschule entsprachen ihrer Mannszucht. Es herrscht hier die glücklichste Nacheiferung zwischen den Officieren und Professoren, die Tugend, Wissenschaft und Tapferkeit aufkeimen zu machen. Die Zöglinge, die man hier bildet, verrathen sich durch ihre Verdienste, so bald sie in die große Welt treten. In kurzer Zeit lernt man sie kennen, und läßt der Wachsamkeit sowohl, als dem Scharfsinne desjenigen Gerechtigkeit wiederfahren, der über eine so glänzende Erziehung die Oberaufsicht hat. Lucidor war nur betrübt, daß er hörte, daß nur allzu oft

P die

die Protection mehr als die Dürftigkeit ein Titel
wäre, hier aufgenommen zu werden.

Diese Betrachtungen entwendeten aber den
Augen unsers Philosophen jenes Ansehen der Hoheit nicht, welches man an den Gebäuden und Hö-
fen der Invaliden gewahr wird. Er gieng hier
spatzieren, so wie an einem Orte, der mit allem
reichlich ausgeschmückt ist, was die Baukunst edles
und interessantes hat.

Er wollte hernach von selbst die verschiedenen
Corps besehen, woraus das königl. Haus besteht.
Ihre Hotels sind eben so viele Akademien, wo die
Leibesübungen mit der pünktlichsten und gewissen-
haftesten Genauigkeit, und mit der größten Red-
lichkeit getrieben werden. Man beschäfftigt sich
hier sehr ernsthaft mit den besten Mitteln, seinem
Vaterlande zu dienen, und sich auszuzeichnen.

Er sah mit dem größten Vergnügen unter den
Mousqetiers, Chevaux Legers, und unter den königl. Garden, und Gend'armes, Subjecte, die die
größte Hoffnung von sich gaben, gründliche Bücher
lasen, und unnütze Werke verwarfen.

Die Mannszucht der französischen Garden
war für seine Augen ein entzückendes Schauspiel.
Das war kein Corps mehr, das in Paris herum
zerstreuet war, und eine allzugroße Freyheit genoß,
sondern ein Regiment, welches in verschiedene Ka-
sernen vertheilt war, die sehr reinlich und gut gebauet waren, es zeichnete sich durch seine Klugheit
und

und durch seinen Fleiß aus, und erzieht Soldaten,
die gründliche Werke schreiben.

Um kriegerische Tugenden blühen zu machen,
brauchts nur der Thätigkeit eines eifrigen Com-
mendantens. Die gute Ordnung unter den Truppen ist besser, als eine große Anzahl. Sie ist die
Seele der Armeen, und das sicherste Mittel, zu
überwinden.

Lucidor sagte zu den Befehlshabern, daß es
nicht unrecht seyn würde, wenn jedes Hotel, so
wie auch jede Caserne, eine den Personen angemessene Bibliothek hätte, wo man hauptsächlich Ge-
schichtsbücher und andre Werke von der Kriegskunst sammlete. Dies feuert die jungen Krieger
an, unterrichtet sie zugleich, und verjagt den Müs-
siggang, das gefährlichste Uebel für den Soldaten,
so wie auch für den Officier.

Die Manufactur der Gobelins verdiente von
Seiten unsers Reisenden auch einen Blick. Er
begab sich daher dahin, und als er die Schönheit
der Sachen gesehen hatte, die man da verfertiget,
und die weniger mit der Nadel, als mit dem Pinsel
gemacht zu seyn scheinen, wunderte er sich ungemein, daß die Reichen zum Ausputz ihrer Zimmer
Stoffe von verschiedenen Farben vorzögen; aber
die Mode hat niemals Unrecht.

Man führte ihn auch in eine Werkstatt, wo
man Alabaster bearbeitet, wovon man seit einiger
Zeit eine Mine entdeckt hat. Man macht Plat-
ten, Büsten, Leuchter und Vasen daraus, deren

Durch-

Durchsichtigkeit und Adern die schönste Wirkung thun; aber die Mode hat sie noch nicht berühmt gemacht, ob sie schon sehr verdienten, Paläste und Kabinette zu zieren. Es darf sie nur erst ein Hofmann lieb gewinnen, und in seinen Schutz nehmen, um sie in Gang und Aufnahme zu bringen, so hat man alsdenn nicht mehr den guten Ton, nicht mehr den feinen Geschmack, wenn man sich nicht bemühet, sich dergleichen anzuschaffen. Man weis, daß in Paris nicht sowohl die Vortrefflichkeit der Sachen selbst, als vielmehr die Mode ihnen ihren Werth bestimmt, und daß es so gar Talente giebt, die man nur deswegen achtet, weil sie den Vorzug und Vortheil genießen, den süssen Herren zu gefallen, deren Stimme den Geschmack entscheidet und bestimmt. Alsdenn muß ein Künstler oder Handwerksmann sich den glücklichen Augenblick zu Nutze machen, denn wenn er nur im geringsten verzieht, so hemmt er sein Glück; eine neue Mode macht, daß er in Vergessenheit kommt.

Man findet auch keine geschicktern Leute, als die Pariser, die Umstände zu bemerken, und vortheilhaften Gebrauch davon zu machen. Sie schaffen gleich alles auf der Stelle herbey, was nur einige Beziehung auf eine gewisse Begebenheit hat. Die größten Lächerlichkeiten werden durch das Verdienst der Neuheit unterdrückt. Ein Buch, ein Kupferstich, ein Gemälde macht zuverläßig allemal sein Glück, wenn es von der Mode dem Publicum

blicum überreicht wird. Ein jeder will es haber, und jeder ist es nach Verlauf einiger Tage überdrüßig.

Lucidor belustigte sich mit diesen Sonderbarkeiten. Die Thorheiten der Menschen machten die Vernunft mehr als einmal zu lachen.

Man führte ihn endlich auch in eine Glas-und Spiegel-Manufactur, die er für eben so gut hielt, als die Venetianische, und in eine Porcellain-Fabrik, die er, was die Zeichnung, Muster, Abwechselung der Farben und ihre Lebhaftigkeit betrifft, der Sächsischen weit vorzog; denn was die Maße anlangt, fand er, daß sie weniger fähig sey, der Wirkung des Feuers zu widerstehen. Es giebt wenig Porcellain, das gänzlich vom Glase unterschieden ist.

Zuletzt wollte er auch die Restaurateurs besuchen, diese zierlichen Wirthshäuser, welche die Mode angelegt hat, es kam ihm aber sehr theuer zu stehen, ohne daß er da gegessen hatte. Die Gerichte, die man da aufträgt, haben nicht mehr Consistenz, als der Thau.

Acht und funfzigstes Hauptstück.

Von der Policey.

Hier erkannte Lucidor sein Werk. Der ehrwürdige Magistrat, der die Pflicht auf sich hat, über die Sicherheit von Paris zu wachen, konnte sein Amt nicht besser verwalten, als er es that.

P 3 Die

Die Vernunft sieht die Sachen an, ohne sich zu irren und ohne betrogen zu werden.

Nichts ist in der That bewundernswürdiger, als diese Ordnung, welche sich von einem Ende der Hauptstadt bis ans andre verbreitet, und auf allen öffentlichen Plätzen und in allen Häusern gerühmt wird; und die, ungeachtet der ungeheuren Menge von Leuten aus allen Ländern und von allerhand Ständen, dennoch die Ruhe erhält. Eine Welt ist nichts als eine Familie, und die Nacht nur ein verlängerter Tag. In den einsamsten und entlegensten Quartieren wacht die Policey, und die Policey sieht alles.

Lucidor wollte gern die ganze Einrichtung davon, und alle kleine Umstände, die unendlich sind, genau wissen; und ungeachtet der unzertrennlichen Misbräuche, die daraus entstehen, wenn man oft sehr verächtlichen Spionen nothwendige Geheimnisse anvertrauen muß, mußte er doch gestehen, daß nichts weiser eingerichtet seyn könnte.

Eine außerordentlich große und weitläuftige Stadt, wo die Leidenschaften auf eine geschickte Art gehemmt werden, wo der Bösewicht, so zu sagen, gezwungen ist, ein rechtschaffener Mann zu seyn, wo der Betrug und Wucher sich in den Finsternissen verstecken müssen, macht allerdings ein bewundernswürdiges Gemälde.

Es ist ohne Zweifel unmöglich, daß nicht bisweilen die Obrigkeit von Subalternen betrogen werden sollte, welche ihr Amt misbrauchen, um

Geld

Geld zu erpressen; aber kaum erfährt man das
Böse, so bestraft man es auch schon. Es existirt
kein Land auf Erden, wo die Verläumdung nicht
bisweilen die Sprache der Wahrheit annehmen sollte.

Es wird allemal wahr seyn, wenn man sagt,
daß es sehr angenehm ist für einen Bürger, über
seine Glücksgüter und über sein Leben keine Unruhe zu haben, in Friede und Ruhe schlafen zu können, ohne zwischen sich und dem Publicum eine
andre Schutzwehre zu haben, als die Fenster-
scheiben.

Dies ist eine Wirkung der Policey, und dies
muß ihr unsre beständige Erkenntlichkeit erwerben.
Man findet sich des Morgens mit seinen Effecten
und Mobilien wieder, bloß, weil die Policey treulich
gewacht hat.

Sie hat vorzüglich ihre Sorgfalt über die dun-
keln Nächte erstreckt, in welchen der Mond nicht
scheint: Paris, das sonst wie ein finstrer Wald
aussehen würde, ist nun nicht mehr ohne Erleuch-
tung. Man hat der Policey die Reverberier-Lam-
pen zu danken, die mit weit mehr Ersparniß unendlich viel mehr Licht machen; man hat ihr auch
die Freyschulen im Zeichnen zu danken. Die Avan-
turiers, welche die Stadt in Contribution setzen,
es sey nun durch Betrügerey im Spiele, oder, indem sie den Kredit der Kaufleute misbrauchen,
werden ohne Verzug gar bald erkannt, man unterdrückt sie, oder zwingt sie, ihre heillosen Kunstgriffe

P 4   ander-

anderwärts anzubringen und auszuüben. Man
merkt sich ihre Personen, ihr Vermögen, ihre vorge-
gebenen Geschäffte, ihr Vaterland an, und weis die
Hauptstädte davon zu befreyen. Sie erspart diesen Leuten das Elend, Schelme zu werden. Man-
cher, der sein Leben zu Paris durch eine schrecklich-
ste Todesstrafe endiget, würde vielleicht ein ordent-
liches und untadelhaftes Leben geführt haben,
wenn er irgend anderswo gelebt hätte. Hier lernt
man die Wahrheit des alten Sprüchwortes kennen: Gelegenheit macht Diebe.

Neun und funfzigstes Hauptstück.

Vom Parlament.

Luelbor gieng stufenweise, bis er in diesem majestätischen Hofe anlangte, der die Würde der
Könige ins Andenken zurückbringt, und Deposita-
rius ihres Ansehens und ihrer Gewalt ist.

Da er die Operationen dieser berühmten und
hohen obrigkeitlichen Personen sah, deren Eifer
eben so groß ist, als ihre Gelehrsamkeit, so merkte
er, daß man Gebrauch von seinen Einsichten und
Rathschlägen machte.

Die Conferenzen, die sie unter einander hatten, führten sie immer auf einen Zweck. Nichts
nähert sich der Vernunft mehr, als Männer von
solchen Verbiensten. Man mußte gestehen, daß
die Beysitzer des Parlaments nicht mehr in derjenigen Hochachtung stünden, die sie verdienten;
daß

daß die überhäufte Menge der Geschäffte eine Ver-
zögerung nach sich zöge, die die streitenden Parteyen
ruinirt, so, daß zu wünschen wäre, daß man die
Proceduren und Kosten verringerte, und einen
neuen Codex herausgäbe. Es giebt Veränderungen, die sehr nöthig sind.

Man misbilligte einstimmig die Verwegenheit
gewisser Advocaten, die in Schmähreden ausbre-
chen, und sich durch die Satyre ein großes Ansehen zu erwerben glauben; man kam überein, daß
eine Klage, die wie ein Pasquill eingekleidet wäre,
das Feuer und den Fluch des Publicums verdiente; daß gerichtliche Beredsamkeit der Beredsamkeit der Akademien nicht gleich seyn müsse, daß ein
Magistrat, der gleichsam mit einem Priesterthume
bekleidet ist, in seinen Reden und Handlungen nicht
zurückhaltend und behutsam genug seyn könnte.
Eine jede öffentliche Person, ohne doch Pedant zu
seyn, muß sich allemal ein gewisses Ansehen zu geben wissen. Der Anstand ist die schönste Ausschmückung der Würden.

Man war sehr neugierig, zu wissen, wer denn
dieser so einsichtsvolle und richtig urtheilende
Reisende wäre; bald hielt man ihn für einen Weisen, der die Menschen kennen zu lernen suchte, bald
für einen Gesandten irgend einer fremden Macht,
der unbekannt bleiben wollte. Man konnte ihn
in seinen Worten niemals fangen; seine Gespräche und Unterredungen waren alle mit dem Salze
der Weisheit gewürzet, und hatten nichts rauhes.

P 5   Die

Die Obrigkeiten wollten ihn gar nicht verlaſſen; ſie verſtehen ſich auf die Verdienſte, und lieben beſonders die Wiſſenſchaften und die Wahrheit.

„Es ſind beynahe ſechzig Jahre, ſprach ein geſchickter Rechtsgelehrter zu ihm, daß ich meine Tage und Nächte dem Dienſte meiner Mitbürger aufopfere. Ich beſchäftige mich des Abends mit ihrem Intereſſe, gleich vom Morgen an eile ich fort, meinen Fleiß darauf zu wenden, ohne irgend eine andere Abſicht dabey zu haben, als meine Pflicht zu thun. Der Soldat giebt ſein Leben fürs Vaterland hin, und oft iſt dies nur eine Sache von einem Augenblicke, ich hingegen opfere das meinige alle Minuten auf, beraube mich aller Vergnügungen, und nutze meine Geſundheit ab.

„Das Studiren machte mich ſeit meinem ſechs und dreyßigſten Jahre zum Skelet. Mein Körper, den ich gering achte, richtet ſich nach meiner Art zu denken, und meine Seele, die ich über alles in der Welt ſchätze, dient mir glücklich.

„Der Ruhm, Wittwen und Wayſen beyzuſtehen, hält mich für alle Bemühungen, für allen Verdruß ſchadlos. Ich erwarte nichts als einen glücklichen Tod zur Belohnung meiner Arbeit; dieſes iſt meine einzige Belohnung; die Ewigkeit wird lang genug ſeyn, um da auszuruhen.

„Ob ich ſchon allzeit in einer gewiſſen Mittelmäßigkeit gelebt habe, ſo hinterlaſſe ich doch meinen Kindern das reichſte Erbtheil, nämlich eine unglaubliche Liebe für das gemeine Beſte, eine voll-

vollkommne Gleichgültigkeit gegen die Güter dieses Lebens. Ich wünsche mit dem lebhaftesten
Eifer, daß sie sich, wie ihr Vater, dem Dienste
des Staats aufopfern mögen. Man ist nur dann
erst groß, wenn man nützlich ist.«

Die Vernunft umarmte diesen ehrwürdigen Aus-
leger der Gesetze: er verdiente diesen Vorzug.

Sechzigstes Hauptstück.

Von den Etiquetten.

Lucidor konnte Paris nicht verlassen, ohne zu bemerken, daß die Franzosen, bey alle dem un-
gezwungenen Betragen, das ihnen eigen ist, doch
von einer Menge Kleinigkeiten, nach denen sie sich
richten, abhängen. Ihre Liebe zur Freyheit leidet durch ein wenig Eitelkeit Zwang. Sie rechnen mit einer lächerlich pünktlichen Sorgfalt aus,
ob Monsieur oder Madame in die Zeilen, oder
oben drüber, gesetzt werden muß, und ob le très-
humble et très-obéïssant serviteur nicht zu weit
oder nicht zu nahe bey den letzten Worten steht.

In Ansehung der Komplimente sind sie nicht
weniger auf ihrer Hut. Der geringste Ladendie-
ner macht itzo über die Art sich zu betragen und zu
grüßen Chicanen. Man fürchtet, durch eine allzugroße Höflichkeit in Streit zu gerathen, als ob
Gefahr dabey seyn könnte, sich als einen redli-
chen Mann zu zeigen.

Er

Er lachte herzlich, da er Leute sah, die sich
nicht anders anredeten, als mit dem Maaßstabe in
der Hand, um ihre Verbeugungen des Kopfes und
ihre Schritte abzumessen. Die trotzige Miene ist
die Folge des Luxus; man hält sich für eine wichtige Person, wenn man Spitzen und Ringe hat.
Nichts kann bequemer für diejenigen seyn, die keine Verdienste haben; denn diejenigen, die Verdienste haben, können, wie ich glaube, nimmermehr
eitel seyn.

Es giebt Verhältniß-Höflichkeiten, die man ohne
Zweifel beobachten muß, aber man hat doch immer unrecht, wenn man gar zu pünktlich ist, und
ins kleine verfällt; die Etiquette ist so gar bey
Hofe zur Last, ob sie gleich da in ihrem Mittelpunkt ist; denn so wie sie eine Tochter der Hoheit
ist, so ist sie auch die Mutter der Langenweile.

Er endigte seine Beobachtungen, die er über die
Hauptstadt angestellt hatte, mit dem Besuche, den
er zu St. Denys abstattete, in dieser berühmten
Abtey, wo die Asche unsrer Könige aufbewahret
wird. Es war der Vernunft sehr anständig, das
anzusehen, was alle menschliche Hoheit verschlingt,
da er vorher seine Blicke auf so viele blendende Gegenstände gerichtet hatte. Man zeigte ihm Mausold-
en, die ihm ein Verlangen nach den Mausolden Heinrich des vierten und Ludwig des vierzehnten ein-
flößten. Warum haben sie keine? Man zeigte ihm
endlich einen Schatz, von dem man aber nicht wei-

ter

ter redet, wenn man den von Loretto gesehen hat,
den man auf sechzig Millionen schätzt.

Ein und sechzigstes Hauptstück.

Er durchreiset Orleanois und Blaisois.

Nachdem er die Ufer der Seine verlassen hatte,
kam er nun an die Ufer der Loire, eine Aussicht, die fähig war, einen Reisenden, der Paris
verläßt, zu trösten.   Auf allen Seiten sind nichts
als Hügel und bezaubernde Wiesen, wo das Auge
von einer Entfernung bis zur andern Landhäuser und Städte entdeckt, die durch ihre angenehme
Lage verführen.

Als Lucidor durch Etampes gereiset war, eine
Stadt, die ganz aus Wirthshäusern besteht, und
unendlich lang ist, kam er unvermerkt in Orleans
an.   Er hoffte, hier die Höflichkeit und Artigkeit
der Sitten anzutreffen, die man wegen der Nachbarschaft mit Paris vermuthen konnte, er merkte aber
gar bald, daß der Handel hier so etwas rauhes
einführt, wornach sich der Fremde nicht richtet;
und dies sagten ihm die Einwohner selbst.   Vernünftige Leute gestehen ihre Fehler leicht und
gern ein.

Er unterhielt sich mit etlichen Gelehrten, deren
Kenntnisse nicht superficiell waren, (die Orleaner
reden gerne) und er war mit dem Landgerichte eben
so wohl als mit der Rechtsschule zufrieden.   Den
Handel treibt man hier mit vieler Thätigkeit: viele

Leute,

Leute, die Millionen besitzen, sind ein Beweis
davon.

Als man ihm sagte, daß die Bibliothek der Benedictiner offen stünde, fragte er, warum sie
nicht in allen Städten der menschlichen Gesellschaft
diesen Dienst erwiesen, sie, die schon im Besitz wären, allezeit gelehrte Männer unter sich zu haben?

Die Cathedralkirche, ein Denkmaal, das die
Aufmerksamkeit der Neugierigen verdient, schien
ihm innerlich weniger schön als äußerlich zu seyn.
Die äußerliche Arbeit an derselben hat eine edle
Delikatesse, welche Bewunderung abnöthiget. Die
Ehre, dieses prächtige Gebäude zu vollenden, schien
den Herrn von Jarente zu erwarten. Das heißt
sich unsterblich machen, ein solches Werk vollenden.

Die Maillebahn zog unsers Philosophen ganze
Aufmerksamkeit auf sich. Sie ist schön, obschon
weit unter dem, was die Orleaner davon sagen,
die ein wenig zu enthusiastisch von ihrer Stadt eingenommen sind, die sie wenigstens noch erleuchten
sollten. Die Policey ist hier nicht wachsam, selten sind die Gassen einmal gekehrt.

Die Brücke wurde von ihm auch untersucht, als
die beste Versicherung des Lobes, das man den In-
genieurs beylegt, die zum Brücken- und Straßen-
bau angeordnet sind; sie legt allen Reisenden ihre
Talente und Wissenschaft vor Augen, und zeiget,
wie nützlich eine solche Gesellschaft einem Staate
sey.

Bey

Bey dem Anblick der Gärten, die Orleans umgeben, sollte man glauben, daß dieses Land weit
eher als Touraine verdiente, der Garten von
Frankreich genennet zu werden; das ist aber so etwas, das die Gewohnheit schon längst präscri-
birt hat. Man wird für einen Sonderling gehalten, wenn man sich wider die angenommene
Meynung auflehnen will.

Als Lucidor durch Clery reisete, vergaß er das
Mausoläum Ludwigs des eilften nicht. Er sah
diesen Monarchen auf seinen Knien vor seiner
guten geliebten Jungfrau liegen, wie einen demü-
thigen Missethäter, der um Vergebung seiner Mordthaten bittet, oder um Erlaubniß anhält, neue zu
begehen; denn das war die unsinnige Laune dieses eben so grausamen als abergläubischen Prinzen,
so wie ihn uns auch alle Geschichtschreiber vorstellen.

Blois, das sich durch seine Lage, und noch mehr
durch die Höflichkeit seiner Einwohner empfiehlt,
scheint die Fremden einzuladen, sich hier niederzulassen. Das gemeine Volk ist redlich, redet gern,
und findet in seinem Fleiße das Mittel, verschiedenen Kleinigkeiten, die sehr theuer verkauft werden,
einen Werth zu geben.

Es ist Schade, daß das Spiel hier so wie anderwärts die Gesellschaften zerstört, das doch ur-
sprünglich nur eingeführt worden ist, sie zu unterhalten. Man versammlet sich hier blos, um Karten in die Hand zu nehmen, und der Witz, der in
dieser

Die neuen Manufakturen von Amboise, die unter den günstigsten Aussichten errichtet worden sind, so wohl zum Unterhalt der Truppen, als auch zum Besten des Staats, mußten unsern Philosophen nothwendig interessiren. Sie machen die Stadt wieder lebendig, die diese Hülfe sehr nöthig hatte.

Dies ist vielleicht einer der wichtigsten und vorzüglichsten Theile einer Regierung, Manufakturen recht bequem und schicklich anzulegen zu wissen, sowohl was ihre Anzahl, als auch ihre Lage anbetrifft. Sie schmachten, wenn sie eine schlechte Lage haben, entvölkern das Land, und schaden sich wechselsweise, wenn sie zu sehr vermehrt werden. Der Geist der Verbindung ist der Compaß eines Staats.

Chantelah verdiente Lucibors Beyfall, als ein Ort, der gemacht ist, bewundert zu werden.

Zwey und sechzigstes Hauptstück.

Von la Touraine, von Domois und Chartrain.

Tours, diese Stadt, die der Schönheit ihrer Gegenden nicht im geringsten entspricht, hat etwas schmachtendes: das ist, nach dem Tasso, eine Wirkung der Temperatur der Luft, und der Weichheit des Bodens. Man beschäfftiget sich hier nicht einmal mit Mitteln, einem Handel wieder aufzuhelfen, der seinem gänzlichen Verfalle nahe war. Es giebt hier nicht zehn Häuser, die viermal hundert tausend Franken hätten.

Q   Unter-

Unterdeſſen bewunderte Lucidor die in Menge
gepflanzten Maulbeerbäume, und machte mit einigen obrigkeitlichen Perſonen und aufgeklärten
Handelsleuten genauere Bekanntſchaft. Er
glaubte, daß freye Meſſen das Land ganz gewiß
wieder beleben würden: und er ließ ſich hierüber
mit Perſonen in Unterredung ein, bey denen ſein
Vorſchlag Eingang und Gehör fand. Es iſt
mit den Städten wie mit Privatperſonen, man
muß ihnen manchmal Stöße geben und ſie rütteln
und erſchüttern, wenn ſie in Gliedern gelähmt
ſind.

„Die Nacheiferung fehlt uns, ſagte ein wohler-
fahrner Mann, man liebt hier Eſſen und Trinken,
und vernachläßiget den Verſtand, der zu allen ge-
ſchickt und fähig wäre, wenn man Muth genug
hätte, ihn zu bearbeiten. Der Tourainer muß
verſetzt und verpflanzt werden, wenn er fortkom-
men und gedeihen ſoll: übrigens ſind wir rechtſchaffne Leute, die Familien leben hier in der größten Einigkeit; und wenn unſre Verbindungen
minder das Werk des Herzens, als des Wohlſtan-
des zu ſeyn ſcheinen; ſo ſind ſie eben deswegen
dauerhafter.“

Unſer Reiſende wurde gewahr, daß die Sitten
wirklich etwas von der Gelindigkeit des Klima
hätten; er bemerkte aber, daß man den Tourai-
nern unverdienter Weiſe das Beywort der Lacher
beylegte, ob ſie ſchon eben nicht traurig ſind, und
ſich eben nicht ſehr nach dem Witz und den Talen-
ten

ten der Fremden bestreben; sie nehmen sie aber allemal höflich auf. In den meisten Provinzen zieht man einen Menschen, der da spielt, demjenigen vor, der etwas versteht; übrigens ist die Gelehrsamkeit oft ein Titel, vor dem man sich eher fürchtet, als daß man ihn suchen sollte.

Die Frauenzimmer schienen ihm sehr liebenswürdig zu seyn; sie haben eine natürliche Bescheidenheit, die alle Schminke übertrifft.

Er verwunderte sich nicht wenig, da er nur einen einzigen Schriftsteller in der Klasse der Geistlichen fand; sie sind sehr zahlreich: er sah es aber doch lieber, daß sie sich befleißigten, ihre Pflicht zu thun, und ihr Amt abzuwarten, als den Weg eines Autors zu betreten. Das Studiren ist oft ein Hinderniß bey der Mönchszucht.

Er richtete seine Aufmerksamkeit besonders auf die St. Martinskirche, ein durch sein Alter ehrwürdiges Denkmaal, die aber nicht mehr so, wie ehedessen besucht wird. Die Andacht ändert sich auch, wenn sie alt wird.

Er freuete sich ungemein, die Lobeserhebungen zu hören, die man dem Erzbischof, Herrn von Fleury, und dem Intendanten, Herrn du Cluzel, ertheilte, und zwar um so viel mehr, da sie die Stimme der Wahrheit waren. Die Schmeicheley hatte nicht den geringsten Theil daran.

Er gieng öfters mit wahrer Ergötzung auf einem Spazierplatze spazieren, den seine Terrassen, seine Bäume und Länge wirklich reizend mach-

ten;

ten; allein es ist eine schöne Einöde. Man kommt nur Sonntags an den Toiletten und Ruhetage, dahin.

Er besuchte auch die Abtey von Marmontier, deren Gebäude ein Ungeheuer der Baukunst ist; und nachdem er hier eine schöne Kirche, eine Bibliothek, einen unermeßlich weiten Speisesaal gesehen hatte, begab er sich wieder von hier weg.

Er bewunderte den Fleiß der Einwohner, die sich Häuser in dem Felsen bauten, und betrachtete mit vielem Fleiße die verschiednen Aussichten, die sich von allen Seiten her dem Auge anbieten, und die reizendesten Landgegenden vorstellen.

Man bauete damals eine Brücke, die das Werk der Penelope zu seyn scheint; man wird dafür, daß man so lange gewartet hat, durch die schöne Wirkung, die sie thun wird, schadlos gehalten werden. Sie würde schon längst fertig seyn, wenn nicht ein Fluß, der eben so eigensinnig ist, als die Loire, die Arbeit öfters aufgehalten hätte.

Pleßis-les-Tours, das bloß deswegen merkwürdig ist, weil es die Wohnung Ludwig des eilften gewesen ist, gab ihm viele Betrachtungen an die Hand. Er betrachtete es als einen Palast, der heutiges Tages nicht einmal ein gutes Bürgerhaus vorstellen würde. Die seit dem Tode dieses Monarchen verflossenen Jahre sind eben so viel Stufen, auf welchen der Luxus empor gestiegen ist.

Das Ordenshaus der Mönche des heil. Franciscus de Paula, das zugleich die Wiege ihres Ordens,

dens, und auch das Grab ihres Stifters, und
mit dem Schloſſe zu Pleßis vereiniget war, beſah
Lucidor flüchtig, ohne etwas intereſſantes darinne zu finden.

Ob er gleich der Farbe und dem Befinden nach
ſehr geſund war, ſo wollte man doch ſchlechterdings haben, daß er ſich eine Ader ſollte öffnen
laſſen.   Es iſt zu Tours ſo gebräuchlich, öfters
zur Ader zu laſſen; aber um die Vernunft zu überreden, muß man Gründe haben.

Man ſchlug ihm eine Reiſe nach Veret, einem
dem Herzoge von Aiguillon zugehörigen Schloſſe,
vor, das die angenehmſte Lage von der Welt hatte.
Er nahm dieſen Vorſchlag an, und freuete ſich,
einen Ort zu ſehen, der durch die Frau von Se-
vigne' berühmt, und neuerlich durch alles, was
die Baukunſt edles und angenehmes hat, verſchö-
nert worden iſt.   Hier faßte der Abbe' von Rauce
den Entſchluß, la Trappe zu reformiren.

Chenouceau konnte ſeiner Neugierde nicht entgehen; es iſt ein Schloß, das ein ſonderbarer Geſchmack über den Fluß Cher einen Theil diſſeits und
den andern jenſeits angelegt hat, und welches
durch dieſe in ſeiner Art einzige Lage eine wun-
dervolle Ausſicht macht.   Er unterſuchte das Innere und den Umfang deſſelben mit einem wahren
Vergnügen, war aber vergnügter es zu beſehen, als
zu bewohnen.

Er bemerkte, daß Touraine nur von der Seite
der Flüſſe angenehm war, (es giebt aber fünf be-
trächt-

D 3

trächtliche Flüffe, die hier fließen) und daß die
Früchte, ausgenommen die Pflaumen und Pfirfi-
chen, hier nicht beffer noch schmackhafter find,
als in andern Ländern. Er erftaunte über die
anfehnlichen Landgüter, mit denen diefe Provinz
pranget: man zählt fie Dutzendweife.

Als man ihm Richelieu, das fo prächtige und
der Lage nach fo fchlecht gelegene Schloß zeigte,
konnte er fich nicht enthalten, auszurufen, daß es
ein im Kothe vergrabener Diamant fey. Man hat
weder Wege noch Flüffe, um hieher zu kommen.

Lucidor muß fehr eilfertig durch Loches gereifet
feyn, denn er führt es an, ohne die geringfte Anmerkung dabey zu machen.

Er glaubte verbunden zu feyn, die kleine Stadt
la Haye zu befehen, als einen Ort, der durch die
Geburt des Carteſius berühmt geworden ift, der
aber keine Idee von der fubtilen Materie und von
den Wirbeln macht, die diefer große Philofoph erfunden hat. Er befah das Zimmer, wo er geboren worden ift, und welches niemals ein Pfer-
deftall gewefen ift wie Herr von Voltaire zu ver-
fichern beliebt, man müßte denn fonft die Pferde
ins erfte Stockwerk gezogen haben. Dann rei-
fete er ab, und kam auf fehr befchwerlichen Wegen
nach Vendome.

Vendome, das nur wegen einer berühmten
Abtey und wegen eines fich befonders auszeichnenden Collegium bekannt ift, fchien ihm kein gleichgültiger Ort zu feyn; aber die Stadt felbft, ob fie
schon

schon von verschiedenen Kanälen durchschnitten wird, hat nicht einen einzigen Spaziergang, welches ein Beweis von der Nachläßigkeit der Einwohner ist. Er fand, daß sie sinnreich waren, und vorzüglich die Frauenzimmer, deren Umgang ihm ungemein angenehm war. Es ist Schade, daß die Theilung von Zeit zu Zeit die Gemüther von einander abgeneigt macht. Die Uneinigkeit ist die Lieblingssünde kleiner Oerter.

Man spielte eben zu Chartres, als er da ankam. Um nun dem Spiele zu entgehen, und doch etwas zu thun, wußte er nichts bessers vorzunehmen, als sich die Alterthümer des Orts zeigen zu lassen, worunter die Cathedralkirche das vornehmste Stück ist. Die Thürme derselben würden Bewunderung erwecken, wenn sie nicht ungleich wären.

Er durchreisete hierauf Beauce, eine Gegend, wo das angenehme mit dem nützlichen eben nicht verbunden ist, und die als Säugamme alle Koquetten übertrifft, und den Vorzug vor ihnen behält. Sie ist nicht geputzt, sie hat äußerlich kein sonderliches Ansehen, aber sie giebt Getraide, und es wächst hier unvergleichlich, ohne die neue Methode gewisser Ackerbauverständigen. Er wollte gern die Bibliothek in einem Kloster sehen, wo er schlief, man hatte aber schon seit sieben Monaten den Schlüssel dazu verloren.

Endlich reisete er auf allerhand Nebenwegen nach Rennes, wo er unterwegens eine Menge kleiner

Q 4

ner

ner Städte und großer Dörfer antraf, wo die
Frauenzimmer Mäntelchen von bunten Kattune, ro-
senfarbne Schleifen in Haaren, und hölzerne Pan-
toffeln tragen, und sich einbilden, als ob sie sich
nach Pariser Mode trügen, wobey sie eine schöne
Sprache affektirten. Die Eitelkeit ist die Mutter
des Lächerlichen.

Drey und sechzigstes Hauptstück.

Von Bretagne, Maine und Anjou.

Bretagne, ob es gleich seit langer Zeit schon mit
Frankreich vereiniget ist, hat doch immer noch
besondere Gebräuche und Gewohnheiten, die ihm
ganz eigen sind. Dieses Urtheil fällte Lucidor
gleich beym ersten Anblicke von dieser Provinz.
Man machte ihn bey Personen bekannt, die sich
durch ihre Redlichkeit empfahlen. Die alte Treue
und Ehrlichkeit, die unvermerkt verschwunden ist,
um der Verfeinerung und Falschheit Platz zu machen, trifft man noch unter den Bretagnern an.
Unterdessen, da man Tugenden nicht ohne Fehler
haben kann, so beschuldigt man sie, daß sie ein
wenig zu munter und zu lebhaft wären.

Das gemeine Volk schien ihm viel Liebe und Nei-
gung zur Religion zu haben, und das mag wohl
daher kommen, weil es fast gar nicht lieset; denn
man lese heutiges Tages auch noch so wenig als
man wolle, so macht man sich unvermerkt mit
schlechten Büchern bekannt.

Er

Er bemerkte, daß der Adel entweder zu arm, oder zu reich war, und daß das mittelmäßige Vermögen unter den Edelleuten nicht so gemein wäre, wie anderwärts.

Ueber das gute Herz der Bretagner war er ungemein gerührt. Sie baten ihn unaufhörlich zu Tische; er setzte aber ihre Tafeln weniger unter Contribution, als ihren Verstand. So bald die Unterredung nur ein wenig lebhaft wird, und von einer Materie die Rede ist, die sie intereßirt, so denken sie stark darüber nach, und drücken sich auch eben so stark aus.

Die Bauern schienen ihm hier minder unglücklich zu seyn, als anderwärts, und der Pöbel sehr lustig. Das ist eine weise Politik, wenn man das Publikum aufzumuntern und ihm Vergnügen zu schaffen weis.

Es befremdete ihn außerordentlich, daß die Edelleute, unter dem Vorwande, den Adel schlafen zu lassen, Aemter annahmen, die sich gar nicht mit ihrem Stande vertrugen; und er konnte sich von seiner Verwunderung gar nicht erholen, bis er bedachte, daß hier auf Erden alles Uebereinstimmung ist.

Er wünschte sich nichts mehr, als Aerme zu haben, diese weitläuftigen wüsten Gegenden und Heiden umreißen und urbar machen zu können, wo man nichts als Sand und unnütze Kräuter sah: hier, sprach er, ist ein schönes Theater, den Fleiß und Eifer der Ackerbauverständigen zu üben; aber die

Theo-

Theorie iſt viel leichter als die Praxis. Man braucht weder Stärke noch Geld, um über eine Sache etwas herzuſchwaßen.

Die Zeit, die er zu Rennes zubrachte, gab ihm Gelegenheit zu politiſiren. Man hat hier Wiſſenſchaft und Kenntniſſe, und man ſucht hier mit vielem Eifer einen Fremden auf, der zu reden und allerhand Betrachtungen zu machen weis, ohne jedoch etwas von dem Stolze fahren zu laſſen. Es iſt unangenehm, daß die Luft, die man hier einathmet, eine gewiſſe Unannehmlichkeit bey ſich hat, die niemand vertragen kann; man wird aber dafür durch die Geſellſchaft ſchadlos gehalten.

Die Kaufleute von Nantes wollten unſern Lucibor nicht fortreiſen laſſen, ohne ihn vorhero in das beſondere Haus geführt zu haben, wo ſie ſich verſammeln. Man lieſet hier, man unterredet ſich, man ſpielt da, kurz, es iſt ein ſehr bequemer Ort, ſich recht mit der Literatur und den Neuigkeiten bekannt zu machen. Es wäre zu wünſchen, daß alle Handelsſtädte ein ähnliches Beyſpiel nachahmten, beſonders aber das Beyſpiel, ihren Geſchäfften Ehre zu machen. Nantes iſt einer der feſteſten und ſicherſten Plätze des Reichs.

Ob dieſe Stadt gleich zuſammen ein unförmliches Ganze ausmacht, ſo haben doch ihre verſchiedenen einzelnen Theile Schönheiten, die den Fremden Vergnügen machen. La Foſſe iſt zu unregelmäßig, als daß es Kennern gefallen könnte. Es iſt eine Reihe von ungleichen Häuſern, und deren

Bal-

Balcons fast allezeit durch die Wäsche verunstaltet
werden, die man da heraushängt.   Man sollte
fast glauben, es wohnten hier lauter Wäscherinnen.
Die Policey sollte darauf sehen.

Man sprach so oft von Winden mit ihm, die
die Schiffe aufhalten, oder sie fortfahren und ans
treiben, daß er glaubte, er wäre gar in der Höhle
des Aeolus.   Das ist so ziemlich die tägliche Unterredung der Seeleute.

Er besah Brest, eine Stadt, die ihres Hafens
und der Officiere von der Marine wegen, die sich
hier aufhalten, sehr merkwürdig ist.   Ihr Umgang
gefiel ihm, er bewunderte den öffentlichen Schau-
spielsaal, und reisete alsdenn fort, um sich nach
Orient zu begeben.

Diese Stadt, die nicht älter als funfzig Jahre
ist, hat das Verdienst der Neuheit; außerdem
aber, daß die Häuser innerlich verrathen, daß sie
in der Eilfertigkeit gebauet seyn mögen, sind auch
die Leute, die hier wohnen, aus allen Provinzen,
und folglich eben so sehr von verschiedenem Genie.
Es ist ein babylonischer Thurm: nichts als die
Liebe zum Gewinnst und ihr Interesse vereiniget sie.

Zu Vannes, zu Auvray (ein angenehmes Land,
wenn man sich nur etliche Tage da aufhält) zu
Quimper, zu Morlaix und Gingan, fand Lucidor
eine gute Gesellschaft, und sehr schöne Wege, die
dahin

dahin führten. Er liebte die Aufrichkeit der Einwohner zu Malo, ob ste gleich beym ersten Anblicke
ein wenig ungestüm zu seyn schienen.

Le Maine hatte arbeitsame Leute. Laval ist eine Stadt, wo eine beständige Arbeit den Einwohnern ein Recht zu essen giebt; ste verrichten ste
aufs beste, und ihr Verstand ist nicht weniger
subtil und durchdringent. Es ist Schade, daß
die Mannspersonen hier nur unter sich leben, und
daß die Frauenzimmer, die doch für die Gesellschaft geschaffen sind, so zu sagen, ganz verlassen
sind. Er billigte diese Methode gar nicht, die
noch so sehr nach den gothischen Sitten schmeckt.
Als er seine Meynung hierüber ganz frey und un-
geheuchelt herausgesagt hatte, reisete er weiter.

Ziemlich traurige Dörfer, die ganz mit Edelleuten und Pfarrern besäet waren, und die immer
mit einander Proceß führen, dienten ihm zu einem
Perspektive bis nach Mans, einer hohen und
niedrigen Stadt, die aber ihrer guten Gesellschaft
wegen interessant ist. Die Sprache entspricht dem
Verstande der Einwohner nicht. Sie denken geschwind und reden langsam. Sie haben sich angewöhnt, die Worte zu dehnen, welches in den
Ohren eines Fremden sonderbar klingt.

Lucidor gab ihnen auf eine feine Art, so wie es
gegen Leute, die fein sind, sich gehöret, einen
Verweis, daß ste die Wissenschaften so sparsam
cultivirten, und daß ste einen Keim erstickten, der
ste zu Dichtern, Rednern und Physikern, machen
würde.

würde. Die Faulheit macht, daß täglich eine Anzahl Gelehrter nicht reif werden. Der Verstand nutzt wenig, wenn man zu viel Vertrauen auf sich selbst setzt. Anstatt sich eine weite Laufbahn zu eröffnen, so legt er sich auf Kleinigkeiten, in denen er sich auf Kosten des Nächsten übt.

Als er erfuhr, daß Maine den neunzehenden Theil der Zehenden des Königreichs bezahlt, so beträchtlich, ansehnlich und in so großer Menge sind hier die Beneficien, so rief er aus: gare la simonie; und beklagte die armen Pfarrer, die nur fünfhundert Livres haben, und sich in der Nachbarschaft derer befinden, deren Einkünfte sich bis auf zehn tausend belaufen: man sollte wenigstens eine Vergleichung gegen einander vornehmen. Diese Ungleichheit ist wirklich auffallend. Könnte man denn nicht Abgaben auf die Pfarren legen, die über tausend Thaler eintragen, wie man dergleichen auf die Bisthümer legt?

Anjou hatte eine weit lachendere und reizendere Aussicht, als le Maine. Nachdem er la Fleche, eine Stadt in Mignatur, betrachtet, und das Collegium daselbst besehen hatte, eine Schule, die sich durch ihre Zöglinge, Gebäude, und besonders durch die gute Ordnung merkwürdig macht, die da beobachtet wird, begab er sich nach Saumur, welche zwar mit zum Kirchsprengel von Angers gehört, aber weder das Angenehme noch das Anmuthige desselben hat.

Er

Er wollte auch gern die Kriegsübungen der Carabiniers sehen, worüber er so vergnügt und zufrieden war, daß er gestehen mußte, daß die französischen Truppen die Preußen nicht beneiden dürften. Dies hatte man dem Hrn. Marquis von Poyanne zu danken, dessen Eifer und Einsicht die größten Lobeserhebungen verdient.

Die neue Brücke und die neuen Casernen intereßirten ihn nicht weniger. Es giebt Gegenstände, die man nicht mit Gleichgültigkeit ansehen kann.

Man machte ihn in etlichen Häusern bekannt, welche einen edlen Aufwand machen; und hier sagte er, daß er noch keine Stadt gesehen hätte, wo die Musen so schlecht gewohnt hätten, wie zu Saumür. Das Collegium sieht fürchterlich aus.

Der Damm, dieser Weg, dessen die Römer sich nicht schämen dürften, der längst der Loire von Orleans bis Angers fortgeht, und auf welchem prächtige Häuser der Benedictiner in einer gewissen Entfernung von einander erbauet sind, diente unserm Reisenden zum Spatziergange. Sehr verschieden von den leichtsinnigen Menschen, die sich selbst eben so wie die Oerter, fliehen, wo sie sind, stieg er oft aus dem Wagen, um das Vergnügen der Aussicht durch Betrachtung tausend verschiedener Gegenstände vollkommen zu genießen. Er bezahlte die Postillions dafür, daß sie langsam fuhren, so wie man sie sonst bezahlt, um geschwind zu fahren. So genießt man das Gegenwärtige.

Ju

In Angers hielt er sich etliche Tage auf, und nicht sowohl die Gelehrsamkeit, als vielmehr die guten Manieren der Einwohner hielten ihn zurück. Er wohnte einer Sitzung der Akademie bey, wo man sich sehr beeiferte, ihn zu vergnügen. Man vermuthete, er möchte einen guten und entschiedenen Geschmack haben, und man irrte sich nicht.

Den Einwohnern zu Angers fehlt weiter nichts, als daß sie Uebung haben sollten. Sie sind von Natur unbeständig in ihren Entschließungen, und unempfindlich, das wird aber durch eine Höflichkeit, die Reisenden ungemein gefällt, wieder gut gemacht, und besonders seitdem sie sich angewöhnt haben, öfterer zu essen zu geben. Die Mahlzeiten, wenn man das Ceremoniel und die großen Zurüstungen davon verbannet, sind das beste Band der Gesellschaft.

Man zeigte ihm die St. Mauritz-Kirche, er fand sie aber zu groß für eine Kapelle, und zu klein für eine Kathedral-Kirche, aber sehr schön und sehr ausgeschmückt; ob es schon besser und schicklicher seyn würde, wenn man das Gitter wegnähme, welches das Allerheiligste verdunkelt, und an dessen statt bloß ein Geländer hinsetzte. Aber es ist nichts leichtes, ein Kapitul zu überzeugen, und ihm etwas zu überreden.

Die Reitbahn hatte, ungeachtet der Schönheit ihrer Gebäude nicht mehr ihren alten Glanz. Die Engländer kamen nur in geringer Anzahl dahin. Es ist mit ihnen, wie mit den Schwalben: je weniger

niger es deren an einem Orte giebt, je weniger
kommen dahin.

Er brachte es bey der Stadt so weit, daß sie
das Collegium vollends aufbauete; dies würde
eines der schönsten Gebäude des Königreichs seyn,
nach dem Plane, den man sich davon entworfen hat;
aber man ist überhaupt geneigter und beflissener,
den Pferden einen guten Stall, als den Musen
eine schöne Wohnung zu bauen.

Er mußte schlechterdings in die Assembleen kommen, wo man eben nicht hoch spielt, aber sehr stark
collationirt. Das war eine Verschwendung von
Früchten und Kuchen, als wenn man gar nichts
weiter auf den Abend essen wollte. Es ist gut,
in manchen Sachen es noch mit den alten Zeiten
zu halten; die Mode hat nur allzuweit um sich
gegriffen.

Die Schulen der Arzeney- und Rechtsgelehr-
samkeit schienen ihm sehr gut angelegt zu seyn.
Man bildete in denselben Schüler, die so gut als
Lehrer waren, obgleich die Liebe zum Vergnügen
und Spiele eine große Anzahl Studenten weit zu-
rücksetzte. Er billigte ihre heftige Leidenschaft und
Liebe zum Fechten gar nicht. Denn überdies, daß
es schlägerisch und zänkisch macht, gehört es auch
gar nicht zu ihrem Handwerke.

Es dünkte ihm, daß die Kirchen zu sehr über-
mengt wären. Wenn man auch noch so viele Tempel hat, so wird man dadurch doch nicht andächti-

ger,

ger, und sonderlich in einer Stadt, wo das schöne
Geschlecht von Natur artig ist, und keine Liebe zur
Devotion einflößet.

Vier und sechzigstes Hauptstück.

Von Poitou und Berry.

Schlechte Wege, schlechte Wirthshäuser, aber
wohlfeil zehren, und gute Leute, das ist alles,
was man in Poitou findet.

Poitiers, als die Hauptstadt, hat gelehrte
Männer, und der Umgang mit den Adelichen ist
hier vortrefflich.

Diese Stadt hatte den Vortheil nicht mehr, ein
Ort zu seyn, wo es an wohlfeilen Lebensmitteln
nicht fehlt. Der Luxus hat den Preis der Lebensmittel und Waaren überall erhöhet.

Man schlug ihm viele Jagdbelustigungen vor.
Das ist der Geschmack der Provinz, und der zu allem Unglück nicht sattsam gemäßiget ist. Er begegnete einem Petit-Maitre, welcher, als er ihn an-
gehört hatte, glaubte, sich viel Ehre zu erwerben,
wenn er öffentlich kund machte, daß Lucidor keinen
gesunden Menschenverstand hätte. Unvernünfti-
ge Leute verabscheuen die Vernunft.

Die Spazlergänge um Poitiers sind besser, als
die ganze Stadt; sie sind in der That prächtig,
ohne doch aber den Promenaden in den Thuillerien
beyzukommen, wie die Einwohner behaupten. Er
sah nur hier und da einige einzelne zerstreuete Personen,

R

ſonen, welche ausſahen, wie die irrenden Schatten,
von denen Virgil im ſechſten Buche ſeiner Aenei-
de redet.

Laudun zog die Aufmerkſamkeit Lucidors auf
ſich; und ſo viel er davon urtheilen konnte, dünkte
es ihm, daß Rabelais die Sache übertrieben hätte,
wenn er ſagt: daß der Teufel, als er unſerm
Heilande alle Reiche der Welt zeigte, ſich
Chatelleraut, Chinon, Domfront, und vorzüglich Loudun, als ſeine Domainen vorbe-
halten hätte.

Wenn Poitou gleich keine Schriftſteller hatte,
ſo hatte es doch im Gegentheil viele tapfere Soldaten. Man braucht in einem Reiche auch Leute,
die den Degen zu führen wiſſen. Die Geſellſchaft
zu Luçon war ein Gemiſche von Wohlleben und Spiel,
das man ſich nicht anders verſchaffen kann, als
wenn man ſich vorher im Kothe herumwälzt. Die
natürliche und grobe Munterkeit, die noch unter den
Einwohnern von Poitou herrſcht, iſt ein Beweis
eines guten und ehrlichen Charakters. Das Lachen iſt bloß deswegen gekünſtelt, weil es keine
Offenherzigkeit, keine Redlichkeit mehr giebt.

Niort iſt vorzüglich für diejenigen intereſſant,
welche die Meſſen und Märkte lieben, und Chatelleraut für die Meſſerſchmiede.

Berry, ob es gleich im Mittelpunkte von
Frankreich liegt, ſchien ihm doch eine Wüſte zu
ſeyn. Die Stadt Bourges ſelbſt hat faſt keine
Einwohner. Man trifft hier niemand an, und
wenn

wenn sich ein Frember auch noch so kurze Zeit hier aufhält, so glaubt man doch, er sey hieher verwiesen worden.

Die Universität hat zwar einige, aber so wenige Studenten, daß sie fast gänzlich unbekannt zu seyn scheint. Unterdessen sind die Professoren doch geschickte Männer, und es ist ein Vergnügen, sie zu hören.

Einige Assembleen, die er besuchte, wurden au bain-mari gehalten. Sie sind nicht zahlreich genug, um Nacheiferung zu erwecken, aber ein Whiske ersetzt alles.

Es fehlt der Kathedralkirche, der schönsten im Königreiche, nichts, als die Unterdrückung des Singechors. In Städten, die nicht volkreich sind, ist die alte Gewohnheit Gesetz. Man hat nicht das Herz, etwas zu ändern, ob man schon das Herz hat, eine heilige Kapelle niederzureißen, die doch ihrer Schönheit wegen hätte sollen stehen bleiben. Ißoudun, Chateau-Roux, und selbst le Blanc verschafften ihm Gesellschaft. Man erzählt da allerhand alte Neuigkeiten.

Die Felder waren traurige Gegenstände für unsern Lucidor. Er sah nicht einmal Wege, die doch so nöthig waren, einem Lande wieder aufzuhelfen, er zog daraus den Schluß, daß Frankreich zu viel Städte hat, und daß das Land unbebauet würde liegen bleiben, wenn man die Städte wieder lebhaft machen und besetzen wollte.

Er reisete durch einige Gegenden, wo er im Umgange viel auszustehen mußte. Das waren ewig gedrehnte Redensarten, die nimmermehr kein Ende hatten. Gutherzige Narren sind noch eher erträglich, als Unwissende, die sich einbilden, sie verstehen etwas.

Fünf und sechzigstes Hauptstück.

Von la Marche und Limousin.

Es ist Schade, daß man la Marche nur aus den Tapeten von Aubusson kennet. Es scheint, als wenn der Verstand da mit Dornen verwachsen wäre, und nicht durchbrechen könnte.

Man that Fragen an Lucidor, woraus man sehen konnte, daß man hier weder nach Litteratur, noch nach Neuigkeiten großes Verlangen oder Neugierde bezeigte.

Gueret, als die Hauptstadt, ließ einige Kenntnisse blicken, mit denen er ganz wohl zufrieden war. Alle Städte können einander nicht gleich seyn. Die kleinen haben nichts, womit sie sich helfen könnten, weder Bücher, noch Umgang. Wenn man da nicht spielt, so unterhält man sich ganz zuverläßig von der Frau Nachbarinn und vom Herrn Nachbar. Zu Dorat speisete er nur Mittags, aber mit zween wohlerfahrnen und gelehrten Männern, deren Namen er auch im Gedächtnisse behalten hat.

Limo-

Limoges hatte arbeitſame Einwohner. Der Handel wird hier mit vieler Thätigkeit getrieben, die Wiſſenſchaften aber ſcheinen hier einigermaßen fremde zu ſeyn. Man bemüht ſich gar nicht darum, zu allem Glücke aber erſetzt der gute natürliche Verſtand dieſen Mangel. Vernünftige Leute ſind bisweilen beſſer als Gelehrte. Die Redlichkeit macht Limoges zu einem ſichern Platze. Ein Banquerout iſt hier ein Phönomen.

Lucidor begab ſich hier und da aufs Land, und fand da viele Redlichkeit und Rechtſchaffenheit. Wenn die limouſiniſchen Edelleute weniger tief in ihren Aeckern gegraben hätten, ſo würden ſie die Wiſſenſchaften cultiviren können. Der Verſtand hat keine recht bequeme Gelegenheit, ſich zu bereichern, außer in der Nachbarſchaft des Meers oder der Flüße. Es gehören Briefwechſel dazu, und daß man ſich einander allerhand mittheile.

Man ſprach viel von dem Detail des Landes mit ihm. Er mußte alle Pferde der Provinz anſehen, ja jedes Füllen zeigte man ihm; aber zum Glück ſind ſie ſchön. Uebrigens weis ſich auch die Vernunft nach den Gebräuchen und Umſtänden der Zeit und des Orts zu richten.

Brive-la-Gaillarde, eine Stadt, die nichts munteres hat, nahm ihn auf dem gewöhnlichen Fuß auf, und Tulles glaubte, er ſey ein außerordentlicher Mann. Lucidor freuete ſich, daß er eine Menge artiger Officiere auf der That ertappte, die in den Garniſonen weder Geſellſchaft, noch

eine

eine Stadt antreffen, die ihnen gefiele, und die ein halbes Jahr lang gute ehrliche Bauerhütten bewohnten, denen sie den prächtigen Namen eines Schlosses beylegten. Da mußten sie sich mit einem traurigen Lager, mit einer sehr mäßigen Mittagsmahlzeit begnügen, sie mußten den Bauern bey ihrer Arbeit nachgehen, und hatten zu ihrer Aussicht oft nichts als sehr häßliche oder sehr bäurische Schwestern. Man setze noch dazu, daß dies fast allezeit ein Lampenfest ist, man brannte hier nichts als Oel, das abscheulich stinkt.

Das Land Aunis, das voller Soldaten und Amerikaner ist, war kein Ort für unsern Philosophen, wo er sich hätte aufhalten können, er reisete nur durch. Unterdessen blieb er doch einige Tage zu Rochelle, wo er einige Herren von der Akademie kennen lernte, mit denen er sehr zufrieden war. Rochefort vermied er als ein Land, das sehr ungesund ist. Die Vernunft ist keine Sklavinn der Gesundheit, sondern ihre Vormünderinn.

Sechs und sechzigstes Hauptstück.

Von Angoulesme, Perigord, und Saintonge.

Er merkte gar bald, daß Angoulesme ein Land wäre, wo man wohlfeil leben kann. Das war eine beständige Succeßion von Mahlzeiten, die gar kein Ende nehmen, oder vielmehr eine Manufactur von Unverdaulichkeiten.

Der

Der Magen ist zuverläßig das Grab der Einbildungskraft, wenn man ihm eine zu nahrhafte
oder zu starke Speise giebt, und dennoch bringt der
Verstand ungeachtet der Speisen durch.

Die Sitten waren hier sanft. Die Menschen,
die gern was gutes essen und trinken, sind selten
boshaft, der Wein müßte sich denn mit ins Spiel
mischen; aber Dank sey es dem Himmel! man trinkt
keinen mehr, ob es schon ausgemacht ist, daß die
Offenherzigkeit dabey verloren hat.

Angoulesme ehrte unsern Philosophen ungemein. Man liebt hier die Fremden, und um ihnen zu gefallen, spielt man so gar weniger, man
machte ihn mit etlichen Männern bekannt, deren
Verstand aufgeklärt war.

Perigueur machte seine Sachen nicht minder
gut. Diese Stadt brachte alles, was sie nur ge-
lehrtes und verständiges unter ihren Einwohnern
hatte, zusammen, und die Zahl belief sich doch über
ein Dutzend.

Der Adel des Landes, der sehr alt ist, und sich
sehr bemühte, hervorzuragen, besuchte ihn auch.
Man zog alte abgeschabte galonnirte Kleider aus
den Koffern hervor, und sprach von alten Kriegen
und von gutem Weine. Darüber hätte sich nur
ein Pedant ärgern können.

Saintes that sich vorzüglich durch sein gutes
Herz hervor. Die Saintonger sind edelmüthig,
und vereinigen mit dieser seltenen Tugend die Klugheit und den Scharfsinn. Man bewohnt das Vor-

zimmer

zimmer von Gascogne nicht, wenn man nicht Verstand hat. Es fehlt ihnen nur ein gewisser Geschmack in der Wahl der Studien.

Sieben und sechzigstes Hauptstück.

Von Guienne und Gascogne,

Lucidor wäre länger in Bordeaux geblieben, da
es ein wegen seiner Promenaden und seiner
Lage sehr angenehmer und entzückender Ort ist,
wenn man weniger von Schauspielen und Spielen mit ihm gesprochen hätte. Man redete ihn
gar nicht anders an, als mit Karten oder Würfeln
in der Hand, ausgenommen bey den klugen Leuten,
die den Werth der Zeit kennen, und die sich nur ein
Vergnügen machen, um sich zu zerstreuen, und sich
dadurch von ihrer Arbeit zu erholen und auszuruhen.

Dergleichen sind viele berühmte Magistratspersonen, viele hellsehende Kaufleute, mit denen er
Bekanntschaft machte und umgieng. Er fand, daß
sie Einsichten hatten und sinnreich waren: eine
Sache, die in Guienne eben nicht so gewöhnlich
ist; wo man insgemein das Studieren ganz gern
vernachläßiget, unter dem Vorwande, es sey schon
genug, wenn man Verstand hätte.

Unterdessen verarmt die Seele unvermerkt,
wenn man nicht Sorge trägt, ihr Nahrung zu geben. Dies war die Anmerkung des Unbekannten,
aber es hörte niemand darauf. Es waren so gar

zweene

zweene Petitsmaltres da, die ihn auszischten, sie
waren gelehrt, denn sie hatten Candide gelesen.
Die Jugend von Bourbeaux hielt Lucidor für sehr
liebenswürdig und für sehr spirituel.

Die Verschönerungen der Stadt waren ihm
ein Beweis, was ein eifriger Intendant vermag.
Herr von Tourny gab Bourdeaux ein ganz neues
Ansehen. Man segnet hier sein Andenken, eine
Dankbarkeit, die man ihm mit Recht schuldig ist.

Die Aussicht des Hafens konnte unser Reisende nicht genug bewundern. Es ist so wie zu Con-
stantinopel im Kleinen.

Ueber die Thätigkeit der Handelsleute war er
sehr erfreut, ob er schon weniger Liebe zu den
Ergötzlichkeiten und zum Luxus zu erblicken wünschte. Eine Handelsstadt muß die Pracht und Wollust
fürchten. Die besten Glücksgüter zerschmelzen,
wenn man sich nicht in gehörige Gränzen einzuschränken weiß.

Er sah eine Menge Amerikaner, die unmäßig Geld verthaten, bloß in Hoffnung, bald wieder
auf die Inseln zu kommen, um dort ihren Schaden wieder zu heilen und den erlittenen Verlust zu
ersetzen. Das ist so ihre Mode, insgemein reisen
sie erst alsdenn wieder zurück, wenn sie kein Geld
mehr haben.

Die Buchhändler, die er wollte kennen lernen,
waren verständige Männer, und hatten ansehnliche Buchläden.

R 5   In

In den großen Städten giebt es Leser von
verschiedener Art; aber es geht hier eben so, wie
anderwärts, das getäubelte wird dem soliden vor-
gezogen. Er ließ sich einige Stücke aus der neuen
Geschichte von Guienne, vom Hrn. Vienne von der
Congregation des heiligen Maurus, vorlesen, und,
bezeugte ihm seine Zufriedenheit darüber.

Er vermuthete, daß es eben nicht schmeichel-
haft für die Damen wäre, die einen vorzüglichen
Rang behaupten, daß sie sich bey Schauspielen einigermaßen durch Frauenzimmer verdunkelt sehen,
die man fürs Geld hält, und die eine Pracht an sich
blicken lassen, daß man mit Fingern auf sie zeiget.
Die vernünftigen Leute murrten und die Petits-
Maitres lachten darüber, aber der Gebrauch hatte
nun einmal überhand genommen. Die Gewohnheit ist ein schrecklicher Tyrann.

Hierauf reisete er nach Aachen, wo er ein zum
Handel und zur Gesellschaft fähiges und geschick-
tes Genie antraf. In Villeneuve, wo er durchreisete, sah er nur kleine Proben von Wissenschaft
und Verstand; durch Cahors reisete er auch, wo
man nur an Vorschlägen reich ist. Zu Condom
aber hielt er sich einige Zeit auf, das nannte er den
Gasconischen Areopagus; hierauf kam er nach
Bayonne, ein wegen der Lebhaftigkeit der Einwohner munterer Ort, vorher aber besuchte er Saint-
Severe Cap, Dax, und viele andre Oerter auf eben
diesen Fuß, und bemerkte, daß man sich, statt eifersüchtig gegen einander zu seyn, wechselsweise er-

hob,

hob, und daß man viel Ehrgeiz hatte. Die Ga-
sconier geben sich gern ein Ansehen, nicht eben
durch den Aufwand, sondern durchs Plaudern.

„Bey Gott, wenn Sie uns sehen, sagte einer
unter ihnen zu ihm, so sehen Sie Menschen, die Aufsehen machen wollen, entweder durch den Ruhm,
oder durch den Verstand. Unsre Seele ist ein Flin-
tenstein, auf den wir unaufhörlich schlagen, um
uns ins Licht zu setzen. Das Leben ist unglücklich
und elend, wenn man nicht weis, es glänzen zu machen. Man muß in dieser Welt Glück haben, fleis-
sig seyn oder doch wenigstens viel schwatzen können.
Wir beklagen einen Menschen, und haben Mitleid
mit ihm, wenn er niemanden blenden kann. Ich
wollte lieber nur ein schimmerndes Johanniswürm-
chen seyn, als in der Dunkelheit bleiben. Wir
verlassen unsre Provinz geschwind, wenn unser vä-
terliches Haus nicht Glanz genug hat.

„Wir lieben den Verstand im Auszuge. Man
ist allemal angenehm, wenn man eine Sache nur
obenhin berührt. Wir erhaschen unsre Wissenschaften und Gelehrsamkeit im Vorbeygehen flüchtig,
das Pulver entzündet sich, der Schuß geht loß, und
der Sieg ist unsre. Auch, wenn die Rede vom schönen Geiste ist, bezahlen wir allemal mit baarem
Gelde: es giebt einige unter uns, die niemals
keine andre Münze gekannt haben. Am Ende ist
ein Einfall doch immer einen Thaler werth.

„Man erzählt uns von unsrer zartesten Kindheit auf die schönen Einfälle und witzigen Wen-
dungen,

dungen, die unſre Landsleute gehabt haben; das
iſt ein Stachel der uns ſpornt. Unſre Einbildungskraft muß uns Hülfsmittel oder gültige Ent-
ſchuldigungen an die Hand geben, außerdem würden wir uns gar bald mit ihr überwerfen, und un-
eins werden.

Lucidor mußte ſehr über dieſen Einfall lachen.
Er traf keinen Gaſconier an, den er nicht fragte,
und allemal gaben ſie ſich für die jüngſten aus.
Alſo, ſagte er, müſſen die älteſten alle geſtorben
oder verloren ſeyn, oder ſie wagen es wegen der
Mittelmäßigkeit ihrer Einkünfte nicht, ſich dafür
auszugeben. Die Eitelkeit ſympathiſirt nicht mit
der Aufrichtigkeit.

Acht und ſechzigſtes Hauptſtück.

Von Bearn und Rouſillon.

Das Andenken Heinrichs des Vierten führte
unſern Reiſenden ins Bearniſche. Entzückt
die Wiege eines Fürſten zu ſehen, der der Vernunft
ſo viel Ehre machte, legte er ſeine Lippen auf die
Mauern des Schloſſes, wo er geboren worden war.
Dadurch wollte er uns lehren, wie ſehr uns die
großen Männer ſchätzbar ſeyn müſſen.

Er kroch überall in allen Gegenden herum, die
fähig waren, ihm einige Begriffe von dieſem ſo geliebten Monarchen zu machen; und zu Nay, in
einer kleinen Stadt erfuhr er, daß Heinrich der
Vierte, da er noch jung war, ſich das Vergnügen
machte,

machte, sich in die Finger zu stechen, und sich zur Ader zu lassen, um sich, wie er sagte, zu den Schlachten zu gewöhnen, die das Schicksal ihm bestimmt hätte. Große Männer geben sich insgemein gleich von Kindheit auf zu erkennen.

Lucid.. wurde bey dieser Erzählung ganz entzückt.

Das Bearnsische Genie gefiel ihm besonders. Es ist mit einer Freymüthigkeit und Stärke vermischt, die die Menschheit erheben.

Er blieb einige Tage zu Pau, ohne es gewahr zu werden. Eine liebenswürdige Gesellschaft machte, daß er die Zeit und alles vergaß. Petitsmaitres würden sich nicht vorstellen können, daß man zwey hundert Meilen von Paris irgend ein Vergnügen finden könnte; aber die Vernunft hat weder jenen Geschmack, noch jener ihre Augen. Er fand an den Navarrern Leute, die allemal tanzend gehen, und die nichts als Munterkeit athmen.

Roußillon hat das unbequeme der Gränzörter: das ist ein sonderbares Gemenge von Franzosen und Spaniern. Man nahm ihn ziemlich stolz auf. Die Höflichkeitsbezeugungen hier zu Lande haben etwas herrschendes und gebietendes. Er wollte den Einwohnern mehr Eifer zum Studiren einflößen, er reisete aber ab, ohne sie überredet zu haben; dies gieng ihm aber um so viel mehr nahe, da man zu Perpignan viel Verstand hat.

Er

Er bewunderte öfters die Pyrenäen, diese stolzen Gebirge, deren Gipfel sich in den Wolken
verliert. Ihr Anblick erzeuget Betrachtungen
über die Schöpfung der Welt, und über ihre Erhaltung. Er gieng mit einer Art von Wollust mitten in den Schatten spazieren, die sie von sich und
um sich herum werfen, und an den Flüssen, die
aus ihrem Schooße hervorquillen. Das Schauspiel der Natur ist für die Vernunft das interessanteste.

Neun und sechzigstes Hauptstück.

Von Languedoc.

Diese Provinz konnte der Neugierde unsers Reisenden nicht entgehen. Sie ist immer das
Land der Wissenschaften gewesen, und hat sich allezeit rühmen können, Gelehrte zu haben.

Toulouse interessirte ihn sehr: er fand da Männer, trotz des Luxus und der Vergnügungen; aber
sie gestunden ihm auch, daß ihre Stadt sich gar
nicht mehr ähnlich und kenntlich wäre, seitdem
man die edle Einfalt verlassen hätte. Man entzog sich so gar die Nahrung, um bordirte Kleider
zu tragen, und um Geld zu verderblichen Spielen zu
haben. Als wenn die Hoheit mit einer so lächerlichen Oekonomie bestehen könnte.

Man verfiel überdies in den Belesprit, und
wollte witzig seyn, und viele begnügten sich, Gelehrte aus Auszügen zu seyn. Das ist der Dienst,

den

den uns, die sogenannten Dictionnairs und jetzigen
Modebrochüren geleistet haben; hat man sie gelesen,so fället man ein Urtheil, ohne sich widersprechen
zu laffen.

Jeder wollte den liebenswürdigen Fremden sehen;
diejenigen aber, welche sich eine gebietende Mine
geben und etwas vorstellen wollen, baten ihn nicht
zu Tische. So bald man sich zu Tische setzt, schließt
man die Häuser hermetisch zu. Zweene Mägen
würden in Touraine und Angoumois nicht zurei-
chen, und in Languedoc ist einer zu viel. Der Ap-
petit richtet sich nach der Gewohnheit des Landes.

Man hätte sehr gewünscht, daß Lucidor gespielt
hätte, aber außerdem, daß er nicht gern seine Zeit
verderbte, fürchtete er sich auch, man möchte für
ihm gar zu viel Fertigkeit im Spielen haben. Die
Furchtsamkeit ist bisweilen Klugheit.

Die Frauenzimmer haben eine Lebhaftigkeit der
Sprache und des Verstandes, die man nicht müde wird, zu bewundern. Sie haben so gar mehr
gelernt, als anderwärts, und zu allem Glück spielen sie nicht die Rolle der Gelehrtinnen.

Das Parlament, die Universität, die Akademie
zogen seine ganze Aufmerksamkeit auf sich. Die
Sitten, der Verstand, der Accent, das Land selbst
schienen ihm sehr angenehm zu seyn; man setzt hier
alles im Superlativo.

Man zeigte ihm einige Gebäude, und vorzüglich das Rathhaus, als sehr sehenswürdige Denkmäler, die er sehr bewunderte.

Er

Er traf auch Betschwestern an, welche Abrech-
nungen auf die Glückseligkeit des andern Lebens
hielten, weil sie sich hier mit vielem Eifer alle Bequemlichkeiten und Delikatessen dieses Lebens zu
verschaffen suchten.

Er bemerkte, daß das Consulat an dem Ver-
fall des Handels Schuld, und folglich Toulouse
beynahe eine schöne Wüste wäre. Alle Städte
können nicht großen Handel treiben. Sie würden sich einander wechselseitig schaden.

Er gieng täglich an den Ufern des Canals spazieren; er verdient von einem Reisenden besehn
zu werden. Hier erinnerte er sich an die großen
Männer, die das Jahrhundert Ludwigs des Vierzehnten berühmt gemacht haben, und an die Meisterstücke, die aus ihren Händen kamen, und zog
daraus den Schluß, daß sie tiefdenkend gewesen,
und daß wir sehr flüchtig sind.

Er ließ sich, nach seiner Gewohnheit, von den
Gesetzen und Gewohnheiten des Landes unterrich-
ten, die hier im lebhaften Gebrauch und im Gange sind, und sagte hierbey, daß ein und ebendasselbe
Reich nur einerley Gesetzbuch haben sollte, und
daß er nicht begreifen könnte, daß man, wenn
man aus einer Provinz in die andre reisete, ganz
verschiedne Gewohnheiten und Gebräuche, sich wo
niederzulassen und sein Gewerbe zu treiben, ein
Testament zu machen, und eine Erbschaft zu erlangen, anträfe. Die Natur wird überall durch einerley

nerley Gesetze regulirt, warum ahmt man sie
nicht nach?

Man überreichte ihm Verse, die man ihm zu
Ehren gemacht hatte; die Touloufer legen sich gern
auf die Dichtkunst, und er lobte sie noch weit mehr,
als er gelobt worden war, weil sie gut waren.
Die Vernunft kennet keine falsche Bescheidenheit.

Sein Aufenthalt zu Montauban, einer seiner
Lage wegen sehr angenehmen Stadt, verschaffte
ihm die Gesellschafft vieler sehr liebenswürdigen
Personen. Ihr Umgang war sehr nach seinem
Geschmack, und er reisete sehr ungern weg, um sich
nach Beziers zu begeben.

Er gieng durch Naillour, wo er von ohngefähr
einem jungen Menschen, von guter Geburt, interessant durch seine Figur und durch seine Anmuth,
begegnete, der aber von herrschenden Leidenschaften gefoltert wurde. Er sah in das Innerste seines Herzens, er hatte Mitleiden mit seiner Verfassung, er gab ihm den zärtlichsten und einsichtsvollsten Rath, den er ihm nur geben konnte, und
hatte endlich das Glück, zum Zweck zu gelangen,
einen Weisen aus ihm zu machen. Wenn man
kräftigen Rath geben will, so muß man wie die
Vernunft reden. Hitze oder Härte macht aufgebracht, anstatt zu bessern.

Beziers, das auf einer Höhe liegt, wie ein Vo-
gel auf einem Baume sitzt, ist für diejenigen unvergleichlich, die gute Luft und wohlfeil Leben lieben. Er hielt sich hier auch nur auf, um Athem

zu holen, gesunde Luft zu schöpfen, und da Abends zu essen.

Montpellier schien ihm das Ansehen und den Ruf, in welchem es stehet, mit Recht zu verdienen. Er traf hier Verstand und Gesellschaft, aber auch einen für das Vergnügen zu sehr eingenommenen Geschmack an. Die Leidenschaften walleten hier wie das Blut, und es ist kein kleines Verdienst, zu wissen, wie man sie dämpfen soll.

Die medicinische Fakultät tractirte ihn mit Disputationen und Werken, die des Beyfalls eines Börhave würdig waren. Man studirte mit Eifer, und räumte der Einbildungskraft und dem Ohngefähr nichts ein, aber der Tod gieng doch nichts destoweniger seinen gewöhnlichen Gang fort.

Das Land war mit Oelbäumen besetzt, die aber nicht hinreichend waren, viel Schatten auszubreiten und die Aussicht angenehm zu machen, und dies überzeugte unsern Lucidor, daß man die Felder von Languedoc mit zu großem Enthusiasmus lobet, und daß sie weder mit Touraine, noch mit dem Orleanischen verglichen werden können, er wollte aber nicht streiten. Desto schlimmer für die, welche nicht seiner Meynung sind.

Er besah Narbonne und Carcassonne, beydes an und vor sich kleine Städte, die aber der Verstand der Einwohner groß macht. Er besah auch noch andre, wo es schien, als ob eine Generation gar verloren gegangen wäre. Es waren nur

Kinder

Kinder und Greise da, nicht eine Person von mitt-
lern Alter.

Hierauf reisete er durch Nimes, eine Stadt, die
ihres Amphitheaters wegen berühmt ist, das ein
Werk der Römer ist, das sich, ungeachtet der Länge der Zeit, dennoch ziemlich gut erhalten hat.
Aus Höflichkeit und Gefälligkeit spielte er, eine
nöthige Sache, wenn man bey den Languedockern
speisen will.

Er machte mit Leuten von großem Verstande
Bekanntschaft, das Land hat keinen Mangel daran: sie waren nicht allemal seiner Meynung. Es
ist ein großer Unterschied zwischen dem guten natürlichen Verstande und dem schönen Geiste.

Verschiedene Frauenzimmer wußten ihn gut zu
unterhalten: sie haben ungezwungene Manieren,
einen lebhaften Umgang, und ihrem Stande angemessene Belesenheit.

Der Handel unterhält die Stadt. Man fa-
bricirt hier ziemlich schlechte Strümpfe, man setzt
sie aber doch ab, weil man sie um einen sehr billigen Preis verkauft, und weil man sich nicht überreden kann, daß eine gute Waare niemals theuer ist.

Er reisete über die Sevennischen Gebirge, durch
ein Land, wo man sich nicht gern lange aufhält,
und wo der Fanatismus, der offenbare Feind der
Vernunft, so viele eben so lächerliche, als blu-
tende Scenen auffstellt; in Rovergne wurde er von
verständigen Leuten mit vieler Ehre empfangen,

S 2 und

und besonders zu Rhodes, wo ein Gasconisches Genie herrscht.

Siebenzigstes Hauptstück.

Von Auvergne.

Lucidor hatte niemals so viel vom Adel reden gehört, als seitdem er in dieser Provinz war. Er wurde überall von Edelleuten angefallen, deren Namen sich auf ac endigten, und die wirklich sehr alt waren, ob man schon nicht verbunden war, alles zu glauben, was sie davon sagten; denn man hätte müssen annehmen, daß sie aus jenen Jahrhunderten wären, von denen man fast gar nichts weis. Das ist die Marotte fast aller Edelleute, die auf dem Lande wohnen. Sie haben Genealogien, die kein Mensch versteht.

Dem sey aber wie ihm wolle, der Adel in Auvergne ist einer der besten im ganzen Königreiche. Lucidor aber, der allemal die Gelehrten dem Adel vorzog, hätte mehr Gelehrsamkeit als Alter des Adels zu finden gewünscht. Der Mann, der Kenntnisse hat, existirt durch sich selbst; derjenige aber, der nur seinen Stand für sich hat, lebt nur durch seine Vorfahren und Ahnen.

Unaufhörlich wiederholte Einladungen zu Tische führten ihn von einem Schlosse zum andern, wo man ihn mit guten Essen und mit Einfällen überhäufte, die ein gutes Herz verriethen, die aber nichts von der Delikatesse dieses Jahrhunderts hatten. Man

Man vertreibt sich hier auf manchen Landgütern
die Zeit, wie zu Zeiten Franz des Ersten, und man
sage was man wolle, das ist vielleicht immer beffer, als unsre Verfeinerung. So urtheilte Lucibor davon, er, der weder verfälschten Witz, noch
künstliche Manieren liebt.

Die Aussicht dieser verschiedenen Schlösser
brachte ihn auf den Gedanken, daß ein Dictionnaire, das uns das Detail aller Schlösser, die in
Frankreich angetroffen werden, beschriebe, nebst
beygefügten Anmerkungen, die sich auf ihren Ur-
sprung, und auf die Begebenheiten bezögen, wovon sie das Theater gewesen sind, sehr interessant, ja so gar nothwendig seyn würde; ein solches Werk müßte von der Regierung authorisirt
werden, und diejenigen, denen es aufgetragen wäre, zu verfertigen, müßten schriftliche Befehle und
Jahrgelder erhalten. Alsdenn würde jeder Herr
eines Landguts seine Archive aufschließen, und das
Werk würde mit gutem Erfolg verfertiget werden.

Clermont war kein unbequemer Ort für unsern
Philosophen: er befand sich hier recht wohl.
Man trifft hier Männer von tiefem Verstande an,
deren Kenntnisse nicht seichte sind. Er bemerkte,
daß sie ein wenig zu hartnäckig auf ihrer Meynung
blieben. Das ist der Landesgebrauch so.

Man fragte ihn oft, ob er von Adel wäre, und
da er von Seiten der Kleidung eben keine sonder-
liche Figur machte, so hätte man ihn beynahe für
einen Abanturier gehalten. Die meisten Menschen

S 3   wol-

wollen geblendet seyn. Unterdessen dienten ihm doch seine Klugheit und seine Einsichten zum sichern Geleitsbriefe.

Die großen Assembleen nahmen ihn mit einer Art von Neugierde auf, am Ende aber bewunderten sie ihn.

Man stellte ihm zu Ehren große Gastgebote an, wo man nicht bloß aß, man redete auch von wichtigen Materien: und das war sein Element.

Riom hatte viele Reize für ihn. Das Landgerichte ist so gut wie ein Parlament, wenn man nach der Wissenschaft derer davon urtheilt, aus denen es besteht. Man trifft hier die geschicktesten Advokaten an.

St. Flour schien ihm eine ziemlich traurige Stadt zu seyn. Ungeachtet der Strenge der Kälte, die man hier recht lebhaft fühlt, kannte man doch kaum den Gebrauch der Kamine. Man läßt hier zum Besten des bon sens den bel esprit fahren, welches unserm Lucidor nicht mißfiel.

Limogne, diese so angenehme als fruchtbare Gegend, wo man die arbeitsamsten Bauern antrifft, erfreuete ihn ungemein; es ist nur Schade, daß sie so halsstarrig sind, das ist aber ein Tribut, den sie dem Boden oder dem Klima abtragen müssen.

Ein

Ein und siebenzigſtes Hauptſtück.

Von Bourbonnois und Bourgogne.

Moulins nimmt die Fremden durch ſeine Spaziergänge und Geſellſchaften für ſich ein. Man nahm unſern Lucidor mit Vergnügen auf, da man ihn in einigen andern kleinen Städten des Cantons, wo man nichts weiter lieſet, als den Kalender, und ſich mit nichts andern beſchäfftiget, als mit dem Spiele, beynahe nicht einmal anſah.

Er erfuhr, als er durch Dun-le-Roi gieng, daß das Volk daſelbſt ehedeſſen abergläubiſch geweſen wäre, daß man da ſehr an Geſpenſter geglaubt hätte; daß man aber, ſeitdem der Amtmann eine Verordnung gemacht und den böſen Geiſtern verboten hätte, in die Stadt zu kommen, nicht weiter davon reden hörte.

Er nahm ſeinen Weg durch Nivernois, ein ſeiner Lage wegen angenehmes Land, und bemerkte, daß man zu Nevers die gelehrten Leute ſchätzte.

Dijon, ein an und vor ſich ſelbſt ſehr angenehmer Ort, wo man aber, wenn man gut aufgenommen ſeyn will, ſich mit Pracht und Titeln ſehen laſſen muß, nahm unſern Philoſophen doch mit einer beſondern Ehrbezeugung auf. Man verzieh ihm, daß er nicht geputzt war, weil er eine edle und gefällige Miene hatte. Oft iſt die Art und Weiſe, wie man ſich das erſtemal zeigt, beſſer, als ein Empfehlungsſchreiben. Leute, die Kopf haben, haben allezeit Hülfsmittel in ſich ſelbſt.

S 4

Die

Die Dijoner sind sinnreich, und wenn man sie beschuldiget, daß sie hochmüthig sind, so rührt es
daher, weil sie eine gewisse Würde an sich blicken
lassen.

Man unterhielt ihn von allen Werken, die her-
auskommen. Man kannte sie, und wußte davon zu urtheilen, aber man liebte hier die schlechten Bücher ein wenig zu sehr. Die Mode sollte niemals das Schicksal eines Buchs bestimmen.

Die Akademie stellte ihm gelehrte Männer vor,
deren Umgang und Unterredung etwas verführerisches hatte. Sie lasen ihm einige Abhandlungen
vor, die man bey Aufnahmen gehalten hatte, in
denen zu viel Witz war. Dergleichen Werke machen insgemein nur ein kurzes Glück, das nur einige Tage der Woche dauret, und das ist die ganze
Ehre, die sie verdienen; denn sie blenden, und
man lernt nichts daraus.

Die Frauenzimmer wollten immer unsern Philosophen in ihrer Gesellschaft haben, ob sie schon den
Verlust dabey hatten, weniger zu spielen. Sie
hatten Verstand genug, um einsehen zu können,
daß seine Reise öffentlich bekannt werden würde,
und daß man auch Dijon mit darinne anführen
würde. Einige süße Herrchen hielten ihn für einen
schwachen Kopf, worüber er herzlich bey sich
lachte.

Es ist Schade, daß diese Stadt nur zu wenig
Wasser hat, und daß die Maillebahn zu weit ent-

fernt

fernt ist. Einige uebelgesinnete schelten die Einwohner für boshaft; aber hier gelten die Anklä-
ger weniger, als die Angeklagten. Uebrigens ist
es schwer, einen lebhaften Witz zu haben, ohne ein
bisgen beißend dabey zu seyn.

Lucidor besah Citeaux, eine berühmte Abtey,
wo der Abt beynahe wie ein Souverain lebte.

Die besten Weine des Landes wurden unnützer
Weise aus Liebe für die liebenswürdigen Fremden
verschwehdet; er kostete aber nur ein wenig davon. Das ist ein Nektar, der die glücklichsten Einfälle einflößet. M. Pyrrhon befand sich sehr
wohl, wenn er davon getrunken hatte.

In Autún hielt sich Lucidor nur einen Tag auf,
den er mit Leuten von Verstande zubrachte, die
auf eine ihrer Art zu denken angemessene Weise
mit ihm sprachen. Hier gab er zween Mönchen
eine gute Lection, die ihn nicht würdigten, zu danken, als er sie grüßte. Die Eitelkeit ist vollends
recht lächerlich, wenn man sie bey Leuten antrifft,
die sich der Demuth befleißigen wollen und sollen.

Langres würde ihm gefallen haben, wenn man
nicht aus dem Spiele die Hauptbeschäfftigung
machte. Die Gesellschaften kennen hier gar keinen andern Zeitvertreib.

Er besah auch Beaune, einen Ort, von welchem man mit Unrecht allerhand einfältige Dinge
erzählt, und fuhr hernach nach Chalons-für-Saone,
auf einem Wege, der ihn an alle Wege erinnerte,
die man in Frankreich macht, und die eben so viele

S 5   Denk-

Denkmäler sind, welche die Regierung Ludwigs
des Funfzehnten verewigen.

Die Spaziergänge von Chalons schienen ihm
ganz entzückend zu seyn; und sie sind es auch in der
That. Es fehlt aber viel, daß die Stadt ihnen
entsprechen sollte; sie hat aber rechtschaffene Einwohner, welche die Fremden aufs liebreichste auf-
nehmen. Wenn sie sie auch nicht 'eben gelehrt
unterhalten, so halten sie sie doch durch ihr gutes
Herz schadlos. Sie erzeigten unserm Lucidor viel
Ehre, und wollten ihn gar nicht wieder fortreisen
lassen. Sie hielten ihn für einen guten ehrlichen
Mann, dessen Offenherzigkeit ihnen gefiel. Die
Vernunft unterscheidet sich sehr vom schönen und
witzigen Geiste, und pralt nicht mit dem, was
sie weis.

Macon war, als er durchreisete, gleich auf einem Tanzsaale concentrirt. Er wollte auch die
Einwohner in einer so wichtigen Beschäfftigung
nicht unterbrechen. Er erfuhr nur, daß sie bisweilen etwas läsen, um einigermaßen mit der Litteratur bekannt zu bleiben, und daß es Leute hier
gäbe, die einen schön gebildeten Verstand hätten.
Das Land war mit Bäuerinnen angefüllt, die eben
so reinlich, als artig waren, und an die Schäfe-
rinnen der Romane erinnerten.

Er wollte auch nach Bourg-en-Bresse reisen,
man redete es ihm aber aus; unterdessen begab
er sich doch dahin, und fand gute Gesellschaft da.
Die Vernunft unterscheidet sich sehr von den Gros-
sen,

sen, sie sieht die Sachen selbst an, und urtheilt nicht nach der vorgefaßten Meynung. Ein gewisser Autor gefiel ihm ungemein, aus welchem die Leute des Orts eben nicht viel machten. Das ist insgemein das Schicksal der Schriftsteller; sie werden immer nur da hochgeschätzt, wo sie nicht sind. Was man alle Tage sieht, scheint nicht mehr wunderbar zu seyn.

Er vergaß auch nicht, die Kirche der Franciscanermönche zu besehen, wo man die Mausoleen des Hauses Savoyen in schönen Marmor, und eine alte Uhr zeiget, die ein Jahrhundert zubringt, ehe ein Rad herumgedreht wird.

Er wollte auch nach Trevoux reisen, das mehr wegen des Journals, das von dieser Stadt den Namen hat, berühmt ist, als sie es an und vor sich ist; er sah auch nichts als einen Schatten von einer Stadt.

Dombes hatte etliche Einwohner, deren Umgang nach seinem Geschmack war, aber die kleinen Oerter sind für die Gelehrsamkeit Fesseln und Hindernisse. Man vernachläßiget sich wider seinen Willen; und was noch das ärgste ist, man will es oft nicht gestehen. Boileau sagte, es wäre mit kleinen Städten wie mit kleinen Leuten, die insgemein viel Stolz haben.

Zwey

Zwey und siebenzigstes Hauptstück.

Von Franche Comté.

Er bemerkte, daß die Einwohner der Franche-
Comté' gern Soldaten oder Mönche werden:
eine Sache, worüber man sich um so viel mehr
wundern muß, da sie die Unterwürfigkeit nicht lieben. Ihr schwankender unbeständiger Geist legt
sich nicht gern auf Wissenschaften, ob er schon sehr
geschickt dazu ist, vorzüglich auf den Gebirgen, ihr
Herz ist aber gut. Davon sah er in allen Städten,
durch die er reisete, Beweise. Er fand da höfli-
che Leute, die nicht viel Komplimente machten, aber
auch nicht falsch waren. Die Redlichkeit ist um
so viel mehr zu bewundern, je seltener sie ist.

Besançon interessirte ihn wegen seiner Forti-
ficationen, und noch mehr wegen der Gesellschaft.
Die Officiere vermehren die gute Gesellschaft, und
man findet hier zuverläßig sehr liebenswürdige
Frauenzimmer, und sehr gelehrte Männer. Er
unterhielt sich einigemal mit ihnen von den Wissenschaften, wobey sie aber durch das Spiel unter-
brochen wurden: es ist nothwendig, wenn es nicht
höher und weiter getrieben wird. Es reißt diejenigen aus der Verlegenheit, die sich nicht zu
unterhalten wissen, oder die sich nicht wollen die
Mühe geben zu reden. Alles was die Zunge fes-
selt und zu reden hindert, kann für etwas gutes
gehalten werden.

Man

Man bemächtigte sich seiner, wie einer Person,
der man mit Nutzen zuhören könnte. Man sagte
sehr vortreffliche Sachen, und es wäre zu wünschen, daß wir sie noch hätten.

Er fand unter andern auch viele Personen, die
zufrieden waren, daß sie existirten. Die Nacheiferung ist eben nicht das, was den Einwohnern dieser Provinz viel Unruhe macht. Wenn man Do-
le, Salins, Gray, Poligny, Lons-le-Saunier ausnimmt, so kennt man übrigens die Literatur und
Wissenschaften nur aus einigen Journalen, die
so aussehen, als ob sie sich hieher verirrt hätten.
Die Lebensmittel sind hier wohlfeil, und man macht
sich dieses zu Nutze, ohne sich sonderlich weiter um
die Regierung dieser weiten Welt zu bekümmern.

Unser Philosoph kam von ohngefähr in ein
Cenobitenhaus. Man sprach weder von Büchern,
noch von Neuigkeiten mit ihm; aber hingegen tractirte man ihn vortrefflich. Es giebt Leute, die
alle Zeitungen, ja alle Bibliotheken für eine gute
Mittagsmahlzeit hingeben würden. Unterdessen
trifft man doch fast in allen diesen Klöstern gute
und gewählte Bibliotheken an.

Drey

Drey und siebenzigstes Hauptstück.

Von Lyonnois.

Willefranche, so klein es auch ist, war in Lucidors Augen kein gleichgültiger Gegenstand. Er kannte hier seit langer Zeit Männer, die ihrer Talente wegen alle Hochachtung verdienten, und die er mit Vergnügen besuchte. Sie sprachen mit ihm von ihrer Akademie, die immer noch mit Vorzug fortdauert, und sich auszeichnet, die aber den Eifer nicht haben kann, den eine große Anzahl einflößet. Die Erstarrung scheint das Loos der kleinen Städte zu seyn, die Seele muß Auftritte haben, die sie in Bewegung setzen.

Der Anblick von Lyon war eine interessante Sache für unsern Reisenden. Dieser in Ansehung des Umfanges seines Handels, und der Anzahl seiner Einwohner ungemein große Ort, stellte ihm in Gedanken Paris vor. Dies ist die Stadt in Frankreich, was auch die von Marseille und Bourdeaux sagen mögen, welche die Hauptstadt am besten in der Kopie vorstellt; sie werden es aber nicht zugeben. Das Vorurtheil ist ein unheilbares Uebel.

Er sah sich überall um, und sah so viel Manufacturen, so viel Magazine, so viel Handwerker und Künstler, daß seine Augen dadurch ermüdet wurden. Das Gold wird hier mit eben so vieler Pracht als Gelehrigkeit verarbeitet. Man sieht

es auf tausend verschiednen Stoffen vertheilt, und
mit einem unbeschreiblichen Geschmacke unter der
Seide vermischt. Je mehr sich die Moden ändern,
je schöner wird es. Jedes Jahr giebt ihm einen
neuen Glanz. Die Industrie ist die Nacheiferinn
der Natur.

In Lyon kleiden sich die Adelichen und Souverains von Norden und Mittag, und hier borgt Paris den Geschmack, der die Mode macht, und den
Ton angiebt.

Unser Reisende konnte daher auch nicht unterlassen zu sagen, daß eine Manufactur nicht besser
angebracht werden könnte, als bey den Einwohnern von Lyon. Sie haben die Geduld und das
Genie, das fähig ist, die schönsten und prächtigsten
Stoffe zu liefern. Die Stoffe, die man anderwärts macht, sind nur Parodien davon.

Seine Unterredungen mit einigen Gliedern
des Rathhauses, und mit einigen Mitgliedern der
Akademie, setzten ihn im Stand, einzusehen, wie
weit sich der Geist des Landes erstreckt. Er vernachläßigte die Gesellschaft der Kaufleute nicht;
sie haben Einsichten, wodurch sie sich in der That
sehr empfehlen; er verwunderte sich aber, einige
darunter zu finden, die, ungeachtet der Schönheit
und Zierlichkeit ihrer Kleider, eine grobe Sprache
hatten. Die Vermögensumstände bessern selten
eine schlechte Erziehung. Lyon ist allen großen
Städten ähnlich, man kommt aus allen Ländern
hie-

hieher; und die Fremden, die sich hier niederlassen, scheinen nicht allemal die beste Erziehung gehabt zu haben.

Die Gastgebote, die man ihm zu Ehren anstellte, verriethen Reichthum und Ueberfluß. Der Handel ist der Vater der Reichthümer. Er war mit dem Umgange der Frauenzimmer und mit ihrem Betragen überhaupt sehr zufrieden. Sie haben ein edles Betragen und eine Miene, die der Adel nicht allemal giebt.

Der Platz von Belcourt, den er an einem Festtage besuchte, schien ihm der zweyte Tom der Thuillerien zu seyn. Der Staat und die Menge von Menschen machten ihn zu einem ausnehmend reizenden Spatzierorte. Das Prisma kann den Augen nicht mehr Farben und Verschiedenheit vorlegen.

Das Collegium konnte seinen Untersuchungen nicht entgehen. Die Studia blühen hier, und überdies ist die Bibliothek ein Monument, das allen Reisenden bekannt ist. Er suchte darinne nach, fand aber doch nicht die seltenen Bücher, die den Schatz der Neugierigen ausmachen.

Die edle Einfalt, wodurch sich die Kirche zu Lyon auszeichnet, und die sie von einer Menge anderwärts üblicher Gebräuche entlediget, war sehr nach Lucidors Geschmack. Nichts ist majestätischer, als ein ehrwürdiges Alterthum, der Luxus und die Mode mögen auch sagen was sie wollen.

Nach-

Nachdem er die Stadt genau in Augenschein
genommen hatte, wo die Gebäude, Spaziergänge
am Ufer, und besonders der Zusammenfluß der Rhö-
ne und Saone den reizendesten Anblick verschaffen,
besah er das Erzbisthum, und das Landhaus, das
dazu gehört. Dies sind zween Gegenstände, die
einen neugierigen Reisenden sehr interessiren.

Hierauf begab er sich aufs Land, man trifft da
kostbare Landhäuser an, wohin man die Fremden
sehr gern einladet, und wo die Lyonner einen edlen Aufwand machen.

Es giebt einige, von denen sie beschuldiget werden, als ob sie nicht aufrichtig wären, aber Lucidor fällte dieses Urtheil nicht von ihnen. Die
Vernunft hat Grund, günstiger davon zu urtheilen.

Es war billig, daß er auch Forez, und die
Ufer des Lignon besah, die von dem Verfasser der
Astrea so angenehm besungen worden sind.

Montbrißon, ob es schon an und vor sich eine
sehr kleine Stadt ist, schien ihm in Ansehung der
Männer von Genie, die sie gehabt hat, sehr groß.
Der Witz scheint sich hier mehr, als anderwärts
zu gefallen.

T   Vier

Vier und siebenzigstes Hauptstück.

Von Vivarez und der Grafschaft Venaissin.

Er reisete über Puy in Velay, weil ihn sein Weg dahin trug, und sah, daß sich die Einwohner, (der Bischof des Orts, Herr von Pompignan, und einige andre noch ausgenommen,) mit nichts als gutem Essen und Trinken, und mit dem Spiele beschäfftigten, ohne Zweifel, um die Lage ihrer Stadt zu vergessen, die ganz abscheulich ist.

Vivarez war nichts als ein Land, wo es nicht an Lebensmitteln fehlt, wo man wohlfeil lebte, aber die Literatur nur vom Hörensagen oder aus einigen Brochüren kannte, die von des Königs Garden hieher gebracht wurden. Man ließ den Sternen und allen Weltbegebenheiten ihren Lauf, ohne sich um ihre Revolutionen zu bekümmern; und man war deswegen doch nicht minder glücklich. Unterdessen könnte sich Viviers, als die Hauptstadt, doch rühmen, daß sie einige gelehrte Männer hat, sie ist aber bescheiden, und sagt nicht ein Wort davon.

In der Grafschaft, die man den Päbsten so oft streitig gemacht hat, und die so schön liegt, um zu Frankreich zu gehören, fand er viel Verstand und viel Gelehrsamkeit. Ein wenig Ultramontanismus verbarb die Studien; aber wo eine neue Regierung ist, da ist auch eine neue Art zu lehren.

Wenn

Wenn das Innere von Avignon dem Aeußerlichen entspräche, so würde sie eine der vornehmsten
Städte im Reiche seyn. Die Luft ist hier nur ge-
sund, insofern sie der Wind reiniget. Man findet
hier einen sich sehr auszeichnenden Adel, der sich
aber vermittelst der Komplimente und Verbeugungen sehr geschickt loszuwickeln weiß, daß er nichts
zu essen geben darf. Die Väter hatten es so im
Gebrauch, die Söhne thun ein gleiches. Uebrigens hat man in der Stadt einen vortrefflichen
Gasthof.

Er besuchte einige Klöster, die mit verständigen
Leuten besetzt waren. Der Ehrgeiz bringt allen
Mönchen und Geistlichen, die an Italien stoßen,
Geschmack an der Arbeit bey. Man will Bischof,
oder doch wenigstens Theologe eines oder des andern Kardinals werden; anstatt, daß man anderwärts Graf oder Marquis seyn muß, wenn man
eine Landschaft regieren will.

Carpentras und Cavaillon wurden auch eine
nach der andern von unserm Philosophen besucht,
und man bemühte sich eifrig, ihn kennen zu lernen.
Er trug kein Bedenken, zu gestehen, daß Abgaben
die Nachläßigkeit verdrängen, und dem Lande Aer-
ine geben würden. Der Boden ist an und für sich
sehr gut, und er hat weiter keiner Hülfe nöthig, als
dieser, wenn nur die Taxen verhältnißmäßig darnach eingerichtet sind.

T 2

Man

Man zeigte ihm viele Ueberbleibfel von Päb-
ften, die in Avignon ihren Sitz gehabt hatten. Der
Aufenthalt der Souverains ift für ein Land eine
Quelle der Verbefferungen und Verfchönerungen.
Ihre Gegenwart macht fruchtbar und belebt, wie
die Gegenwart der Sonne.

Vier Bisthümer in einem fo kleinen Gebiete
brachten ihn auf die Anmerkung, daß die Diöcefen
weit beffer in Ordnung erhalten werden, wenn fie
keinen allzugroßen Umfang haben, und daß die
Prälaten, weil fie alsdenn minder reich find, mehr
Einfalt an fich blicken laffen. Der Ueberfluß und
Reichthum ift der Verderb der guten Sitten, und
die Grundlage des Hochmuths.

Die Quelle bey Vauclüfe, die von den Poeten
fo gerühmt wird, und fähig ift, durch die artigen Betrachtungen, die der Ueberfluß und das Mürmeln der
Gewäffer einflößt, Dichter zu bilden, zog feine Auf-
merkfamkeit lange auf fich. Die Vernunft liebt
die Gegenftände, die zu denken geben.

Von Lille konnte er gar nicht wieder wegkom-
men, eine Stadt, die aus dem Schooße der Wellen
hervorzufteigen fcheint, und von welcher man auf
ein unermeßliches Terrain herabfieht, das von einer Menge Bäume und Bäche durchfchnitten wird;
wenn man aber da wohnen will, fo muß man fich
der Einfamkeit widmen. Man fieht hier nichts
als Juden und einige Bürger. Eine ungleiche
Gefellfchaft ift eine wahre Pein.

Ehe-

Ehedeſſen kamen die Fremden häufig in dieſe Grafſchaft, um hier wohlfeil zu leben. Aber dieſe glückliche Zeit iſt vorbey. Der Luxus und die ſchlechten Erndten haben alles theuer gemacht.

Fünf und ſiebenzigſtes Hauptſtück.

Von Provence.

Kaum hatte Lucidor den Fuß in dieſes Land geſetzt, ſo kannte er ſchon alle Vorzüge deſſelben: Der Verſtand der Einwohner entſpricht der Schönheit des Klima, und die Einbildungskraft hat an der Sonnenhitze Antheil. Die vortrefflichſten Prediger, Maßillon, Molinier, Surian, Renault, ſind in Provence geboren.

Aix hat Gelehrte, Marſeille Männer von Genie, Arles liebenswürdige Frauenzimmer, aber überall herrſcht ein ehrgeiziger oder intriganter Geiſt. Er bemerkte dieſen Fehler ſo gar bey Perſonen, die dem äußerlichen Anſehen nach die beſcheidenſten waren. Der Ehrgeiz verbirgt ſich ſehr ſchwer.

So wie er einen Schritt in Marſeille that, eine eben ſo ſchöne als unruhige Stadt, ſo fiel ihm auch der Luxus mit dem Gefolge aller Leidenſchaften in die Augen.

Man machte ihn bey den vornehmſten Kaufleuten bekannt, wo er ſowohl in der Ausmeublirung der Zimmer, als auch bey den Mahlzeiten,

T 3

einen

einen kleinen Abriß aller vier Theile der Welt sah.
Der Handel schafft die seltensten und entferntesten
Sachen herbey.

Der Hafen, ein Sammelplatz aller Nationen,
schien ihm eine Welt zu seyn. Das ist der lebhaf-
teste und bevölkerteste Ort in ganz Frankreich.
Man schifft sich hier ein in alle Länder der Welt,
und setzt hier das größeste Vermögen aufs Spiel.
Die Dinge dieser Welt sind höchst ungewiß und
unbeständig.

Er fand, daß die Aussicht der Bastiden, dieser Landhäuser, welche Marseille ein schönes Ansehen geben, und höher als die Stadt liegen, gleichsam eine bezaubernde Optik ist, daß sie aber zu klein
sind, und zu nahe bey einander liegen, als daß diejenigen, die sie bewohnen, nicht einen gewissen
Zwang leiden sollten. Ein Philosoph fürchtet die
Blicke des Publicums nicht, aber es ist nicht ein
jeder Philosoph.

Er hätte gewünscht, daß das ausschweifende und
liederliche Leben aufhören, und daß man nicht mehr
damit prahlen möchte; daß alle Mercure, wovon
die Stadt wimmelt, strenge bestraft würden; daß
man dem Laufe des Wuchers Einhalt thäte; daß
man Geschmack an einer weisen und gründlichen
Belesenheit fände, und daß man weniger Pracht
im gemeinen Leben blicken ließe; aber die Wünsche der Vernunft sind nicht die Wünsche des Publicums.

In

In Marseille athmet man das Vergnügen wie
die Luft ein; und wenn man nicht sorgfältig auf sich
Achtung giebt und nicht wachsam ist, so hat man
sich bald weibische Sitten angewöhnt. Die Menge
der Gelegenheiten, die Mischung vieler Nationen,
die Hitze des Klima, alles alles trägt zum Triumph
der Wollust bey.

Man bat ihn, daß er einer Seßion der Akademie mit beywohnen möchte; er that es, und wurde
da das Genie des Landes, nervichte Ausdrücke, edle
Gedanken und kühne Bilder gewahr. Der Witz
bey den Einwohnern der Provence kocht und wal-
let auf wie das Blut. Ihre muntern Einfälle haben eine ganz andre Kraft, als der Gascogner ihre.

Die Frauenzimmer empfinden diese Gährung
sehr hoch und mit vielem Unwillen. Sie sind in
ihrem Zorne eben so schrecklich, als lebhaft in ihrem
Umgange. In ihrer Gesellschaft spürt man weder Laulichkeit, noch Langeweile. Nichts ist liebenswürdiger, wenn sie sich zu mäßigen wissen;
aber das kostet ihnen viel, wenn sie sich diese Gewalt anthun sollen.

Aix wäre für unsern Lucidor ein bequemer
Ort zu wohnen gewesen, wenn er sich in Provence hätte niederlassen wollen. Der Magistrat fes-
selt die Gemüther durch den Geist, der sie beseelt,
und macht die Gesetze durch die Schönheit der Beredsamkeit beliebt und angenehm.

T 4

Als unser Reisende eines Tages auf dem Spazierplatze auf und nieder gieng, begegnete er zween
Menschen, welche heftig über das, was man Vernunft nennt, disputirten. Der eine behauptete, es
wäre nur eine Chimäre, der die Vorurtheile einen
Körper beylegten; der andre meynte, sie existire
unabhängig von allen Vorurtheilen. Sie waren
im Begriff, sich an Lucidor zu wenden, und ihn zum
Schiedsrichter anzunehmen, sie änderten aber sogleich ihr Vorhaben. Dieser Reisende wird uns
nicht verstehen, sagten sie beyderseits. Es ist gewiß so einer, wie viele andre, die in der Welt herum-
laufen, und nichts wissen.

Man sieht hieraus, wie gut sie sich auf die Physionomie verstehen mußten, und man wird leicht
glauben daß sie nicht aus der Provence waren. Sie
haben ein sichereres und feineres Gefühl.

Diese kleine Scene vergnügte unsern Philosophen ungemein. Er erzählte sie mit Vergnügen.

Toulon gab ihm Gelegenheit, sich in dem zu un-
terrichten, was zur Marine gehört. Er sagte hier
zu den Officiers, die er sehr liebenswürdig und sehr
gut unterrichtet fand, daß man den Hafen zu Am-
bleteuse in Picardie sehr unrecht und unschicklich
vernachläßigte, und daß man großen Vortheil daraus ziehen könnte.

Ueberhaupt war er sehr mit der Aufnahme in
der Provence zufrieden; die Einwohner derselben
lieben

neben den äußerlichen Glanz, aber ihre Mahlzeiten sind in Mignatur.

In allen kleinen Städten waren hier und da witzige Leute; man kannte da die neuen Werke, und schrieb auch hier einige. Er besuchte die Assembleen, wo beständig eine oder die andre Metapher die Aufmerksamkeit rege machte. Die Figuren geben einer Rede mehr Kühnheit, die bey den Provencern sehr gewöhnlich ist.

Das Land schien ihm minder reich als ange-nehm zu seyn; es ist, nach dem Ausdrucke des Hrn. Godeau, eine wohlriechende, parfümirte Bettlerinn. Es hat Oliven- Myrrthen- Orangenbäume, aber kein Holz, keine Wiesen, und fast kein Getraide. Die Hügel scheinen zu nichts bequemer zu seyn, als Schöpse zu ernähren. Es ist ein trocknes und steinigtes Land, wo nichts als Thymian wächst.

Die Bauernsprache hat viel ähnliches mit dem Italiänischen. Lucidor bemerkte hierbey sehr rich-tig, daß mehr als die Hälfte von Frankreich nicht französisch redet.

Er sah Bisthümer, die man ehrbare Exilia nennt, weil sie so weit entfernt von Paris sind, und sehr wenig eintragen. Der Kardinal von Polignac nannte daher auch diejenigen, die sie besaßen, im Scherz Landbischöfe. Unterdessen sind doch aus diesen Bisthümern die größten Prälaten gekommen. Weder der Umfang noch die Einkünfte einer Diöces

T 5 machen

machen das Verdienst eines Geistlichen aus. Der große Bossuet war nur Bischof zu Meaux.

Sechs und siebenzigstes Hauptstück.

Von Dauphine'.

Diese Provinz, von welcher die vermeyntlichen Kronerben den Namen führen, hat, ungeachtet sie mit Gebirgen umgeben ist, dennoch viel Annehmlichkeiten. Grenoble ist der Aufenthalt der besten Gesellschaft, die man sich nur wünschen kann. Man findet hier gute Manieren, Witz, Vernunft und eine Feinheit, die man beynah für List halten sollte.

Das ist die Hauptstadt eines Landes, wo man die besten Gasthöfe antrifft, ob sie schon äußerlich oft nur wie schlechte Bauerhütten aussehen. Die äußerliche Schönheit der Häuser macht nicht allemal, daß sie auch innerlich bequem sind.

Man machte sich ein Vergnügen daraus, unsern Lucidor mit den scharfdenkendesten und aufgeklärtesten Männern in einen Streit zu verwickeln. Der Triumph war aber auf seiner Seite. Die Vernunft siegt allemal über den Witz, und ihre Einsichten sind der Compaß aller Wissenschaften.

Die Frauenzimmer suchten sich ihn zum Freunde zu machen, es gelang ihnen auch, bis auf einige lächerliche Pretiöse, die sich nicht einmal die Mühe nahmen,

nahmen, ihm ein Kompliment zu machen; sie hielten ihn für zu einfältig und zu einförmig.

Wenn die Zerstreuung sich nicht zu sehr der Gemüther bemeistert hätte, so würde Grenoble eine
von den Städten seyn, wo man die Wissenschaften
mit dem besten Erfolg treiben würde. Die Einwohner von Dauphine' haben alle erforderliche Fähigkeiten und Eigenschaften, Gelehrte zu werden.
Dies sagte ihnen der Reisende, und es mißfiel ihnen nicht. Der Adel macht dem Lande Ehre.
Man findet hier eine Menge alter Familien, die
aber oft weiter nichts als ihr altes Pergament, ihren Adelsbrief haben.

Er reisete aufs benachbarte Land, und besuchte das berühmte große Kartheuserkloster, wo er
schreckliche und grausende Schönheiten sah, Berge
verlieren sich in den Wolken, und Ströme stürzen
sich in Abgrund herab, und um die Perspective zu
endigen, er sah eine Gruppe von Anachoreten, die
mehr todt als lebend waren.

Das war nicht mehr jenes Neapolitanische
Kartheuserkloster, das so prächtigen Marmor und
eine so vortreffliche Lage hatte; das war nicht
mehr jenes so lachende und so berühmte Kloster
zu Pavia, es war eine Menge kleiner Zellen, die
mit Schnee bedeckt waren, und die von der Sonne
niemals beschienen wurden.

Man

Man führte ihn zu allen Mönchen, und er erkannte sie für seine eifrigsten Schüler. Nichts ist der Vernunft ähnlicher, als Menschen, die sich mit nichts als mit der Seele und Gott beschäfftigen, die die Welt verachten, und nur nach der Ewigkeit trachten.

Man überreichte ihm, wie gewöhnlich, als er weggehen wollte, ein Buch, worein die Reisenden ihre Namen und einige Sentenzen zu schreiben pflegen, die sich auf die Heiligkeit des Orts beziehen. Er nahm die Feder, und schrieb folgende, dem Ansehen nach einfältige Worte, die aber voller Weisheit sind.

„Unter allen Ländern, die man durchreisen kann, verdient dieser kleine Winkel der Erden als eine Freystatt des Friedens und der Tugend ausgezeichnet zu werden. Ich habe ihn mit Verwunderung angesehen, ich habe mich hier mit Freuden aufgehalten, und lasse hier wahre Philosophen zurück, die man wenigstens bewundern muß, wenn man nicht bestimmt ist, sie nachzuahmen.

Auf seiner Rückreise kam er nach Vienne, wo er nichts als eine schöne Kathedralkirche sah, ferner nach Valence, wo er eine angenehme Lage, und nach Ambrün, wo er nichts als einige einförmige Gesellschaften antraf, endlich nach Briançon, wo er etliche alte Officiere sah, die hier ihre Pensionen ganz ökonomisch verthaten und ihrer Gesundheit pflegten.

Er

Er hielt sich aber in einigen andern Städten auf, die man in Ansehung des Lärms mit dem Tric= trac vergleichen konnte. Man erkundigte sich nach allem, man erzählte alles: so pflegt es an kleinen Oertern zu gehen. Sie gleichen den Bie= nen, sie brummen und stechen.

Von da begab sich Lucidor auf die jähen und steilen Gebirge, von welchen er im Geiste alles übersah, was er gesehen und durchreiset hatte; und machte allerhand Betrachtungen über die Menge der Leidenschaften, der Projecte, der Sonderbar= keiten, von welchen Städte und Höfe in Bewe= gung gesetzt werden, und die unter dem Vorwande der Liebe fürs allgemeine Beste, die sonderbarsten und oft monströsesten Begebenheiten hervor= bringen.

Er fällte das Urtheil, daß das itzige Jahrhun= dert sehr seichte wäre, und nur die Oberfläche der Dinge berührte; daß man weit weniger suchte, die Sachen zu ergründen, als sie nur obenhin zu be= handeln; daß die Gelehrten eben so selten wären, als sehr sich die Witzlinge vermehrt hätten; daß man aus Liebe zur Neuheit eben so abgeschmackte als lächerliche Dinge erfände, daß man unter dem Vorwande, aufs Bessere sein Absehen zu richten, oft lächerliche und burleske Veränderungen mach= te; daß die Sinne die Stelle der Seele einnähmen; daß man das Nothwendige verabsäumte, um nach

dem

dem Ueberflüßigen zu laufen; daß man sich alles
erlaubte, weil man alles unternähme. Die Unabhängigkeit ist der Verderb der guten Ordnung.

Er urtheilte, daß wenn die Türken klüger wären und bessern Unterricht hätten, die Russen freyer,
die Teutschen ungebundener, die Engländer mehr
Freunde andrer Völker und umgänglicher mit andern, die Holländer höflicher, die Portugiesen auf-
richtiger, die Spanier arbeitsamer, die Franzosen
solider, und die Italiäner natürlicher wären; so
würden es Nationen fast ohne Fehler seyn: er
bedachte aber auch zugleich, daß kein Mensch vollkommen ist, und daß man auf diese oder jene
Weise der Menschheit einen Tribut bezahlen muß,
und daß, wenn auch die Bosheit nicht entschuldiget werden kann, doch die Schwachheiten zu ent-
schuldigen sind.

Er urtheilte, daß es unter der unermeßlichen
Anzahl von Städten, wo er sich aufgehalten hatte, einige gäbe, die keine andre Existenz, als
das Spiel kennten; andre, nichts als das Vergnügen zu essen; noch andre, die sich völlig von
der Wollust beherrschen ließen; andre von dem
Eigennutze; andre von Nichtswürdigkeiten, einige von der Wissenschaft, viele vom schönen Geiste. Er hätte gewünscht, daß man einen Tausch
mit den Sitten, Charaktern und Geschmack tref-
fen könnte; dadurch würden die Nationen einander

ter beynahe alle gleich geworden ſeyn, aber die
Freyheit, die unter den Menſchen herrſcht, führte
die Verſchiedenheit unveränderlich ein. Es
iſt mit uns wie mit Blumen, jede hat ihre Nü-
ancen.

Er urtheilte, daß unter ſo vielen vernünftigen
Weſen, aus denen die ganze Welt beſtehet, der
meiſte Theil die Vernunft vernachläßigte und ver-
unehrte, oder ſich doch wenigſtens nicht viel Mühe gäbe, ſie kennen zu lernen; daß ſo viele Bücher, die täglich die Preſſe verlaſſen, und von denen man vermuthen ſollte, daß ſie die Menſchen
aufklären würden, gar oft nur dazu dienten, ihre
Blindheit zu vergrößern, und daß man, da ein jeder ſein Lieblingsvorurtheil hat, die Vernunft
leicht mit dem Vorurtheil vermengt. Die Richtigkeit und Genauigkeit des Verſtandes gehört mit
unter die Wunder der Welt.

Er urtheilte, daß man in manchen Ländern weit
mehr aus den Moden als aus den Sitten machte;
daß die nichtswürdigen Talente belohnt würden;
daß die Männer, die an dem Triumphe der Vernunft arbeiteten, vergeſſen würden; daß überhaupt
heut zu Tage mehr Ehrgeiz, als Nacheiferung,
mehr Hochmuth, als Würde herrſcht, und daß man
mehr verblenden als aufklären will. Das Ge-
klirre und der falſche Schimmer iſt in einem ſeich-
ten Jahrhunderte unſchätzbar.

Er

Er hielt davor, daß es eine wichtige Sache wäre, die Sitten und Vorurtheile zu reformiren,
und nur dem Verdienste Ehrenstellen und Aemter
zu geben, Schulen zur Erziehung der Jugend anzulegen, wo der Eifer mit der Einsicht, und der
Geschmack mit der Gelehrsamkeit verbunden wäre.
Daß einige der Vernunft zu viel einräumten, andre ihr zu wenig zuschrieben, und daß daraus
der Unglaube so wie der Aberglaube entstünde.
Die Tugend findet man wie die Wahrheit auf der
Mittelstraße.

Er urtheilte, daß der wahre philosophische Geist
dadurch, daß er so viele überflüßige Kriege lächerlich gemacht hat, der Menschheit einen wahren
Dienst erzeiget hat; daß man weit geneigter zum
Frieden wäre, seit dem ein Mann von Genie sehr
sinnreich der Niedermetzelungen und Schlachten
gespottet hat, und daß alle gelehrte, so wohl theo-
logische als philosophische Streitigkeiten, unvermerkt aufhörten, weil eben derselbe Schriftsteller
zu gleicher Zeit die Gefahr und auch das Kindi-
sche derselben hätte fühlen lassen.   Die Philosophie macht große Sachen, wenn sie sich in ihrem
gehörigen Schranken hält, und sich dem Glauben
unterwirft.

Er urtheilte, daß eine Nation in Europa sich
durch den Luxus in Abgrund des Verderbens stürzen; eine andre, wenn man sich ihren Unterjo-
chun-

mungen nicht widersetzte, mehr als ein Reich ver-
schlingen würde; daß man alles dem Glücke, der
Rache, der Wollust, und so gar der Faulheit auf-
opferte; daß gewisse Staaten nur von ihrem Credit lebten; daß gewisse Städte nur einen geborg-
ten Glanz hätten; daß fast jedermann unglücklich
wäre, weil niemand mittelmäßig leben wollte.
Außer der Mäßigung giebt es weder Gerechtigkeit
noch Weisheit.

Er urtheilte, daß wenn die kleinen Städte kleine Manieren, kleine Ideen, kleine Sentiments
hätten, daß, wenn man sich hier nur mit Ver-
läumdungen und mißgünstigen Erzählungen sät-
tigte, die großen im Gegentheil dem Luxus und
der ganzen Wuth der Leidenschaften ergeben und
überlassen seyn würden; daß es hier zu wenig, dort
aber zu viel Zerstreuung gäbe, und daß, wenn
man alle Länder der Welt nach ihrem wahren
Werth schätzte, man so zu sagen eine Art von
Compensation finden würde; kein Vortheil ohne
Unbequemlichkeit, keine Tugend ohne Fehler.

Er urtheilte, daß die Völker sich durch die itzt
in allen Ländern errichteten Correspondenzen
sehr civilisirt hätten; daß die Litteratur so wie
auch der Handel ein Punkt der Vereinigung geworden wäre; daß selbst die Moden zu dieser glücklichen Verwandlung beygetragen hätten; daß man,
indem man die Frisur und Kleidung der Franzo-

U   sen

sen angenommen hätte, auch unvermerkt ihre Sprache mit angenommen hätte, und daß die Anmuth, die ihnen eigen ist, den Ton anzugeben schiene. Die geringsten Sachen haben ihren Nutzen.

Er urtheilte, daß dieses Jahrhundert Entdeckungen gemacht hätte, die ihm Ehre machten; daß es Souverains, Minister, Autoren, Künstler zählte, die man noch in den spätesten Zeiten bedauren wird; und daß der Styl, wenn er auch unter tausend kindischen Federn verdorben wäre, doch seine ganze Kraft und Schönheit noch bey Schriftstellern behalten hat, die weder der Mode noch dem Vorurtheile Gehör gegeben haben. Man muß partepisch, oder alt und abgelebt seyn, wenn man nur die vergangene Zeit hochschätzen will; jedes Jahrhundert hat seine Weisheit und Thorheit.

Er urtheilte, daß man die großen Empfindungen nur noch auf den Theatern gern sähe; daß man sich itzo mehr mit sich selbst, als mit seiner Pflicht beschäfftigte; daß der Luxus ein persönliches Interesse erzeugt hätte, welches ein wahrer Egoismus wäre, und daß man die Liebe für die Gesetze und für das Vaterland nur allzu oft für Enthusiasmus oder Leidenschaft hielte. Der Verstand wird blind, wenn sich das Herz verirrt.

Er

Er urtheilte, daß sich Europa heut zu Tage als ein einziges Reich ansehen könnte, dessen Herren sich mit Redlichkeit besuchen; daß man aber, wenn man die Entfernungen eines Orts von dem andern recht kennen lernen, und eine richtige und genaue Idee von diesen Oertern haben will, ein Dictionnaire nöthig hat, welches ein wenig besser ist, als des Vosgien seines, der sich, ungeachtet seiner guten Meynung und Absicht, auf allen Seiten irret, was die Entfernung eines Orts vom andern und ihre Beschreibungen betrifft. Der Fehler steckt darinnen, er hat sie nur auf der Karte abgemessen: die Mode bringt Bücher eben so wie Stoffe in Aufnahme, und sie schafft fast immer nur denen Credit, die keinen innern Werth haben.

Endlich urtheilte er, daß seine Anmerkungen selbst, ob es schon Anmerkungen der Vernunft wären, nicht allen Leuten gefallen und Genüge thun würden, weil ein jeder seine eigene Art zu sehen und zu denken hat. Man hat noch kein Buch geschrieben, das Jedermann gefallen hätte.

Nach einem so unparteyischen Urtheile erfuhr man endlich, daß der Unbekannte, der nun seine Reisen unter dem Namen Lucidor geendiget hatte, die Vernunft wäre, und daß er nunmehro auf den Gebirgen von Dauphine ausruhe. Alsbald versammelte sich eine Menge Volk von allerley Alter und Stande, einige von bloßer Neugierde angetrie

U 2

trieben; andre aus Verlangen, ihren Verstand
aufzuklären (jedoch wohl verstanden, daß diese
letztere die kleinste Zahl ausmachten.) Kaum aber
waren sie angelangt, so legte der liebenswürdige
Reisende seine sterbliche Hülle ab, mit der er sich
zeithero bedeckt hatte, und kehrte mit dem hellen
und reinen Lichte, in welchem das Wesen der Vernunft besteht, wieder in den Olymph zurück, mit
dem Vorsatz, Amerika, Afrika und Assen eben so,
wie sie zeithero Europa durchreiset hatte, zu
besuchen.

Man erblickte hinter ihr her verschiedene Stralen, die sich auf allen Seiten herum ausbreiteten,
und die ohnfehlbar die Illusionen und Vorurtheile zerstreuet haben würden, wenn das Vorurtheil und die Mode nicht die Tyrannen
des Verstandes wären.

Druckfehler.

Seite 12 statt: verewigten lies vereinigten.
    17   der Vater   die Mutter.
    51   Officierer   Officiere.
    82   nach Meynung   bey Ausländern.
    181   gefluchst   geschlachst.
    197 lin. 4.   das   du.
    212   regiert   agirt.
    219 lin. 19   der   die
    240   Strafe   Pein.
    251   fortfahren   fortführen.
    269   Bearnsische   Bearnische.
    270   quillen   quellen.